目　次

【論　説】
〈共通論題〉
資源ナショナリズムと国際経済法
座長コメント……………………………………………横　堀　惠　一… 1
「天然の富と資源に対する恒久主権」の現代的意義………西　海　真　樹… 11
パイプライン輸送をめぐる紛争と国際経済法……………中　谷　和　弘… 30
　　──ロシア・ウクライナ間のガス紛争を中心として──
資源ナショナリズムに基づく輸出制限行為に対する
　競争法適用による解決の可能性……………………土　佐　和　生… 53

北朝鮮著作物事件
座長コメント……………………………………………長　田　真　里… 73
北朝鮮著作物事件──国際法の観点から──……………松　浦　陽　子… 79
北朝鮮著作物事件──国際私法の観点から──…………金　　　彦　叔…100
北朝鮮著作物事件──知的財産法の観点から──………青　木　大　也…120

〈自由論題〉
TBT協定2条1項における「不利な待遇」の分析………石　川　義　道…141
RCEP協定における紛争解決制度に関する考察…………福　永　佳　史…167
投資仲裁における課税紛争………………………ウミリデノブ　アリシェル…191
　　──投資受入国の裁量権の保護を中心に──
WTO紛争処理制度の意義と限界………………………京極（田部）智子…216
　　──米国・綿花補助金事件からの示唆──

【文献紹介】

Andrew Lang,
  World Trade Law after Neoliberalism: Re-imaging the Global Economic Order ……………………………柳　　赫　秀…247

Ross Becroft,
  The Standard of Review in WTO Dispute Settlement: Critique and Development ……………………………福　永　有　夏…252

Christian A. Melischek,
  The Relevant Market in International Economic Law: A Comparative Antitrust and GATT Analysis ………隅　田　浩　司…257

Hélène Ruiz Fabri (dir.),
  La convention de l'UNESCO sur la protection et la promotion de la diversité des expressions culturelles : Premier bilan et défis juridiques ……………………………………小　寺　智　史…261

Margaret A. Young,
  Trading Fish, Saving Fish : The Interaction between Regimes in International Law …………………………………濱　田　太　郎…266

Michael Waibel,
  Sovereign Defaults before International Courts and Tribunals ……………………………………………猪　瀬　貴　道…271

Giuseppe De Palo and Mary B. Trevor (eds.)
  EU Mediation Law and Practice ……………………阿　部　博　友…276

Benedetta Ubertazzi,
  Exclusive Jurisdiction in Intellectual Property ………横　溝　　　大…281

阿部武司（編著）
  『通商産業政策史　2 ──通商・貿易政策　1980-2000──』
  ………………………………………………………飯　田　敬　輔…284

道垣内正人
　『国際契約実務のための予防法学　準拠法・裁判管轄・仲裁条項』
　　……………………………………………………田　中　美　穂…288

木棚照一（編著）
　『知的財産の国際私法原則研究――東アジアからの日韓共同提案――』
　　………………………………………………………北　坂　尚　洋…292

学 会 会 報 ………………………………………………………… 298
編 集 後 記 ………………………………………………………… 307

論　説　　資源ナショナリズムと国際経済法

座長コメント

横　堀　惠　一

　2012年11月24日午後に大阪市立大学・杉本キャンパス学術情報センターで行われた，本学会第22回研究大会共通論題セッション「資源ナショナリズムと国際経済法」では，西海真樹氏，中谷和弘氏，井口直樹氏および土佐和生氏による４つの報告が行われた。

　本セッションの趣旨は，国際的な資源開発や取引について，昨今の新興国家の急激な成長に伴うエネルギーや天然資源に対する資源ナショナリズムを背景とする動きをめぐり，国際経済法がどう対応しうるのかを考察することにある。考察すべきテーマとしては，資源ナショナリズムの基礎にある恒久主権概念が国際経済法上の義務といかなる関係にあるのか，資源・エネルギーの開発や輸送に関わる投資協定やエネルギー憲章条約等の国際法規はどういう意義を持つのか，最近，蓄積が進む投資紛争に関する仲裁判断の動向はどのようなものか，そして資源・エネルギーの供給をめぐる国家や企業（多くは国営企業や寡占企業）の戦略的な行動に対して，WTO協定や国内競争法はどのように適用されるのかが挙げられる。

　これらの課題の下で，上記の４つの報告は，資源ナショナリズムをめぐり，それぞれ資源国である途上国の資源ナショナリズムを支える概念としての「恒久主権」の形成と展開，エネルギー輸送を巡る生産国と通過国間の紛争，紛争処理としての仲裁判断の具体事例および資源ナショナリズムに基づく資源国（国営企業を含む。）の行動に対する先進国における競争法規の適用の可能性を

論じるものである。

　西海真樹氏の「『天然の富と資源に対する恒久主権』の現代的意義」と題する報告は，まず，この天然の富と資源に対する恒久主権（以下「恒久主権」という。）の概念について，1950年から1980年頃までがその形成と展開の過程であり，その概念の具体的な適用として，1960年代から1970年代にかけての資源国である幾つかの途上国における外国からの投資の国有化に対する伝統的な補償の原則からの離脱が見られ，その主張は，経済開発や人権保障の文脈でも見られたほか，この主張を重視した開発の国際法理論が現れたとしている。しかし，1980年代以降，途上国の累積債務問題の深刻化への対処や冷戦終結による旧社会主義諸国の市場経済体制への移行により，先進国と途上国の間の伝統的国際法原則に基づく二国間投資協定締結の増加が見られたものの多数国間投資協定（MAI）は，失敗し，投資に関する普遍的な法制度は未構築のままであると指摘している。さらに，最近の恒久主権概念が全く別の分野で主張されるようになった例として，生物多様性条約における遺伝資源に関わる「アクセスおよび利益配分」（ABS）問題や2007年国連総会で採択された「先住人民の権利に関する国連宣言」における先住民族の「土地と資源」のみならず「文化遺産，伝統的知識および伝統的文化表現」に対する権利を挙げている。その上で，同報告は，M. シュミィリエ＝ジャンドローの執行的規範と言辞的規範という2つの規範類型を用い，法規範変遷論がこの天然資源における恒久主権論等に基づく外国投資の国有化の場合の補償原則の変遷をよく説明すると論じている。

　西海報告は，このように，資源国である途上国における資源ナショナリズムの背後にある「恒久主権」の理念の形成，途上国による外国投資の国有化に伴う補償への適用，生物多様性条約への影響等を要約し，法規範変遷論に則った試論を提示し，多くの示唆を含む理論的な報告である。

　他方，資源ナショナリズムの背後にある，国内資源への「主権」自体の存在を日本のような資源小国も，例えば，締約国による外国人が「土地その他の天然

資源の開発を行う企業」の設立等ができる限度を定める権利の留保を認める日米通商航海条約7条2項の規定等から否定していないと考えられる。

また，1973年秋に起きたいわゆる「第一次石油危機」の背景には，石油輸出国の石油資源に対する恒久主権に立脚する行動があったが，この結果，かえって，石油資源の少ない途上国等には，輸入品の価格高騰等による貧窮化をもたらした（日本でもいわゆる「狂乱物価」による混乱があった。）面もある。これが「資源に対する恒久主権」が途上国全般の行動を支える理念として確立できなかったのではないか，との疑念を持つ。

この点で，いわゆる「産消対話」として1975年に，当時のフランスのジスカール＝デスタン大統領の提案による「国際経済協力会議」（Conference on International Economic Cooperation）（CIEC）が開催されたが，1977年まで開かれたものの，共通基金設置以外に見るべき成果がなかったことが想起される。これは，恒久主権に基づく「新経済秩序」（New Economic Order）の主張の挫折を意味したとも解される。

さらに，最近の生物多様性条約等に見られる知的財産権をめぐる主権的権利の問題については，対象が自然資源に限定されず伝承などの文化的価値にも広がり，資源ナショナリズムの範疇を超えているようにも見受けられる。その場合に，「恒久主権」の概念が変質するのか，否かも論点になるのではなかろうか？

「恒久主権」概念が確立しているとしても，西海報告が指摘するように，基底規範としての「恒久主権」からどのような一般国際法や特別法が生成するかなどは，その時々の政治・経済・社会的力関係の中で決まることとなろうが，今後どのような変遷が生じるか興味深い。

中谷和弘氏の「パイプライン輸送をめぐる紛争と国際法：ロシア・ウクライナ間のガス紛争を中心として」と題する報告は，資源ナショナリズムに起因するエネルギーをめぐる紛争として，2006年と2009年に発生した，ロシア・ウク

ライナ間のパイプラインによるガス輸送をめぐる紛争を取り上げ，その国際経済法に関する諸問題を論じている。同報告は，石油・天然ガスに係る資源ナショナリズムは，生産（上流）だけでなく，パイプラインによる輸送の過程においても生じ，それは，パイプラインの経路決定・建設だけでなく，パイプラインの運営においても起こりうる事例として，上記ロシア・ウクライナ間の紛争を取り上げる。同報告は，この紛争についてエネルギー憲章条約（以下「ECT」という。）事務局が調停を呼びかけたものの，ECTは，援用されず，二国間交渉で合意が成立した経緯に触れつつ，ECT7条および合意に至らなかった通過議定書案16条との関連，さらには，ロシアがECTからの実質脱退前に提案した「国際エネルギー安全保障を確保する条約草案」5条の3との関連を考察する。同報告は，また，旧ソヴィエト連邦（以下「旧ソ連」という。）諸国からの石油・ガス輸送をめぐる紛争の欧州安全保障協力機構（OSCE）の調停および仲裁裁判所による解決が相当程度活用できる旨指摘する（ただし，OSCE内の調停および仲裁条約をウクライナは署名，批准し，発効済みであるが，ロシアは，署名はしたが，未批准である。）。同報告は，ロシアのECT体制への復帰が望ましいものの，ロシアが別の何らかの重要問題に置ける譲歩を得ない限り，その可能性は低いと結論付ける。

　中谷報告が取り上げたECTは，旧ソ連崩壊後のエネルギー分野の市場原理に基づく改革面での協力を通じる経済再建を目的として成立した。その内容は，エネルギー分野に限定されてはいるが，平行して進展した通商や投資の自由化のウルグアイ・ラウンド交渉の結果も取り込み，また，WTO諸協定には含まれない，国内の競争促進なども盛り込むものであった。しかし，中谷報告が指摘するとおり，ロシアは，ECTの署名国であっても批准はせず，暫定適用を経て，2009年8月に同条約の締約国にならない意向を寄託者（ポルトガル共和国政府）に通報し，その60日後に暫定適用が終了した。他方，WTOにウクライナは，2008年，ロシアは，2012年8月に加入した。

そうすると，現在，ロシアとウクライナとの間で，ロシア側の供給中断もしくは減少，またはウクライナによる通過妨害により，天然ガス・パイプライン輸送をめぐる紛争が起きた場合には，ロシアについては，GATT1994（以下単に「GATT」という。）の11条（数量制限禁止）違反（ECT29条２項（c）の規定により，ロシアのWTO加入前には，ウクライナは，援用できなかったと考えられる。）またはウクライナについては同５条（通過自由）違反を理由とする紛争処理手続に付することができるのでは，なかろうか？　GATT５条の通過自由の規定がECT７条よりも弱いとしても，エネルギー供給の安全保障は，ある程度確保されたといえないかという疑問を持つ。

　もっともECTは，通過の問題に限らず，競争促進条項などWTO諸協定の規定よりも広い，あるいは深い課題も取り上げている。また，モンゴルが加入し，中国，韓国，米国，サウジ・アラビア等の中東産油国もオブザーバーとして参加しており，世界的な規模でのエネルギー供給の安全保障の枠組みに発展しうる可能性を秘めている。

　いずれにしても，ロシアがエネルギー供給の安全保障に関わる国際的な枠組みに参加することは，ロシア自身にとっても，日本や世界にとっても，経済的な意義が大きいと考える。石油・天然ガスがパイプラインにより，さらには電力が国際的送電網により，それぞれの西欧市場と東アジア市場をロシアを中継して，結ぶこととなり，世界規模に統合された市場が出現する。そうなれば，ロシアは，シベリア産の天然ガスの販路を競争相手の多い西欧市場の他，アジア市場にも開拓できる利点がある。日本や他の東アジア諸国の消費者には，新たな供給者の登場のみならず，液化天然ガス（LNG）以外のパイプライン・ガスという新たな供給源が登場し，供給の安定化に加え，両者の競争により，価格差が縮まる効果が期待できる。石油についても同様の事態になる。電力については，日本や韓国の孤立している電力網が国際的な繋がりにより，国際競争が期待される（欧米では，電力の輸出入は実現している。）。ロシア自身がエネル

ギー輸送インフラの国際的な接続の利益を理解すれば，ロシアも ECT にもっと前向きになるのではないであろうか?

　私は，日本とロシアのエネルギーの輸送については，中谷報告が取り上げた天然ガスよりも電力の方が現実的ではないかと考える。まず，天然ガス・パイプラインについては，日本国内の建設費用が巨額であるとされる（韓国では既に，国内幹線網が完成している。[(1)]）。しかし，日本国内の送電網は，ほぼ連系し，国境をまたぐ送電線の建設は，日本自身の福島第一原子力発電所の地震・津波からの被災による事故以降の将来の電力供給への懸念の下で樺太と北海道の50キロメートルほどの距離や周波数がいずれも50ヘルツであることを考えれば，実現可能性は高いと考える。2013年2月下旬に発行の日本経済新聞は，相次いで，ガスプロムがウラジオストックに対日輸出目的のLNG基地（ガスパイプラインでなく）建設を決定したこと及びソフトバンク等によるロシアからの電力輸入の事業化調査の構想を報じている[(2)]。なお，ロシアからの天然ガスや電力のモンゴル，中国，北朝鮮を経由する韓国への輸送構想も存在する。このように日本や他の東アジア諸国とロシア間のエネルギー輸送の可能性を考えれば，日本としてもロシアに ECT への正式批准を勧める根拠もあろう。それを契機に，米国，中国，韓国も ECT に正式に加入し，ECT が WTO の民間航空機貿易協定のようなセクター別の世界規模の多数国間協定に発展する可能性もあろう。そして，ロシアの ECT の正式批准は，日本とロシアの北方領土問題という懸案の解決との関連においても考察しうるのではなかろうか?

　井口直樹氏の「資源ナショナリズムと近時の投資仲裁判断」と題する報告は，表題どおり，投資紛争をめぐる仲裁判断の事例を取り扱ったものである。具体的な事例に基づく分析として興味ある報告であったが，最終稿の提出がなかったので，これ以上の意見は，差し控える。

　土佐和生氏の「資源ナショナリズムに基づく輸出制限行為に対する競争法適用による解決の可能性」と題する報告は，昨今のBRICs等の新興経済国家の急

激な成長等に伴う資源ナショナリズムを背景とするこれら国家や国営企業等の国家以外のアクターによる行動に対する国際規範としてのGATT/WTO法と国内法規範としての競争法の役割分担，具体的には，資源ナショナリズムに基づく国家の輸出制限行為に対するGATTによる対応の例として中国のレアアース輸出規制の事例を，OPECやウラン・カルテルなどの国家以外の主体による競争制限行為に対する国内競争法の適用事例を取り上げ，考察した。

　土佐報告は，中国によるレアアースの輸出制限がGATT11条の違反の疑いがあり，中国が念頭とするであろうGATT20条(b)（環境保護例外）および(g)（資源保護例外）の一般的例外を根拠とすることに疑義があるとする。同報告は，次いで，国家以外のアクターによる各種の貿易制限行為が自国市場に対して悪影響をもたらすまたはその恐れのある企業の単独または共同の競争制限行為として，国内競争法の適用可能性を検討する。同報告は，米国におけるウラン・カルテル事件控訴審判決については，ウラニウムが国家安全保障の観点からその製造販売が各国の厳しい規制下にありながら，英国政府の要請を退けて，ティンバレイ事件控訴審判決やマニントン・ミルズ事件控訴審判決に見られた国際礼譲への考慮を排し，アルコア事件控訴審判決に回帰し，反トラスト法の域外適用を是認したと評価する。他方，米国のOPEC生産調整事件控訴審判決では，主権免除論および国家行為理論に依拠し，また，行為と損害の間の相当因果関係の立証が不十分として域外適用の管轄権を否定したと指摘する。さらに，最近の事例としてEU競争当局によるガスプロムに対するEUの中東欧加盟国への供給における競争制限行為の可能性に対する調査（2011年および2012年），BHPビリトンとリオ・ティントの合弁事業計画に対する日，豪，独および韓国の競争当局による調査（2010年10月合弁事業計画撤回）ならびに中国商務部によるロシアのウラルカリとシルヴィニトの合併についての条件付き承認（2011年6月）を考察した。ただし，後2者については，民間事業社の行為を問題にし，「制限ナショナリズムに基づく輸出規制行為」と言い難いとする。

土佐報告は，結論として，国内競争法の適用が限定的ではあるが，資源ナショナリズムに基礎付けられた資源国の民間企業の自由な行動を制約する働きを果たしつつあること，ただし，その規制においては，検討対象に当たる商品・役務が一般の商品・役務と異なる重要戦略物質として恒久主権に基づく資源国の開発権等への配慮を要するか否か，要するとすれば，その重要戦略物質を一般の商品・役務と区別する基準を欠く現在，これらの問題の処理には国際経済法との架橋や協同等が重要になると考えられるとする。さらに需要国側の競争政策の適用において，合併規制のハーモニゼーション，ICN（国際競争ネットワーク）の役割の重要性の認識を指摘する。これらに加えて，需要国側の競争法適用面での送達等の行政手続，裁判手続上の課題も多い，と指摘している。

　中国のレアアース，タングステンおよびモリブデンの輸出規制については，2012年3月，日本政府が米国およびEUとともに，WTO協定に基づく協議を申し立てた後，同年7月，紛争処理のためのパネルが設置された。日本政府は，この協議申し入れ段階で，米国，EUおよびメキシコの申立に基づく中国の原材料輸出規制をGATT11条違反であり，同20条(b)および(g)による正当化を認めず，WTO協定と不整合とした，2012年1月の上級委員会報告を先行事例としている。そうであるとすれば，中国のレアアース規制がWTO協定に不整合とされる蓋然性は，高いのではないかと思われる。

　また，OPECに対する米国における反トラスト法違反の訴訟の背景としては，1970年代には，中東産油国の多くがGATT1947に加入せず，また，当時のGATT1947における紛争処理手続きが整備されていなかったために，産油国に対する国家間での紛争解決の枠組みが不十分であったことも大きいと思われる。現在WTOには，多くの産油国や資源保有国も加盟しており，紛争処理手続きも整備されており，資源消費国が資源ナショナリズムに基づく資源生産・輸出国の措置に対して，国内競争法の域外適用を模索する必要性は，かなり減っているように思われる。なお，第一次石油危機以降に設立された国際エ

ネルギー機関（IEA）は，産油国がIEA諸国の代替エネルギー開発を損なうために原油価格を意図的に引き下げ，その輸入石油をバレル当たり7ドルの最低保障価格（MSP）を下回らせることを防ぐ措置をとるよう合意していた（長期協力計画第3章D）。これはGATT1947に準拠しない石油消費国の対応であった。[4][5]

　また，対象商品・役務が戦略物資であるか否かと競争法適用の可否の関連は，あるのであろうか？　戦略物資であっても，その基本的価値は，一般の商品・役務と同様，消費者にとっての利用価値に由来する。産油国においても，「石器時代は石がなくなったから終わったのではない。（青銅器や鉄など）石器に代わる新しい技術が生まれたから終わった。石油も同じ」であるとの認識がある。[6] むしろ，戦略物資であることは，需要に比べて供給が少ないことを意味し，その多くは，寡占状況にあると考えられる。そうするとむしろ，競争法による規律が望ましい場合が多いのではなかろうか？

　競争法の域外適用については，競争当局間の国際協調・協力の進展もあって，その事例は，今後それほど多くないのではなかろうか？　ただ，その場合であっても，土佐報告が指摘するように，競争法の内容や手続きの調和・調整は，大きな課題となってくると思われる。私自身が国際エネルギー機関において，緊急石油融通制度の予行演習に関わったときに，米国企業の反トラスト法適用免除の要件として，オブザーバーとして参加した，米国政府各省庁（国務省，エネルギー省，司法省など）や石油企業の法務部門スタッフ（弁護士である。）の人数が本来のアクターである，関係省庁や企業の緊急時対応担当者の数よりも多かったという経験をした。米国の反トラスト法の形成過程でのスタンダード・オイルの役割が大きかったという歴史の反映とも思われるが，それだけに，さまざまな歴史背景の下で形成されてきた競争法の調和や調整は，一朝一夕には，難しいとも感じた次第である。

　以上のように，今回のいずれの報告からも，私自身が学ぶところは多かった上，門外漢なりに色々とさらなるご教示を賜りたい課題を考えた次第である。

更なる，研究の発展をお祈りする。

(1) 三菱総合研究所天然ガスパイプライン事業部『国土幹線ガスパイプライン』（東洋経済新報社，2000年）113-122頁。
(2) 「ウラジオ LNG 基地　建設決定」（日本経済新聞2013年2月22日（夕刊）及び「ロシアから電力輸入構想」（日本経済新聞2013年2月24日）。
(3) 経済産業省　ニュース・リリース「中国による原材料3品目の輸出規制についてWTO協定に基づく協議を要請」参考資料（2012年3月13日），at http://www.meti.go.jp/policy/recycle/main/admin_info/committee/a/20/hairi20_ap02.pdf
(4) Richard Scott, The History of the International Agency 1974-1994, Volume II, Major Policies and Actions (International Energy Agency 1995 Paris), p.45, at http://www.iea.org/media/2ieahistory.pdf
(5) Ibid., Volume III, Principal Documents (International Energy Agency 1995 Paris), pp.183-186, at http://www.iea.org/media/3ieahistory.pdf
(6) ザキ・ヤマニ元サウジ・アラビア石油大臣に対するインタビュー記事（日本経済新聞2009年7月4日）。

（横堀法律事務所・弁護士）

論　説　資源ナショナリズムと国際経済法

「天然の富と資源に対する恒久主権」の現代的意義

西　海　真　樹

はじめに
Ⅰ　「天然の富と資源に対する恒久主権」の形成
　1　経済開発の文脈
　2　人権保障の文脈
　3　開発の国際法における「恒久主権」
Ⅱ　投資・国有化における補償ルールの変遷と現状の評価
　1　背景経済事情の変遷，BITの増加，その内容（ハル・ルールの維持・復活）
　2　MAIの挫折，TRIMsの現状，ドーハラウンドからの貿易と投資の除外，一般国際法レベルと特別国際法レベルの規範状態の差異
Ⅲ　「天然の富と資源に対する恒久主権」の新たな展開
　1　生物多様性条約における主権的権利
　2　土地・資源に対する先住民族の権利
おわりに

は じ め に

　脱植民地化によって誕生した多くの途上国は，国際投資の保護に関する伝統的な国際法ルールを否定し，それにとって代わるものとして，途上国の主権的権利に基づいた新たな国際法ルールを提唱した。その中核となったのが「天然の富と資源に対する恒久主権」（以下，恒久主権）である。1962年の国連総会決議1803「天然資源に対する恒久主権」は，恒久主権概念を人民および民族の権利として認め，この権利に基づいて受入国が外国資本の国有化を行う場合には受入国の国内法と国際法に従って適当な補償が所有者に支払われなければならない，と述べている。その後，1974年の国連総会決議3281「国家の経済的権利

義務憲章」は，国有化を行う国が国内法と全ての事情を考慮して適当な補償を支払うべきであると述べた。さらに同決議は，補償に関する紛争は国有化を行う国の国内法に基づき国内裁判所で解決されると宣言している。同決議は，先進国の反対を途上国が数の力で押し切ることにより採択された。こうして，国際投資の保護と国有化に関する国際法ルールをめぐり，先進国・途上国間の対立が先鋭化した。実際，1960年代から1970年代にかけて，いくつもの途上国が決議3281の主張に依拠して国有化を実施した。これらの途上国は，独立以前の植民地時代に先進国とその企業が行った搾取や収奪を理由に挙げ，恒久主権概念を根拠としつつ，伝統的な国際法ルールの維持・適用を拒絶したのだった。

　今日ではどうか。多くの途上国は，原則的にはこのような立場になお固執している。しかしながらこのような強硬な態度は，先進国企業の途上国への投資意欲を失わせ，その結果，途上国は自らが必要とする資本を確保できないという事態を招いた(2)。その結果，多くの途上国は，原則論はともかく，実際にはこのような態度を維持することができなくなった。そして，とりわけ1980年代以後，伝統的国際法ルールをとりいれた2国間投資協定を先進国との間で結ぶことで，問題の解決を図ってきた。現在，そのような2国間投資協定は数多く存在する。しかし，多国間投資協定は未成立のままであり，先進国と途上国との間の原則的亀裂は依然として埋まっていない。このような変遷を前にして，私たちは次のように自問せざるを得ない。恒久主権概念はもはやその歴史的役割を終えたのか。あるいはそうではなくて，現在でもなお途上国の立場を潜在的に支え続けているのか──。

　他方で，この恒久主権概念は，生物多様性とりわけ遺伝資源への主権的権利の文脈で途上国によりしばしば援用され，それは生物多様性条約，カルタヘナ議定書および名古屋議定書などにみてとることができる。また，先住民族の資源利用の文脈でも「土地，領域，資源に対する権利」として，この恒久主権概念が援用されており，それは国連先住民族権利宣言に謳われているとおりであ

る。本稿では、以上のような恒久主権概念の歴史的変遷をふまえて、この概念が現代国際法においてどのような意義を有し、また、どのような機能を果たしているのかを探りたい。以下では、まず、恒久主権概念の形成と展開を確認する。ついで、恒久主権の具体化としての国有化における補償ルールの変遷と現状を評価する。最後に、生物資源への権利および先住民族の権利という文脈におけるこの概念の新たな展開を紹介し、この概念の現代的意義を考えることにしたい。

I 「天然の富と資源に対する恒久主権」の形成

国連総会は、早1950年代から、開発の遅れた地域・国がその天然の富と資源を自由に用いる権利があることを議論していた。恒久主権という言葉は、1952年にチリ代表が、国連人権委員会における人権規約の起草過程において、次のように用いたのが最初であると言われている。「人民の自決権は、その天然の富と資源に対する恒久主権を含む。人民は、他国が主張するいかなる権利を理由にしても、けっしてその生存の手段を奪われることはない。」このような定式化からもうかがえるように、恒久主権概念は、その後、経済開発および人権という2つの文脈において形成・発展していくことになる。そして、いずれの文脈においても、この概念は人民自決権の考え方によって支えられている。

1 経済開発の文脈

国連総会は1952年に決議626を採択し、天然の富と資源を自由に使用し開発する人民の権利を認めた。そこにはすでに、自国の天然資源を国有化するという途上国の願望があったと言われている。その後、1962年に採択された国連総会決議「天然資源に対する恒久主権決議」(決議1803)は、「天然の富と資源に対する恒久主権」を人民および民族の名において承認した。この決議は、恒久主権に基づいて収用・国有化を行う場合には、公益上の理由が必要であり、国

際法に従って適当な補償が支払われなければならず、受入国が外国企業と結んだ協定はこれを誠実に遵守しなければならない、と規定している。「国際法に従って適当な補償が支払われる」という表現により先進国・途上国間の妥協が成立したため、この決議には先進国の大半が賛成票を投じた。他方でこの表現では手ぬるいと考える当時の社会主義諸国は、反対票は投じなかったものの、棄権している。

その後、1970年前後より、途上国は伝統的な国有化の補償ルール（＝十分、実効的、迅速な補償）を明確に否定するようになる。このことは、1974年に採択された国連総会決議「国家の権利義務憲章」（決議3281）にはっきりとみてとることができる。同決議中、天然資源に対する恒久主権を規定した2条2項は、外国資産の収用・国有化に際して「自国の関連法令及び自国が関連すると認めるすべての事情を考慮して、適当な補償を支払うべきである」と述べるとともに、補償について紛争が生じた場合には、いつでも、その紛争は受入国の国内法に基づいて受入国の国内裁判所で解決される、と規定している。つまり、補償額の算定基準・方法について一般国際法の規律を拒絶し、国有化を行う受入国が恒久主権に基づいて排他的かつ最終的にこれを判断することができる旨が明言されているのである。この決議の採択に際して、多くの先進国は棄権するか反対票を投じた。ここに、国際投資の保護に関する先進国と途上国＋社会主義諸国との間の対立が鮮明になった。恒久主権に基づくこのような補償ルールの国連総会決議を通じた定式化は、それ自体が法的拘束力をもつとは言えないものの、少なくとも従来の補償ルールの一般的妥当性（法的信念）を喪失させる効果をもったと言えるだろう。

2　人権保障の文脈

1952年、国際人権規約に自決権に関する規定を挿入することが総会決議545により決定した。これを受けて、同年の人権委員会においてチリが、国際人権

規約に自決権を挿入するという文脈で恒久主権概念に言及したことは，先に述べたとおりである。チリおよびその提案を支持する諸国は，自決権が政治的観点からだけでなく経済的観点からも考慮されるべきであること，人民の自決権の実現は経済的従属下にあるすべての国家がその天然資源に対する完全な管理を獲得することにより完全な主権を回復することを可能にすべきであること，政治的独立は経済的独立の裏打ちのないかぎり完全なものではありえないこと，従って人民が自らの天然資源を自由に処分する権利が認められるべきことを強調した。同時にこれらの国は，そのような人民の権利が認められたからといって国家は自ら結んだ協定を恣意的に破棄することはできない，とも述べていた。[5]

　他方，このような提案に反対する諸国は，「恒久主権」という文言が不明確であり国際協力を阻害すること，「恒久主権」という言葉には意味がないこと，「人民は，他国が主張するいかなる権利を理由としても，決してその生存の手段を奪われることはない」という第2文が既存の条約の破棄および補償を伴わない国有化を認めることになること，そのような事態は結局のところ投資や途上国支援への外国（企業）の意欲を失わせることなどを理由に，恒久主権概念の導入に反対した。[6]

　結局，恒久主権の文言を人権規約に取り入れようとする試みは放棄され，その代わり，国際法と国際協力の義務に反しない限り天然資源を自由に処分する人民の権利が，国際人権規約共通1条2項に規定されることになった。資本輸出国の反対を考慮して表現が緩和されたためである。しかしながら，「人民がその天然と富と資源を自己自身のために自由に処分することができる」という1条2項の文言は，恒久主権に含まれている思想をそのまま残したものということもできる。[7] この規定により，人権保障の前提条件としての自決権に経済的要素が含まれるということが，国際人権規約という法的拘束力のある文書の中で承認されることになった。

3 開発の国際法における「恒久主権」

　開発の国際法とは，1960年代から1980年代にかけて，フランス語圏諸国の国際法学者により提唱された，先進国と途上国の発展格差の縮小や途上国の経済的自立をめざす国際法理論である。南北問題への国際法学の接近方法の1つである同理論は，「理論的，実際的なさまざまな考察が交錯する工房」と称される(8)ように，実際には多様な主張が混在しており，決して一枚岩的に自己完結した理論ではない。その上で概括すれば，同理論は主権，平等，連帯という3つの基本原則から成り立っている。主権においては途上国の経済的自立のためにその経済的側面が強調され，平等においてはいわゆる実質的平等が重視される。そして連帯とは，途上国がこのような主権と平等とを確保するために不可欠なとりわけ先進国からの協力を意味する。これらの基本原則の背景に一貫して流れているのは，事実上の差異とりわけ発展格差を考慮に入れた具体的国家観に基づいて，相対的弱者たる国家群に有利な法規範・制度を樹立しようとする考え方である(9)。

　この説明から容易に想像がつくように，開発の国際法理論は，恒久主権概念を重視している。それは，開発の国際法論者の次のような言説にみてとることができる。「自国内の天然の富と資源が外国人の手に握られているとき，そのような国はすべて，通常，主権に結びついた諸権利を全体として回復されなければならない。主権国家は，自国内の富についての諸権利を自らの意思に反して外国人に譲渡するよう強いられることはない。恒久主権とは，帝国主義および新植民地主義との戦いの主要な実践例である。」(10)「中心諸国と周辺諸国とを区別する基本的な特徴は，周辺諸国経済の近代部門が基本的に中心諸国の欲求を満たすように方向付けられていることである。さらに，富める国は実際の利益を引き出すことのできる技術を独占しているため，海，空間，文化などをすべて自国に有利なように横領してしまう危険がある。それゆえに，途上国が行使しようとするコントロール権限は，自国領土に対してだけでなく人類の共同遺

産にも関わってくる。」

　開発の国際法におけるこのような恒久主権の捉え方は，恒久主権概念自体や経済的自決権を理論的に補強しただけでなく，権利主体としての人民，発展の権利，持続可能な開発といった，国家間主義の克服に向けた国際法の発展方向を示唆するものでもあった。

II　投資・国有化における補償ルールの変遷と現状の評価

1　背景経済事情の変遷，BIT の増加，その内容（ハル・ルールの維持・復活）

　1980年代に入ると，国際投資の保護と自由化をめぐる世界情勢が大きく変わった。多くの途上国で累積債務問題が深刻になり，それへの対処を通じて，これらの国は国際投資に対する従来の敵対的・制限的な態度を改めるようになる。さらに冷戦が終わり，ソ連が解体し，旧社会主義諸国が市場経済体制への移行の道を選ぶようになると，それに伴って旧社会主義諸国も国際投資を積極的に受け入れるようになった。

　このような情勢の変化によって，国際投資の保護と自由化をめぐる先進国・途上国間の従来の対立は弱まり，この分野において新たな国際法制度が形成されていくことになる。それらの要因は，具体的には次のとおりである。①累積債務により途上国向けの国際投資の流入が落ち込んだ結果，途上国は従来の国際投資に対する敵対的・制限的政策を見直し，国際投資を積極的に誘致する政策をとるようになったこと。②市場重視の経済政策を求める IMF のコンディショナリティを受け入れることが，外国投資の受入を促進する効果を果たしたこと。③とりわけラテンアメリカ諸国における輸入代替工業化戦略から輸出指向工業化戦略への転換によって，これらの国が製造部門への外国投資を積極的に誘致する政策をとるようになったこと，以上である。

　その結果，二国間投資協定（BIT）が激増し，それは現在，3000近くに達しようとしている。その他にも二国間または地域的自由貿易協定（FTA）の中に

投資に関する章が設けられ，それらは BIT とほぼ同様の投資保護や自由化を規定している。一般にこれらの BIT や FTA には，国際投資の保護に関して従来から先進国が慣習国際法であると主張してきた諸原則（内国民待遇，最恵国待遇，公正かつ衡平な待遇，収用への補償など）が盛り込まれている。さらに，それらの中には，投資保護だけでなくパフォーマンス要求の禁止や投資許可段階も含めた内国民待遇など，投資の自由化にいっそう踏み込んだ規定を備えているものもある。また，外国投資家と受入国との間の投資紛争については，投資家が投資紛争解決国際センター（ICSID）や国連国際商取引法委員会（UNCITRAL）などの仲裁規則に基づく仲裁に紛争を付託することができる旨を規定している BIT が数多くある。実際，1980年代以後，投資紛争を仲裁に付託する件数は増え続けている。[13]

上述のとおり，受入国が投資財産を収用する場合について，BIT や FTA は，国際投資の保護に関する慣習国際法規則として従来から先進国が主張してきた諸規則（ハル・ルール）を取り入れている。すなわち①公共目的であること，②差別的でないこと，③正当な法の手続に従って行われること，④迅速，適当かつ実効的な補償を支払うこと，以上である。④における迅速性については，補償が収用と同時に支払われない場合には商業的に妥当な利子を含めなければならないものと解釈されている。また，適当性については，補償額が収用時の投資財産の公正な市場価格に相当することが求められる。ここでの公正な市場価格の算定方法は，将来得られるであろう収益からその収益を得るために支出されるであろうコストを差し引いた純利益とされるのが一般的である。[14]

2　MAI の挫折，TRIMs の現状，ドーハラウンドからの貿易と投資の除外，一般国際法レベルと特別国際法レベルの規範状態の差異

上でみた BIT・FTA の規定ぶりからは，恒久主権に依拠して途上国に有利な国有化ルールをハル・ルールに代替しようとする途上国の意向は，一見した

ところ決定的に弱まったようにみえる。しかしながら，事態はそれほど単純ではない。というのも，1980年代以降，さまざまな場で投資に関する多国間条約の作成が試みられてきたが，それらは実現されていないからである。そのような試みが失敗した代表例が，1995年からOECDにおいて先進国間の投資の保護と自由化を目指して行われた多数国間投資協定（MAI）の交渉である。[15] MAI交渉は，多国籍企業やそのビジネスロビーの強い要請にもとづき，グローバルで高い基準の投資自由化ルールの作成をめざすものだった。そこにおいては，締約国に対して，あらゆる種類の投資への完全な保護，無差別な内国民待遇の付与，パフォーマンス要求の禁止，資産や金銭の処分や移転の自由の徹底的保証などを義務づけることが企図されていた。1998年にOECDが公表したMAI草案によれば，投資は「投資家によって直接・間接に所有・支配されるすべての種類の資産」と広く定義されている。締約国には，外国投資家・投資への広範囲の最恵国待遇・内国民待遇の付与，外国投資家・キーパーソネルの一時的な入国・滞在・労働制限の禁止，パフォーマンス要求（国内コンテンツ比率，国内サービスの購入，貿易制限，国内労働力の雇用，国内資本の参加など）の禁止といった，さまざまな義務が課されている。さらに締約国は，非合理的なまたは差別的な措置により外国投資家の投資の運営管理，維持，利用，享有，処分を妨げてはならない。収用・国有化を行うことは合理的理由がある場合のみに厳しく制限され，そのような場合でも，完全かつ遅滞なき補償が支払われなければならない。他方，投資家がその資産を処分，譲渡，移転することは完全に自由であり，不利益を被った投資家は，受入国の政府や地方政府を相手取って，直接，国内裁判所，仲裁，投資紛争解決センター（ICSID）などに申し立てることができる，と規定されていた。

　MAI交渉は，ごく少数の交渉団によってほとんど秘密裏に進められていたが，1997年春，ほぼ完成していた最初の草案がリークされ，それはアメリカの有力なNGOであるPublic Citizenやカナダの NGOである The Council of

Canadiansなどの手に渡った。これらの団体により草案の中身が暴露された結果，多国籍企業の権利を一面的に擁護しその果たすべき責任を免除しているとの理由で，広範なNGOや地方公共団体による抗議と非難が世界規模で生じた。その後，自由化の程度を低めた新草案が1998年に作成されたものの，98年秋にはフランスが交渉から正式に離脱し，同年12月，OECDの投資政策担当高級事務レベル会合は以後MAI交渉は行わない旨を宣言，同交渉は挫折した。

失敗に終わったMAI以外には，WTOにおける貿易関連投資措置協定（TRIMs）やサービス協定（GATS）が投資を扱った多国間協定として挙げられる。ただし，TRIMsは新たな義務を設けたものではなく，1994年GATTの内国民待遇（3条）と数量制限の禁止（11条）に違反する措置の禁止を確認するにとどまっている。これとは対照的にGATSは，商業拠点（第3モード）を通じて当該サービス分野に伴う直接投資の自由化を実現している。WTOシンガポール閣僚会合（1996年）は，投資分野をWTO体制に取り込むかどうかを検討したが，途上国が投資ルールをWTO体制に取り込むことに強く反対したため，結局「貿易と投資」はドーハ開発アジェンダの交渉項目に加えられなかった[16]。

以上からわかるように，投資をめぐる法状況は，一方においてBIT／FTAが増加した結果，二国間・地域レベルでハル・ルールの維持・復活を含む投資の保護・自由化が大いに進展した。しかし，他方において，投資に関する普遍的な法制度は未構築のままである。このような特別法レベルと一般法レベルの大きな乖離をどう捉えるべきだろうか[17]。この点については後述する。

Ⅲ　「天然の富と資源に対する恒久主権」の新たな展開

Ⅱでは，国有化や投資の分野における恒久主権について論じたが，最近，恒久主権概念が全く別の分野においても主張されるようになってきている。その例として，ここでは「生物多様性条約における主権的権利」と「土地・資源に

対する先住人民の権利」の2つの問題を概観する。

1　生物多様性条約における主権的権利

　生物多様性条約は，生物の多様性の保全，生物多様性の構成要素の持続可能な利用，および，遺伝資源の利用から生じる利益の公正かつ衡平な配分，の3つを実現することを目的としている。この目的を実現するために条約は，生物多様性の保全および持続可能な利用のために締約国がとる措置，遺伝資源へのアクセスおよびバイオテクノロジーについて締約国がとる措置，技術移転について締約国がとる措置，資金供与の制度などを定めている。生物多様性条約が採択される前は，遺伝資源利用者（主として先進国の企業や研究機関）は，原産国（主として途上国）の遺伝資源及び伝統的知識を自由に取得・開発することが可能だった。他方で，当該遺伝資源を利用して得た利益（例えば特許）については原産国側に配分されることはなかった。これを途上国は「生物資源に対する海賊行為（バイオパイラシー）」と呼んで強い不満を抱いてきた。その結果，遺伝資源の利用から生じる利益の公正かつ衡平な配分が条約目的に掲げられるに至った[18]。

　現在，遺伝資源と伝統的知識は，知的財産権との関わりにおいて新たな財源として注目されている。書籍，デジタルメディアの海賊版を途上国は十分に規制していないという批判がしばしば先進国から途上国になされるが，これらに対抗する手段として，途上国は遺伝資源の不正取得・不正利用に着目し，これをバイオパイラシーと非難するとともに，知的財産制度の改革を含めて「アクセスおよび利益配分（ABS）」を主張している。ところで，資源開発分野での恒久主権論は，採掘から販売までの各段階における先進国企業による業界支配権や価格設定権に対抗するという側面を有していた。それと同様の側面をABSもまた有している。つまり，かつて資源開発一般について行われていた主張と同様の主張が，現在，遺伝資源について行われているのである[19]。

遺伝資源に対する原産国の主権的権利は，国境を越えて，派生物を通じて，利益を生じさせる利用行為や利用者にまで及ぶ。生物多様性条約15条1項は，「各国は自国の天然資源に対して主権的権利を有するものと認められ，遺伝資源の取得の機会につき定める権限は，当該遺伝資源が存する国の政府に属し，その国の国内法令に従う」と規定している。これは締約国の国内法令により，自国の遺伝資源へのアクセスを規制することができることを意味する。したがって，ABSの具体的規制内容を定めるのは各国の国内法である。現在，先進国と途上国との間で対立しているのは，そのような内容を定めている国内法に国境を越える効力を認めるか否か，もし認める場合には具体的にどのような手法によるのか，という問題である。それが外国法の受入の強制を意味するならば，それは国家主権への重要な制約を作り出すことになる。通常は，各国法令に共通する要素に基づいて国際法上の義務や基準を定め，その違反を（国内法違反ではなく）国際法違反と捉えるという手法が考えられるところである。実際，ABS交渉の中でもそのような手法が提案されたが，途上国はそのような国際基準を作成すること自体に反対し，国内法主義を貫いている。一方で途上国は，先進国の主権を制約し遺伝資源提供国の国内法の受入を求め，他方で，遺伝資源提供国たる途上国の主権的権利については，逆にその強化をめざしている。まさに，遺伝資源における恒久主権論の復活といえよう。[20]

遺伝資源は確かに天然資源であるが，資源の再生可能性や可動性という点で，鉱物資源や化石燃料とは性質が異なる。遺伝資源については，領域国の主権的権利を認めつつ，国際社会全体で遺伝資源をどのように保全し将来世代に引き継いでいくか，という視点が不可欠である。生物多様性条約3条は領域使用の管理責任を規定している。けれども，ABSに関する議論の中では，同原則前段の主権的権利のみが強調され，後段の国家の環境責任については注目されてこなかった。ABS問題は，環境条約内部の問題にとどまらず，貿易秩序や人権にも関わるものである。そこで注目すべきなのが，持続可能な発展という

視点である。持続可能な発展は，今日，環境保護と経済開発の両立だけでなく，社会発展や文化多様性の維持などの要素も組み込んだ，より包括的な概念になりつつある。ABS問題も，このような視点から捉え直すことが必要になっている[21]。

2　土地・資源に対する先住民族の権利

　国連総会は，2007年，「先住民族の権利に関する国連宣言」を採択した（61/295）。同宣言は，「先住民族」の国際法主体性を承認し，その諸権利を普遍的な国際人権規準として認めたものと評価されている[22]。同宣言において，先住民族は，集団また個人として国際人権法のすべての権利を享受すること（1条），他のすべての民族および個人と平等でありかつ差別から自由であること（2条），および，政治的地位を自由に決定し経済的・社会的・文化的発展を自由に追求する自決権を有すること（3条）が，それぞれ述べられている。同宣言の25条から32条は「土地，領域，資源」に関する先住民族の権利を規定している[23]。それらは，伝統的に所有，占有，使用，取得してきた土地，領域，資源に対する先住民族の権利を認め（26条1項），その権利の承認・裁定のための公正・中立・透明な手続を確立し（27条1項），その手続への先住民族の参加権を認め（同上），自由な事前のかつ情報に基づく同意なしに没収，収奪，占有，使用されまたは損害を被った土地，領域，資源に対して，原状回復または補償により救済を受ける先住民族の権利を承認している（28条1項）。

　上述のとおり，同宣言3条は，国際人権規約共通第1条の文言を取り入れる形で，先住民族の自決権を承認している。これは，国内外の支配勢力による侵略・略奪を経験してきた先住民族の側からすれば画期的な成果だった。他方で，自決権の承認が外的自決権（国家的独立）の承認につながることを警戒する諸国は，この言葉を宣言に取り入れることに執拗に抵抗した[24]。その結果，同宣言において自決権という言葉が採用されることと引き換えに，「この宣言のいか

なる規定も独立国の領土保全または政治的独立を害する行為を認めまたは助長するものと解してはならない」という趣旨のいわゆる「領土保全条項」が同宣言に付加されることになった(同宣言46条)。同宣言の文脈において，自決権は，何よりも先住民族の文化的アイデンティティの維持という観点から捉えるべきだろう。すなわち，先住民族社会がその文化的生活を存続・発展させるためには，一定の範囲で自ら統治し自ら意思決定を行うことが認められるべきである，ということが承認されたのである。

同宣言25条～32条に規定された先住民族の土地，領域，資源に対する権利についても，同様のことが言える。これらは，「先住民族の伝統的土地への文化的・精神的愛着」という形の先住民族のアイデンティティを維持するための権利である。先住民族の権利を守ることは，先住民族の自治や他の人間集団とは根本的に異なる生活様式を守ることを意味し，その中に伝統的生活様式と切り離せない先祖伝来の土地・資源への権利が位置づけられる。自決権と同様，先住民族の土地・資源への権利は，先住民族の文化的存続・発展のために必要となる。この文脈での自決権や所有権は広義の文化的権利と捉えることができよう。

先住民族の諸権利については，その集団的権利としての側面と個人的権利としての側面とをどう区分し関連づけるかという問題が依然として解決していない。先住民族の土地と資源についても，米州人権裁判所等の判例が蓄積しつつあるものの，他の土地との境界をどのように確定するのか，過去に占有しその後剥奪された土地についてはこれをどう扱うか，土地および地下天然資源に対する国の権利と先住民族の権利とをどのように調整するか，などの点で，なお未解明の部分が残っている。他方で，「天然の富と資源に関する先住民族の恒久主権」という議論が，現在，さまざまな人権フォーラムで議論されているのは注目に値する。自決権と同様，恒久主権の担い手が，もともとは国家ではなく人民であると捉えられていたことを想起すれば，先住民族の権利に関するこ

れらの議論も，理論的には恒久主権論と同じ源に発していると言えよう。

お わ り に

　以上，恒久主権論の形成と変遷，およびその新たな展開について，その骨子を論じてきた。最後に恒久主権概念の法的性質についての試論を提起して，結論に代えたい。

　国有化の補償ルールの変遷を評価するさいに参考になると思われるのが，1980年代にフランスのランス学派に属する国際法学者モニク・シュミリエ・ジャンドローが唱えた法規範変遷論である。[31]弁証法的国際法観をもつジャンドローは，法規範を，利益の矛盾・対立を一時的に克服（止揚）する手段と捉える。彼女によれば，法規範の存在理由は，たとえ皮相的であれ，利益矛盾を平和裏に解決し社会的安定をもたらすことである。ジャンドローは，執行的規範（droit exécutoire）と言辞的規範（droit déclamatoire）という2つの規範類型を用いて，法規範の変遷を説明する。執行的規範とは，ある時点での矛盾・対立を解決（止揚）する実効性をもった法規範である。これに対して言辞的規範とは，矛盾・対立を解決（止揚）する力をもつに至っていない規範，その意味で実効性を伴わない規範である。ただし，言辞的規範は，1つのイデオロギーとして，現実の力関係を変える上で一定の役割を果たすことがある。つまり，言辞的規範は力関係を変革する動因の1つであり，執行的規範は力関係が変革された結果の1つである，ということになる。

　このような法規範変遷論によって，国有化の補償ルールの変遷をよく説明することができるように思われる。国家の経済的権利義務憲章に規定された補償ルール（＝途上国が一方的に決めることのできる適当な補償，国内法および国内裁判所による紛争解決）は，まさに言辞的規範だった。それは既存の「十分，実効的かつ迅速な補償」というハル・ルールに完全に取って代わることはできなかったものの，少なくともハル・ルールの一般国際法としての妥当性（法的信念）

を喪失させたと言うことができる。その結果，ハル・ルールは，一般国際法としてではなく特別法として多数の BIT に取り込まれ，その限りにおいて，執行的規範になっている。

　あらためて考えてみれば，国家が自国領域内の天然資源を自由に処分し，それによって自由に経済活動を行うことができるということは，国家主権の属性として当然のことである。[32]その意味で，恒久主権は，基底規範（＝国家の実体的な権利義務を定める国際法規範の背景にあって個別の条約分野を通底し，それらの運用を一般的・規定的につかさどる国際法規範）としての地位にあり，それは今後も変わらないだろう。[33]国際司法裁判所も「コンゴ領域における軍事活動事件」の2005年判決の中で，恒久主権が慣習国際法原則になっていると述べている。[34]このような基底規範としての恒久主権から，どのような一般国際法，慣習国際法，条約が生成し，変遷するか，そこにおいて国家のみならず人民や先住民族といった非国家アクターがどこまで権利の担い手としての地位・資格を獲得するかは，そのときどきの政治・経済・社会的力関係の中で決まっていくことになるだろう。恒久主権概念をこのように捉えることによって，恒久主権概念にまつわるさまざまな，そのときどきの国際法状況を，もっとも適切に捉えることができるのではないかと思われる。

(1) 恒久主権概念については，さしあたり，次の文献を参照。田畑茂二郎「A・A 新興諸国と国際法」『思想』496号，1965年。松井芳郎「天然の富と資源に対する永久的主権（一）（二）」『法学論叢』79巻3号，4号，1966年。田畑茂二郎「現代国際法の諸問題　四　天然と富と資源に対する永久的主権」『法学セミナー』8/1971。落合淳隆「国連総会における天然資源恒久主権の発展」『拓殖大学論集』97号，1974年。佐分晴夫・松井芳郎「新国際経済秩序・自決権および国有化」『経済』201号，1981年。松井芳郎「国際人権規約第一条の成立」『法政論集』126号，1989年。中川淳司『資源国有化紛争の法過程』国際書院，1990年。桐山孝信「経済的自決権再生のための覚書──天然資源に対する永久的主権概念の軌跡──」『民族と自決権に関する研究』神戸市外国語大学外国学研究，38巻，1996年。Antony Anghie, *Imperialism, Sovereignty and the Making of International Law*, Cambridge University Press, 2004, pp.211-244. Nico Shrijver,

Sovereignty over Natural Resources: Balancing Rights and Duties, Cambridge University Press, 2008, pp.368-395. .
(2) 大沼保昭『国際法　はじめて学ぶ人のための』東信堂，2005年，406-411頁。
(3) 松井，「天然の富と資源に対する永久的主権（一）」，前掲（注１），44頁。
(4) 同上，41-43頁。田畑，前掲（注１），97頁。
(5) 松井，「国際人権規約第一条の成立」，前掲（注１），23頁。
(6) 松井，同上。田畑，前掲（注１），98頁。
(7) 田畑，同上。
(8) Maurice Flory, « le concept de droit international du développement 25 ans après » 『法学新報』94巻11・12号，1988年，5頁。Jean-Robert Henry, « l'imanigaire juridique d'une société mutante », Ahmed Mahiou, Jean Robert Henry éds., *La Formation des normes en droit international du développement*, CNRS, 1984, pp. 39-40.
(9) 西海真樹「開発の国際法」国際法学会編『国際関係法辞典　（第２版）』，三省堂，2005年，138-139頁。
(10) Guy Feuer et Hervé Cassan, *droit international du développement*, Dalloz, 1991, p. 200.
(11) Alain Pellet, *le droit international du développement*, que sais-je ? 1987, p.107.
(12) 中川淳司「国際投資の保護と日本」『日本と国際法の100年』第7巻，2001年，202-203頁。
(13) 中川淳司「国際投資法」中川淳司・平覚・清水章雄・間宮勇編『国際経済法（第2版）』有斐閣，2012年，344-347頁。
(14) 中川，同上，352頁。
(15) MAIについては，さしあたり，次を参照。「多数国間投資協定（MAI）の諸問題」『日本国際経済法学会年報』7号，1998年。森川俊孝「投資の自由化と多数国間投資条約（上）（中）（下）」『貿易と関税』1998年5月，6月，7月。MAIの交渉テキストの和訳は，次を参照。谷岡慎一・大久保直樹（訳）「MAI交渉テキスト本文全訳（上）（下）」『貿易と関税』1998年9月，10月。Serge Regourd, *l'Exception culturelle*, Que sais-je?, pp. 88-95. 高田太久吉「投資自由化と多数国間投資協定（MAI）」『商学論纂』（中央大学）42巻5号，2001年。
(16) 中川，同上，349-350頁。
(17) この点について，柳赫秀は，２国間条約はあくまでも当事国間の交渉の産物であって法的確信を伴う一般（慣習）国際法の証拠とはみなされない。途上国は恒久主権概念により再確認された主権的権利を前提としたうえで，自発的に国際協定を作成し，同時に，一般国際法については別の議論を申し立てている，と捉える。筆者もこのような見方に賛同する。次を参照。柳赫秀「国際投資に関する法」『法学教室』279号，2003年，117頁。
(18) 西村智朗「生物多様性条約における遺伝資源へのアクセス及び利益配分――現状と課

題──」『立命館国際研究』22巻3号，2010年，133-134頁。
(19) 磯崎博司「名古屋議定書案の特異な構造とその概略」『NBL』936号，2010年，85-88頁。
(20) 磯崎博司・炭田精造・渡辺順子・田上麻衣子・安藤勝彦編『生物遺伝資源へのアクセスと利益配分』，信山社，2010年，47-51頁。2010年10月に名古屋議定書が成立したが，ABSをめぐる状況は基本的に変わっていない（同上，264-278頁）。次も参照。最首太郎「CBD/ABSの課題と展望──『名古屋議定書』の採択に際して──」『環境法政策学会誌』14号，2011年，231-241頁。
(21) 西村，前掲（注18），146-148頁。
(22) 上村「『先住民族の権利に関する国連宣言』獲得への長い道のり」『国連先住民族権利宣言の歴史的採択』2008年，53頁。
(23) 上村はこれらを自決権と並ぶ重要な権利体系と評価している（上村，同上，63頁）。
(24) 上村，同上，58-62頁。
(25) 領土保全条項の挿入を条件に自決権を承認するという方式は，かつて植民地独立付与宣言（1960年）および友好関係宣言（1970年）の採択時にも採られた妥協方式である。
(26) Siegfried Wiessner, "The Cultural Rights of Indigenous Peoples: Achievements and Continuing Challenges", *EJIL*, vol.22, no.1, 2011, pp.138-140.
(27) *Ibid*.
(28) Gaetano Pentassuglia, "Toward a Jurisprudential Articulation of Indigenous Land Rights", *EJIL*, vol.22, no.1, 2011, pp.170-182.
(29) *Ibid.*, pp.168-170.
(30) 先住民族による恒久主権論については，さしあたり，次の文献を参照。Jane A. Hofbauer, *The Principle of Permanent Sovereignty over Natural Resources and Its Modern Implications*, LL.M. Mater Degree Theses, Haskoli Islands, 2009. Lillian Aponte Miranda, "The Role of International Law in Intrastate Natural Resource Allocation: Sovereignty, Human Rights, and Peoples-Based Development", *Vanderbilt Journal of Transnational Law*, vol. 45, no. 785, May 2012. Emeka Duruigbo, "Permanent Sovereignty and Peoples' Ownership of Natural Resources in International Law", *George Washington International Law Review*, vol. 38, no. 33, 2006.
(31) Monique Chemillier-Gendreau, "Droit du développement et effectivité de la norme", Maurice Flory, Ahmed Mahiou, Jean Robert Henry éds., *La Formation des normes en droit international du développement*, CNRS, 1984, pp. 274-281. 西海真樹「開発の国際法論争──南北経済関係における国際法の役割とその限界──」熊本大学法学部創立10周年記念『法学と政治学の諸相』成文堂，1989年，180-183頁。
(32) 松井，「天然の富と資源に対する永久的主権（二）」，前掲（注1），52頁。磯崎博司・炭田精造・渡辺順子・田上麻衣子・安藤勝彦編，前掲（注20），33-34，38-39頁。
(33) 2012年度国際法学会秋季研究大会における柴田明穂神戸大学教授の報告「条約制度と

一般国際法のインターフェイス――環境分野を中心に――」からの引用である。
(34) *Affaire des activités armées sur le territoire du Congo (République démocratique du Congo c. Ouganda), arrêt. CIJ, Recueil 2005*, para. 244. 植木俊哉「紹介 コンゴ領域における軍事活動事件」『法学』2006年, 953-967頁。

(中央大学法学部教授)

論　説　資源ナショナリズムと国際経済法

パイプライン輸送をめぐる紛争と国際経済法
──ロシア・ウクライナ間のガス紛争を中心として──

中　谷　和　弘

Ⅰ　はじめに
Ⅱ　ロシア・ウクライナ間のガス・パイプライン紛争
Ⅲ　エネルギー憲章条約7条,通過議定書草案,ロシア提案
Ⅳ　紛争解決をめぐって
Ⅴ　おわりに

Ⅰ　はじめに

　本報告においては,2006年の正月と2009年の正月に発生したロシア・ウクライナ間のガス・パイプライン輸送をめぐる紛争を素材として,パイプライン輸送をめぐる法的諸課題について検討したい。日本は,石油の大半はタンカーによって,天然ガスの大半はLNGにしてLNG船によって海上輸送して輸入しており,パイプラインとは無縁であるが,欧州をはじめ多くの地域においてはパイプラインは重要な石油・ガスの輸送手段である。特に生産地が内陸の場合には,パイプラインはほぼ唯一の輸送手段となる。

　資源ナショナリズムは,石油・ガスの生産地である上流においてのみならず,輸送の過程(中流といってもよいかもしれない)においても生じうる。この点に関してまず指摘すべきは,石油・ガスパイプラインをどこに敷設するかというルート決定は高度に政治的な問題であるということである。というのは,パイプライン敷設のメリットとしては,単に石油・ガスの通過料を得られるのみな

らず、「全般的な外交上の関係が悪化した場合にはパイプラインを閉めるぞ」と脅すことによって政治的影響力を発揮できるからである。勿論、パイプライン敷設に伴い、環境が悪化して場合により環境損害が生じうる、パイプライン周辺住民が立ち退きを余儀なくされることがあるといったデメリットも生じうるが、民主主義が確立していない国ではこういったデメリットは一般には重視されないため、これまでの所、関係諸国は一般に自国領域内にパイプラインを通過させようと画策してきたといえる。

このようなパイプライン敷設ルートをめぐる格闘として有名なのが、カスピ海のバクー沖の石油を国際市場に輸送するための主要なパイプラインのルート決定をめぐって1990年代に繰り広げられた power politics であった。ロシアとイランはそれぞれ自国を通過するロシアルート、イランルートを主張したが、旧ソ連から独立した中央アジア諸国はロシアの影響力を嫌ってロシアルートに反対し、イランルートは距離的に短いため経済的ではあったが米国が強く反対した。結局、距離的には長くなるが、アゼルバイジャンの首都バクーからグルジアの首都トビリシを経てトルコの地中海沿岸の港セイハンに至る BTC パイプライン（Baku-Tbilsi-Ceyhan）の建設が決定された。このルートもトルコとアルメニアの歴史的に良好ではない関係やアゼルバイジャン・アルメニア間のナゴルノ・カラバフ紛争を考慮して、アルメニアを迂回してグルジアの山岳地帯を通るルートとなった。このパイプラインの政治的重要性は、アゼルバイジャン・グルジア・トルコの3カ国の大統領がクリントン大統領の立会いの下に1999年に政府間合意を行ったことからも伺える。この pipeline politics は現代における great game と評されることもある。[1]

また、最近では、ロシア・ウクライナ間のガス紛争に懲りた諸国がウクライナを迂回する新たなガス・パイプラインを計画している。ロシアはロシアから黒海、ブルガリア、ギリシャを経由して、イタリア及びオーストリアに至る「サウスストリーム計画」を主導し、他方、米国及びEUは、ロシアを迂回し

てトルコ・ブルガリア・ルーマニア・ハンガリー・オーストリアを結ぶ「ナブッコ・パイプライン計画」を主導しており，両者は拮抗関係にある。

　ナショナリズムの要因はさらにパイプラインのルート決定や建設の段階においてのみならず，パイプラインの運営においても否定できないといえる。但し，上流国，通過国，下流国，他の諸国，現地の国営企業，進出する外国企業，国際NGOといった様々なステークホルダーの利害が複雑に絡み合い，利害関係は錯綜している。さらに資源ナショナリズムの現われ方も単線的ではなく，かつて見られた産油国における先進国の石油企業の資産の国有化のようなわかりやすい図式ではない。単純化していえば，上流国（原産国）A，通過国B，下流国（消費国）Cにおいて，Bが輸送を停止するという紛争が1つの典型である（そして後述するように，エネルギー憲章条約7条はこのような事態に対処する条項である）。ロシア・ウクライナ間のガス紛争の構図は，Aが輸送を停止する（その反射的結果としてBも輸送を停止する）というものであった。この紛争は，後述するように，金銭支払（債務不履行）問題であると同時に資源ナショナリズム問題でもあった。またこの紛争は，エネルギー憲章条約の限界を印象づけるものでもあった。エネルギー憲章条約は，エネルギー関連の通商につきGATT/WTO並のルールを，エネルギー関連投資につき二国間投資保護条約並のルールを規定し，また通過に関する規定をおいたが，通商と投資はroutineな解決がほぼ可能であり基本的にうまく機能してきた（また相当数の投資仲裁が既になされた）のに対して，通過は政治的色彩がより濃い問題であり，ロシア・ウクライナ間のガス・パイプライン紛争では，エネルギー憲章条約は有用な指針とはならなかった。

　以下，この紛争についてみていくことにしたい。

II　ロシア・ウクライナ間のガス・パイプライン紛争

　2006年の正月と2009年の正月に発生したロシアによるガス供給停止をめぐる

両国間の紛争は，①ウクライナによる通過料不払・ガスの抜き取りという契約違反，②資源ナショナリズム，③良好ではない両国間の外交関係，④ウクライナ国内におけるユシチェンコ大統領とティモシェンコ首相との確執と利権争いという4つの要因が絡み合う非常に複雑な紛争であった。透明性の欠如ゆえ，事実関係を正確に把握することは容易ではないが，以下，簡単に概観することにしたい。[2]

 1990年代からウクライナはロシアに対する債務支払が滞り，また1998年にガスプロム（ロシアの国営ガス企業）はウクライナが輸送中のガスを抜き取ったと非難し，1999年にはウクライナ向けの石油と電気を停止したことがある。2001年10月に両国はガス通過協定を締結し，ウクライナの債務支払額を定め，またガスプロムとナフトガス（ウクライナの国営ガス企業）にガス輸送・供給の長期契約を締結するよう求めた。2002年6月，ガスプロムとナフトガスは2013年までの契約を締結したが，ウクライナは通過料を現金ではなくガスで受け取る（通過するガスの15％をバーターで受け取る）との内容を含むものであった。2004年8月，両社は，通過料の基準は1000立方メートル100キロメートルあたり1.09ドル，ガス価格は1000立方メートルあたり50ドルとし，金額は2009年末まで変更しないことで合意した。[3] 2004年末のオレンジ革命により，ウクライナでは反ロシアのユーシェンコが大統領に就任した。2005年に入ると，ガスプロムは，ガス価格の3倍強の1000立方メートルあたり160ドルへの引き上げを求めた（ガスプロムは2004年8月の合意は，両国がガス輸送の条件を特定する政府間合意を締結した場合にのみ適用されると主張した）。ウクライナは90ドル以上は払えないとし，またセヴァストポリ港の黒海艦隊の駐留のためにロシアがウクライナに支払っている賃借料の見直しを求めたが，ロシア側はこれを拒否した。12月13日，ガスプロムは2006年元旦までに新合意ができなければガス供給を停止すると通告し，新価格は，1000立方メートルあたり220-230ドルが市場価格だとした（ロシアは旧ソ連諸国への優遇価格を国際市場価格に改めようとした）。

そして、2006年元旦、ロシアはウクライナ向けのガス供給を停止した。欧州諸国へのガス供給は大幅に減少した。2001年10月の両国政府間のロシア産天然ガスにウクライナ通過に関する合意の6条では、通過協定の違反の場合にはロシアは通過料の支払又はウクライナへの国内供給量の減少をなしうる旨、規定するため、これを正当化根拠にしたと考えられる。1月4日、両国は5年間の新合意を締結し、ガス輸送は再開された。新合意は、①通過料としてガスプロムはナフトガスに1000立方メートル100キロメートルあたり1.6ドルを支払う（通過料は1.09ドルから46％値上げとなる）、②ロシア産ガスはRosUkrEnetgoという仲介会社（実態はペーパーカンパニー）とナフトガスのjoint venture向けに1000立方メートルあたり230ドルで販売されるが、このガスは中央アジア産の安価なガスとブレンドした上で、ウクライナ市場向けに95ドルで販売される（結局、ガス価格は50ドルから90％値上げとなる）。③合意期間は5年とし、通過料とガス代金は全当事者の合意によってのみ変更可能である、というものであった[5]。

なお、2006年のロシア・ウクライナ紛争につき、ガスプロム及びナフトガスが第三者機関への紛争付託を避けた理由として、ロシアのBelyiらは次のような興味深い指摘をする。即ち、ロシアはウクライナに政治的及び経済的圧力をかけてロシア産ガス価格の高騰とウクライナの政治体制の変革を達成しようとした。ガスプロムはエネルギー憲章条約に対して、①民間が所有するパイプラインが認可される等、旧ソ連圏における独占を崩す道具として用いられうる、②EU市場に参入する際に重要な投資前段階での無差別条項がない、③7条7項は事務局長及び調停者に過大な権限と責任を付与している、として反対の立場をとってきた。ナフトガスについては、ガスの地下貯蔵施設及びネットワーク容量の非透明性が主な理由である[6]。

両国間のガス紛争は2006年1月4日の合意で終結した訳ではなかった。2007年10月及び2008年2月にガスプロムはウクライナの債務不払を理由にガス供給

を停止するとした。2008年10月には両国は覚書の形で，①ガス価格と通過料を「市場レベル，経済に依拠したレベル及び双方が合意できるレベル」に３年以内に引き上げる，②ナフトガスがガスを仲介会社の介在なしに直接ガスプロムから購入する，③長期にわたるウクライナを通過するガスの中断なき輸送の必要性を承認することで合意した。[7] 11月にはガスプロムとナフトガスの間で「ガス部門における長期協力の原則」が合意されたが，通過料は2008年レベル（1000立方メートル100キロあたり1.7ドル）のままとされ，ガス価格についての条項はなかった。ガスプロムは2008年中にウクライナ側に債務の返済を求め，2008年12月には一部の返済がなされたが，完済がなされないと2009年正月からガス輸送を停止するとした。12月23日，André Mernier エネルギー憲章事務局長は，エネルギー憲章条約７条５項（後述）に言及する形で，同条約の中核要素である「中断なき通過の原則」（the principle of uninterrupted transit）を想起することが重要であり，この原則の中核要素は通過に関連しない問題が通過量に悪影響をもたらすことを防止することである旨のステートメントを発した。[8] 他方，欧州委員会は何等関与しようとしなかった。12月30日，ナフトガスはほぼすべての債務を返済したが，2009年の価格につきガスプロムとナフトガスは合意に達することができなかった（ナフトガスは1000立方メートルあたり201ドルから235ドルを提示し，ガスプロムは250ドルを提示）。

　2009年元旦，ロシアはウクライナ向けガス輸送を停止した。1月7日には欧州向けのガス輸送が完全に停止した。ガスプロムはウクライナ側がガスを盗み取っているとして非難した。ウクライナ側は技術的理由のために使う必要があったとし，慣行上 technical gas の使用は認められてきたとして反論した。ガスプロムは，technical gas の問題は通過国の責任であり，ナフトガスが自国の留保分から賄えない場合には購入すべきだとした。[9] 1月3日，ガスプロムは，ナフトガスが2002年の通過契約（2003年から10年間にわたり欧州向けガスの中断なき通過を保障する）に違反しているとしてストックホルム商業会議所の仲裁に訴

える決定をし，ナフトガスがロシアの欧州向けガス輸送を減らす措置をとることを禁止する仮保全措置を同仲裁が可能な限り早期に採択するよう求める旨を発表した。他方，2009年1月9日，キエフ仲裁裁判所は，2002年の通過契約は無効であるとのエネルギー大臣の申請を支持する決定をした。ＥＵも危機を感じ，1月9日にGas Coordination Group（加盟国，ガス会社，消費者の代表から構成）が会合し，1月11日には監視協定（monitoring agreement）を締結して，欧州委員会，欧州のガス企業及びガス輸送者が両国の出入地点に配置された。1月9日，Mernierエネルギー憲章事務局長は，再びエネルギー憲章条約7条5項（後述）及び通過議定書草案16条（後述）に言及して中断なき通過の原則がエネルギー憲章の中核原則であることを繰り返し，全当事者に対してガス輸送の迅速な再開を求めるとともに，同条約7条7項に従って調停を検討するよう呼びかけ，調停者として国際ガス連盟（International Gas Union）前総裁のGeorge Verbarg氏（オランダ）を見出したとのステートメントを発した。1月13日，ガスプロムは欧州のガス契約に関してforce majeureを宣言した。1月19日，両国はこの紛争を終結する合意に達し，ガスプロム・ナフトガス間で新しい供給及び通過契約が締結された。ガス価格については，2009年の第1四半期では，1000立方メートルあたり360ドル（欧州の平均価格の20％引き）と決定され，この価格は四半期毎に石油価格考慮に入れたフォーミュラの下で見直されることとなった。通過契約では，次のことが規定された。①通過料は，2009年については，以前合意された1000立方メートル100キロメートルあたり1.7ドルのままとし，同年の通過量は1200億立方メートルする。2010年からは欧州標準に従って計算された市場に依拠した通過料金で契約する（8条）。②ナフトガスは，ウクライナのガス輸送システムの中断なき運営の確保とウクライナ領域内でのガスの喪失に対する責任を負う（4条5項）。③不可抗力に該当する場合には，義務履行を免れる（11条），④契約の解釈をめぐる紛争は，ストックホルム商業会議所の仲裁に付託される（12条），⑤契約期間は2020年元旦までと

する（14条）。

　2009年の紛争はこれにより解決されたが，両国間のガス価格及び通過料をめぐる交渉・紛議はその後も継続している。2010年に新ロシア派のヤヌコビッチがウクライナ大統領に就任し，同年4月21日，メドベージェフ・ロシア大統領との間でガス価格に関する新しい合意が締結された。[16] ロシアはウクライナ向け価格を30％引き下げる（2010年6月時点で234ドル）かわりに，ウクライナはロシアの黒海艦隊によるセヴァストポリ港の使用を最長2047年まで認めるという内容の合意である。ロシアは，旧ソ連諸国へのガス供給を優遇価格で行っていた慣行を廃止して国際市場価格で供給することを目指してきた（その結果として急激な値上げを相手国に要求することになり，それがウクライナとのガス紛争の直接のきっかけとなった）が，政治的思惑から値下げに合意したのであり，ここにもガス供給・輸送をめぐる政治的要因の重要性が現れている。

　以上，ロシア・ウクライナ紛争についてみてきたが，ロシアによるガス・パイプラインの輸送停止は，無辜の第三国である欧州諸国との関係で正当化できるのか否か（法的に正当化できるとしても政策的にはどうなのか）。この問題の回答は，国境を超えるパイプラインの国際公共財としての性格をどこまで強く認めるかに依拠するものであるといえ，新たな多数国間の合意を要するものであろう。

Ⅲ　エネルギー憲章条約7条，通過議定書草案，ロシア提案

　石油・ガスパイプライン輸送を規律する条約規定としてはエネルギー憲章条約7条があり，[17] またより直接にロシア・ウクライナガス紛争のような事態を直接に規律しうるルールとしては，通過議定書（Protocol on Transit）草案16条があった。[18] なお，ロシア，ウクライナは同条約の原署名国（署名日は1994年12月17日）であるが，ロシアは批准せず暫定的適用の状態にあった（45条1項）。2009年8月20日にロシアは同条約の締約国にならない意向を寄託者に通報し，45条3項に従い，60日後の同年10月18日一杯で暫定的適用は終了した。他方，ウク

ライナは1998年2月6日に批准した。通過議定書草案は、エネルギー憲章会議において拘束力あるルールの合意を目指して2000年に交渉が開始され、EUが主導する形で2002年末までに原案はほぼまとまったものの、ロシアとEUの間では合意に達することができなかった。[19]

エネルギー憲章条約7条は、同条約の通過（transit）に関する単一の条項である。

通過の定義が10項におかれているので先にこれを見ると、A国・B国・C国を結ぶガス・パイプライン輸送にかかる通過とは、「他国（A国）の地域から出発して第三国（C国）の地域に向けられるエネルギー原料（ガス）の輸送であって、締約国（B国）の地域を通過するもの」と定義され、但し、当該他国（A国）又は当該第三国（C国）のいずれか一方が締約国である場合に限る旨、規定する。

1項は、GATT5条の通過自由原則に合致して、出発地、仕向地、所有者の国籍、消費者の国籍や価格による差別を禁止する。

2項は、関係団体がエネルギー輸送関連諸措置につき協力することを奨励する。

3項は、別段の合意がない限り、通過中のエネルギー原料・産品を自国発・自国向のそれよりも不利でないように扱うことを義務づける。

4項は、追加的な通過施設の建設の権利を前提とした上で、商業的条件で通過させることができない場合には、新施設の設置について障害を設けてはならないとする。

5項は、通過国は、パイプライン・送電線の建設・改修やこれによる新規・追加の通過が自国のエネルギー体系の安定性・効率を損なう場合には、当該建設・改修・通過を許可する義務を負わないとする。また、6項及び7項に従い、既存の流れであって他の締約国へのものを維持する義務を負うとする。[20]

6項は、通過に関する紛争が生じた場合には、7項の紛争解決手続が完了す

る前には，通過国はフローを中断・減少させたりそれを許可してはならない（但し，契約等において中断・減少が明示的に規定された場合は除く）とする。[21]

7項は，エネルギー憲章条約全体の紛争解決規定（26条において投資家と締約国の間の紛争の解決として投資仲裁を予定し，27条において締約国間の紛争の解決として特別仲裁裁判所を予定している）とは独立した通過独自の紛争解決規定であり，調停を予定している。事務局長が調停人を任命し，調停人は紛争の解決策を勧告する[22]（紛争解決については後述する）。この独自の調停のメカニズムは労働紛争の解決のメカニズムをモデルにしたものだと言われる。[23] 通過紛争について仲裁を予定せず調停を予定した背景には，①エネルギー投資やエネルギー貿易に関する紛争は投資仲裁やGATT/WTOで多数処理されてきたこともあって，どのような紛争が生じるかがほぼ予見できるのに対して，エネルギー輸送をめぐる紛争はどのような形で現れるか必ずしもはっきりせず，また政治的により先鋭的かつ複雑な紛争になりうると予見されたこと，②通過に関する実体ルールは7条で一応規定したものの詳細・明確とは言い難いこと，③これらに鑑みて，はっきり白黒がついてしまう仲裁よりも柔軟性の高い調停（非法律的要素をも勘案した柔軟な解決案を提示することが可能である）を締約国は支持すると考えられたこと，といった要因があったものと思われる。

(c)に規定されているように，調停人は紛争解決策又は紛争解決手続を「勧告する」（recommend，法的拘束力はない）が，特に「紛争解決までの間に通過に関して遵守すべき暫定的な料金その他の条件」については「決定する」（decide，(d)で確認されているように法的拘束力を有する）となっている点が注目される。なお，調停の詳細については，1998年12月に「通過の紛争に関する調停ルール」（Rules concerning the Conduct of the Conciliation of Transit Disputes）が採択されている。これまでこの調停が利用されたことはない。

ロシア・ウクライナ紛争に関して7条の実体規定をみると，通過の定義から[24] 自国原産のガスの輸送は同条の射程範囲外となるため，ロシアについては，ロ

シア産のガスの輸送については同条は適用されず、また7条6項は通過国によるフローの中断・減少を禁止するものであり、原産国によるフローの中断・減少を禁止するものではない。但し、一部トルクメニスタン産ガスがカザフスタン、ロシアを通過してウクライナに輸送されているため、このガスについては、トルクメニスタン、カザフスタン、ウクライナが締約国であるため、ロシアは条約上の「通過国」となり、7条の適用対象となる。他方、ウクライナについては、パイプラインの下流国はモルドバ及びスロバキアであるが、どちらも締約国であるため、第7条がウクライナを通過するガスにつき適用されることに問題はない。

　ロシア、ウクライナの行動の行動を規律する規定としては、5項及び6項がある。5項は、Mernier事務局長が指摘したように「中断なき通過の原則」を規定したものである。両国は、ガスの既存の流れであって欧州諸国へのものを維持する義務を負うことになる。6項は、7項で予定される調停手続が完了するまでは、通過の中断をしてはならない旨、規定する（特段の合意があれば別だが、そのような合意は知られていない）。なお、7条6項及び7項の紛争解決メカニズムは通過をめぐる紛争のみに適用され供給をめぐる紛争には適用されないため、通過料や通過条件に関する紛争は扱うことができてもガス供給価格については対象外となることに留意する必要がある。また、2006年1月の紛争に関連してBelyiらは、ロシア・ウクライナ間に通過の義務や条件に関する基本的紛争があれば、2002年の通過契約12条（注(10)参照）の仲裁は憲章条約7条7項にいう「関連する契約上又は他の紛争解決における救済手段」には該当しないから、同契約は7条7項の適用を阻止しない旨、指摘する。

　ロシア・ウクライナ紛争においては調停付託はなされなかったが、そのような場合が「7項で予定される調停手続が完了するまで」に該当しない訳ではなく、6項の適用がアプリオリに排除される訳ではない。6項の趣旨は、5項の「中断なき通過の原則」をより具体化するものであって、輸送契約において明

示された輸送停止事由に該当する場合，調停において輸送の停止が指示される場合を除いて，輸送は継続されなければならない旨を規定したものであると解せられる[27]。輸送停止に関して，もしウクライナを代弁するのであれば，上流国ロシアからのガス輸送が停止された以上，ウクライナとしては通過の維持は物理的に不可能になったと主張することになるであろうが，ガスを抜き取ったことは6項に違反することになろう[28]。他方，トルクメニスタン産ガスを通過国ロシアがウクライナに輸送するのを停止した点（実際にはロシア産ガスとトルクメニスタン産ガスはブレンドされてウクライナ経由で欧州に輸送されていた）については，ロシアは6項に違反するおそれが強い。もっとも，代金未納が輸送停止を正当化する旨が「契約その他の合意において明示的に規定され」（同項）ていれば別である（ロシア・ウクライナ両国家間の合意ではなくても，ガスプロム・ナフトガス両企業間の合意でそう規定されていれば十分であるが，契約内容はごく一部しか明らかにされていない）。

次に，ロシアの暫定的適用について。エネルギー憲章条約45条1項では，「署名国は，前条の規定に従ってこの条約が自国について効力を生じるまでの間，自国の憲法又は法令に抵触しない範囲でこの条約を暫定的に適用することに合意する」と規定する。2006年正月及び2009年正月の時点でロシアは暫定的適用の状態にあった。エネルギー憲章条約26条に基づく投資仲裁である2009年11月30日の Yukos Universal Limited (Isle of Man) v Russian Federation の管轄権及び受理可能性に関する中間判決では，「45条1項の制限条項は，暫定的適用の原則自体が署名国の憲法又は法令と両立しない場合にのみ本条約の暫定的適用を否定する」とした上で[29]，「ロシアにおいては条約の暫定的適用と自国の憲法又は法令とが両立しない訳ではない」として，「エネルギー憲章条約全体がロシアには2009年10月19日まで暫定的に適用された」とし，「第3部乃至第5部（26条を含む）は同日以前になされたあらゆる投資に対して同日まで適用され，ロシアは Yukos Universal が援用した投資仲裁条項に拘束される」

旨，判示した。なお，45条2項では，署名時に暫定的適用を受け入れることができない旨の宣言を行えば1項の義務は適用されない旨規定するが，ロシアはそのような宣言は行っていなかった。

次に，通過議定書草案16条について。「通過の事故による中断，減少又は中止」と題された同条は，次のように規定する。

「1．各締約国は，通過のために用いられるエネルギー輸送装置の所有者及び運用管理者が，(a)通過の事故による中断，減少又は中止のリスクを最小限にするため，及び，(b)事故により中断，減少又は中止された当該通過の正常な運用を迅速に回復するため，必要な措置をとることを確保する。

2．締約国は，他の関係締約国に通過の事故による中断，減少又は中止及びその原因を直ちに通報するものとする。締約国はまた，いつ通過が再開されうるかについての現実的な評価を示すものとする。」

ロシア，ウクライナ両国は，パイプラインが国際公共財であるという意識や下流にある欧州諸国への配慮が全くなく，正常な運用を迅速に回復するための必要な措置はなされておらず，両国の行動は「各締約国は，通過の中断のリスクを最小限にし，中断された当該通過の正常な運用を迅速に回復するため，必要な措置をとることを確保する」旨，規定する同条に相反するものであったと言わざるを得ない。安定したパイプライン輸送のためには同条のようなルールを含む通過議定書が必要であるが，立法化の作業が挫折したことは極めて残念である。

通過議定書草案が採択に至らなかったのは，ロシアと EU の間で次の3点につき見解の対立が埋まらなかったためであると指摘される。第1に，議定書案8条に関連して，ロシア（特にガスプロム）は，ガス供給契約期間とガス通過契約期間が合致せず，前者の期間中に後者が期間切れとなったとしてもガス供給者は後者の延長を主張できるようにすべきだとし，ガス供給者は right of first refusal（ROFR）を有すると主張したが，これに対して EU はロシアの考え方

はエネルギー憲章条約7条1項で規定された無差別原則やEU第2次ガス指令に反すると反論した。第2に、議定書案20条(33)に関連して、EUはEU全体を地域経済統合組織（Regional Economic Integration Organization, REIO）であるためEU域内のガス輸送には通過議定書は適用されないと主張したが、ロシアはこれに反対した。第3に、通過料に関して、通過議定書案10条では、①締約国は、通過料が客観的、合理的、透明であり、原産地、目的地又は所有権によって差別しないことを確保する（1項）、②締約国は、通過料が市場の歪曲によって影響されないことを確保する（2項）、③通過料は、運用及び投資コストに基づいたものとする（3項）、といった基準が示されているが、このような通過料の考え方（距離に依拠したモデル（distant-based model）に基づく）に対して、EU法の下では入口・出口モデル（entry-exit model）に基づく通過料の考え方が採用されており、両者は対立するものであった。なお、ウクライナの通過料は、ロシアから購入するガス価格と連動する形で決定されてきたが、このガス価格も二重価格があったり軍港の使用とバーターで割引されたりして国際市場価格とはかけ離れ、通過料も運用及び投資コストに基づいたものとは言い難いものであった。

　ロシアは2009月10月にエネルギー憲章条約から実質的に離脱したが、これにかわる拘束力ある国際ルールとして、同年4月に「国際エネルギー安全保障の確保に関する条約」（Convention on Ensuring International Energy Security）の草案を作成した(34)。第5部「エネルギー原料及び製品の通過」の条項は、5条の1（通過自由の原則）、5条の2（通過目的のためのエネルギー原料及び産品の輸送設備）、5条の3（通過の保障）、5条の4（地域的経済国際組織を通じた通過）からなる(35)。ロシア・ウクライナ紛争を念頭においた時に特に注目されるのは5条の3であり、「通過締約国は、通過紛争の場合を含むいかなる状況においても、通過協定において予定されていない限りガスの通過の阻止・減少・変更をしてはならない」と規定することで、ロシアはウクライナがガスを抜き取る事態を

防止しようとしたといえる。なお，この条約草案10条の1では，締約国間の紛争につき拘束力ある仲裁が予定されている。

　その他，ここで各々一言のみ言及しておきたい規定として，①通過ノ自由ニ関スル條約及規程（1921年），②GATT5条，③GATS，④国連海洋法条約第10部がある。①通過ノ自由ニ関スル條約及規程は，無差別原則の下での通過運輸の自由を規定するが，ガス・パイプライン輸送は当時存在せず対象には入っていなかったことに加え，西欧・東欧諸国等，50か国が当事国であるが，旧ソ連諸国は入っていない（日本は1924年に批准）。②GATT 5条も通過の自由についての詳細を規定する。ガス・パイプライン輸送にも同条が適用されるべきとの提案はあるもののドーハ・ラウンドでは特に進展はない(36)ことに加え，ウクライナ2008年に，ロシア2012年になってWTOに加盟したため，2006年及び2009年の紛争については同条は適用されない。③GATSとの関連では，WTO事務局のサービス分類では，「11 運送サービス」の中に「G パイプライン輸送」があり，「燃料のパイプライン輸送」と「他の財の輸送」とに細分類される。2010年1月12日のエネルギーサービスに関する事務局ノートによると，「燃料のパイプライン輸送」につき特定の約束を行っているのは，オーストラリア，カンボジア，クロアチア，旧ユーゴ・マケドニア，ハンガリー，キルギス，リトアニア，モルドバ，ネパール，ニュージーランド，サウジアラビア，ウクライナの12か国である(37)。ウクライナ（2008年2月5日にWTO加盟）は，2008年3月10日の特定の約束のスケジュールにおいて，追加的コミットメントとして，「パイプライン輸送のアクセス及びサービス貿易に影響する措置の表明，採用及び適用に際しては完全な透明性を付与することを約束する」，「自国の管轄下にあるパイプライン・ネットワークのアクセス及び利用につき，技術的容量の下で，輸送される製品の原産地，仕向地又は所有者につき，不当な遅延，制限又は課徴金を課すことなく，また原産地，仕向地又は所有者の相違に基づく差別的価格づけをすることなく，無差別待遇の原則を遵守する」としている(38)。ロ

シア（2012年8月22日にWTOに加盟）は，2012年11月5日に特定の約束のスケジュールを提出したが，「燃料のパイプライン輸送」についての特定の約束はない[39]。④国連海洋法条約（ロシアもウクライナも締約国）第10部は，内陸国についての規定である。石油・ガスパイプラインは，内陸国原産の石油・ガスを国際市場に安定輸送するほぼ唯一の手段である。124条1項cでは，「通過運送」とは，人，荷物，物品及び輸送手段の1又は2以上の通過国の領域における通過をいうとし，2項では，内陸国及び通過国は，相互の合意により，パイプラインを輸送手段に含めることができる旨，規定する。さらに，130条1項は，「通過国は，通過運送における遅延又はその他の困難で技術的性質のものを回避するためすべての適当な措置をとる」と規定し，2項は，「1の遅延又は困難が生じたときは，関係する通過国及び内陸国の権限ある当局は，その遅延又は困難を迅速に無くすため協力する」と規定する（これは，1965年の内陸国通過貿易条約第7条に基づくものである）。もっとも，パイプラインを輸送手段に含めるとの特段の合意はなされていない。

Ⅳ　紛争解決をめぐって

　ロシアもウクライナも2006年及び2009年の紛争においてエネルギー憲章条約7条及び同条に基づく調停を援用しなかったが，その主な理由として考えられるのは，ロシアについては，エネルギー憲章条約に批判的であるためもし援用すると同条約を承認したとして自国の立場が不利になることを恐れ，また調停者に重要な権限を付与すると自国のエネルギー外交の影響力が制約されることを恐れたこと，ウクライナについては，調停において同条（特に6項）違反と認定されることを恐れたことである。

　エネルギー憲章条約7条と27条（締約国間の紛争の解決として特別仲裁裁判所を予定）との関連については，7条7項第1文では，「(6)に規定する紛争については，次の規定を適用する」として調停を規定し，27条2項では，「この条約

に別段の定めがあるとき‥を除くほか」との限定を付して特別仲裁裁判所についての規定しているため，27条の仲裁は通過をめぐる紛争には基本的には適用されないと解される。

パイプライン輸送をめぐる紛争は，国家間の紛争に必ずしも限定されず，ガスプロムとナフトガスといった企業間の紛争や，本事案では直接には出てこなかったが，ガスプロム対ウクライナといった企業・国家間の紛争も想定されうる。パイプラインに関連する企業間の紛争の解決については，エネルギー憲章条約では規定がなく，実際には国際商事仲裁による解決が現実的な option ということになろう。パイプラインに関連する企業・国家間の紛争に関しては，「投資財産に関する紛争」であれば26条の投資仲裁の対象となるが，これに該当しない紛争であれば同条約には規定がないため，交渉での解決が不可能な場合，両者の合意に基づいて仲裁が組織されるかどうかが問題となろう。

なお，内陸国通過貿易条約については，ロシアもウクライナも締約国であり（ソ連及びウクライナが1972年に批准），パイプラインを本条約上の輸送手段に含めることは締約国の同意があれば可能（1条d(iii)）であるが，両国間で特段の同意はなく，また，紛争解決条項（16条に仲裁付託条項あり）につき，両国とも「拘束されない」と宣言している[40]。

ロシア・ウクライナ間での紛争につき他に考えられる解決手段としては，ICJのような一般的フォーラムの他に，欧州安全保障協力機構（OSCE）の調停及び仲裁裁判所（Court of Conciliation and Arbitration）が想定されうる[41]。調停は，一方の締約国が他の締約国との間で解決できないいかなる紛争も付託することができる（1992年の同裁判所に関する条約18条）。仲裁は，本条約の2以上の締約国又は本条約の締約国と他のOSCE参加国との合意によって要請できる（26条，強制管轄受諾宣言の制度も存在する）。調停案は当事国を拘束しないが，仲裁判断は当事国を拘束する。ロシアは同条約に1992年に署名したが，批准はしていない。ウクライナは1992年に署名し，1995年に批准している。これまでの所，付

託された案件はないが，同条約は33国が批准しており，その中には7つの旧ソ連諸国（ベラルーシ，ラトビア，リトアニア，モルドバ，タジキスタン，ウクライナ，ウズベキスタン）が含まれている。旧ソ連諸国15カ国のうち，ICJ の強制管轄受諾宣言を行っているのは，エストニアとグルジアのみであることに鑑みると，OSCE の調停及び仲裁裁判所は旧ソ連諸国の約半分が締約国となっている点で画期的なものであり，旧ソ連諸国からの石油・ガス輸送をめぐる紛争にも相当程度活用できるものといえよう。とりわけ，石油・ガス輸送をめぐる紛争が非エネルギー分野の問題と絡み合う複合的な性質を有する紛争である場合には，調停者の権限が問題になりうるエネルギー憲章条約7条の調停よりも，いかなる紛争をも管轄する OSCE の調停及び仲裁裁判所の方が適切なフォーラムといえよう。

V　おわりに

ロシア・ウクライナ間のガス紛争は欧州のエネルギー安全保障の脆弱性を露呈するものとなった。同時に，「上流部門における（しのびよる）国有化問題」と「下流分野におけるエネルギー産業の自由化問題」に検討がほぼ集中してきた国際エネルギー法のあり方にも反省を迫り，エネルギー輸送分野のルールの重要性を痛感させるものでもあった。さらに同紛争はエネルギー憲章条約の有用性の限界も示唆するものであった。かといって，同条約にかわる新たな国際ルールが作成され運用されることを期待するのは非現実的な願望といわざるを得ないであろう。今後，同様の紛争が再発しない保証は全くなく，パイプライン輸送を規律する明確な実体ルール及び紛争解決のルールの整備は緊急の課題であるが，現実の利害対立及び資源ナショナリズムは，ルールの採択を困難にしている。ロシアをエネルギー憲章レジームに復帰させるよう外交上の努力を試みることが基本的には望ましいものの，ロシアがこれに応じる可能性は少ないと思われる。

(1) BTC パイプライン協定については，拙稿「カスピ海石油パイプライン協定」『ジュリスト』1245号（2003年6月1日号）147-150頁。
(2) 事実関係については，Jonathan Stern, *The Russian-Ukrainian Gas Crisis of January 2006* (Oxford Institute for Energy Studies, 2006), Simon Pirani, Jonathean Stern and Katja Yafimava, *The Russo-Ukrainian Gas Dispute of January 2009: A Comprehensive Assessment* (Oxford Institute for Energy Studies NG 27, 2009), Wikipedia の Russia-Ukraine Gas Dispute, Russia-Ukraine Gas Dispute of 2005-2006, 2009 Russia-Ukraine Gas Dispute の各記事を参照。
(3) International Energy Agency, *Ukraine Energy Policy Review 2006* (OECD/IEA, 2006), pp.220-222.
(4) Andrei V Belyi and Ulrich G Klaus, "Russia's Gas Exports and Transit Dispute Resolution under the ECT", *Journal of Energy and Natural Resources Law*, Vol. 25 No. 3 (2007), pp. 213,215.
(5) Stern, *supra* note 2, pp.9-10.
(6) Belyi and Klaus, *supra* note 4, pp.215-216.
(7) Pirani et al., *supra* note 2, p.13.
(8) http://www.encharter.org/index.php?id = 21&id_article = 165&L = 0
(9) http://www.gazpromukrainefacts.com/content/technical-gas-provision-direct-responsibility-transit-country
(10) http://www.gazpromukrainefacts.com/content/gazprom-sue-naftogaz-ukrainy-international-arbitration-court。なお，2002年6月のガスプロム・ナフトガス間の2003年から2013年までの供給及び移送の量及び価格に関する商務協定第12条では，紛争発生後45日以内に妥協に達することができない場合には当該紛争をストックホルム商業会議所の仲裁に付託するものとし，仲裁判断は両者を拘束する旨，規定する。Belyi and Klaus, *supra* note 4, pp.213-214.
(11) Pirani et als., *supra* note 2, p.38.
(12) Pirani et als., *supra* note 2, p.47.
(13) http://www.encharter.org/index.php?id = 21&id_article = 166&L = 0　1月14日のステートメントも同趣旨。http://www.encharter.org/index.php?id = 21&id_article = 167&L = 0
(14) Pirani et als., *supra* note 2, pp.33-34.
(15) Pirani et als., *supra* note 2, pp.26-30, www.gazpromukrainefacts.com。また，通過契約については，KyivPost 紙 HP（www.kyivpost.com, 2009年2月2日）に英訳が掲載された。
(16) 同合意に関して，Simon Pirani, Jonathan Stern and Katja Yafimava, *The April 2010 Russo-Ukraine Gas Agreement and Its Implications for Europe* (Oxford Institute for Encrgy Studies NG 42, 2010)

(17) エネルギー憲章条約に関する各種の資料は、Energy Charter Secretariat の HP http://www.encharter.org/ 参照。

(18) エネルギー憲章条約7条及び通過議定書については、以前、検討する機会があった。「第2章　7条（通過）」『エネルギー憲章条約（中間論点整理）平成14～18年度エネルギー憲章条約研究班報告書』（日本エネルギー法研究所、2008年）41-82頁。通過議定書の訳は基本的にこの拙稿による。

(19) 毛利忠敦「天然ガス供給安定のための国際法規範――エネルギー憲章条約に対抗するロシア提案の意義――」『国際協力論集』20巻1号（2012年）35-36頁では、EUとロシアの主たる対立事項は、①地域経済統合組織条項、②長期の供給契約と短期の通過契約との不整合、③通過料問題、である旨を指摘する。

(20) 7条5項は次の通り。「エネルギー原料及びエネルギー産品が自国の地域を通過する締約国は、関係する他の締約国に対し、次の(a)又は(b)に規定することを行うことが自国のエネルギー体系の安定性又は効率（供給の安定性を含む。）を損なうことを示す場合には、これらのことを行う義務を負わない。
(a)エネルギー輸送設備の建設又は改修を許可すること。
(b)既存のエネルギー輸送設備による新規の又は追加的な通過を許可すること。
締約国は、(6)及び(7)の規定に従い、エネルギー原料及びエネルギー産品の既存の流れであって、他の締約国の地域へのもの、他の締約国の地域からのもの又は他の締約国の地域の間のものを維持することを確保する。

(21) 7条6項は次の通り。「エネルギー原料及びエネルギー産品が自国の地域を通過する締約国は、その通過に係る事項について紛争が生じた場合には、(7)に定める紛争解決手続が終了する前に、エネルギー原料又はエネルギー産品の既存の流れを中断し若しくは減少させてはならず、自国の管理の下にある団体が当該流れを中断し若しくは減少させることを許可してはならず又は自国の管轄の下にある団体に対し、当該流れを中断し若しくは減少させることを要求してはならない。ただし、このような中断又は減少が当該通過を規律する契約その他の合意において明示的に規定され又は調停人の決定に従って許可される場合は、この限りでない。」

(22) 7条7項は次の通り。「(6)に規定する紛争については、次の規定を適用する。ただし、紛争当事者である締約国の間又は(6)に規定する団体と紛争当事者である他の締約国の団体との間においてあらかじめ合意された関連する契約上又は他の紛争解決における救済手段をすべて尽くすことを条件とする。(a)紛争当事者である締約国は、紛争事項の概要を通報することにより、当該紛争を事務局長に付託することができる。事務局長は、その付託をすべての締約国に通報する。(b)事務局長は、(a)に規定する通報の受領の後三十日以内に、紛争当事者及び関係する他の締約国と協議の上、調停人を任命する。この調停人は、紛争の対象となる事項について経験を有する者であり、かつ、紛争当事者である締約国又は関係する他の締約国の国民又は市民ではなく、並びに当該締約国及び当該他の締約国に永住していない者とする。(c)調停人は、紛争当事者の間で紛争解決の合意

又は紛争解決のための手続に関する合意が得られるよう努力する。調停人は，その任命の後九十日以内にこれらの合意が得られない場合には，紛争の解決策又は紛争解決のための手続を勧告するものとし，また，自己の定めた日から紛争が解決されるまでの間に通過に関して遵守すべき暫定的な料金及び他の条件を決定する。(d)締約国は，調停人の決定の後十二箇月後の日又は紛争が解決された日のいずれか早い日まで，料金及び条件に関する(c)に規定する暫定的な決定を遵守すること及び自国の管理又は管轄の下にある団体に当該決定を遵守させることを確保することを約束する。(e)事務局長は，(b)の規定にかかわらず，紛争が既に(a)から(d)までに定める紛争解決手続の対象となっており又は対象となっていた通過に関するものであると判断し，かつ，当該手続によって当該紛争が解決されていない場合には，調停人の任命を行わないことを選択することができる。(f)憲章会議は，調停の実施及び調停人の報酬に関する標準的な規則を採択する。」

(23) エネルギー憲章条約事務局エルビック交渉担当局長及びパシヴィルタ法律顧問へのインタビュー（1996年3月22日）による。

(24) 7条10項(a)において，「『通過』とは，次のいずれかをいう」として，「(i)他国の地域から出発して第三国の地域に仕向けられるエネルギー原料及びエネルギー産品の輸送であって，締約国の地域を通過するもの又は積込み若しくは積卸しのため締約国の地域内の港湾施設に仕向けられるもの若しくは当該施設から出発するもの。ただし，当該他国又は当該第三国のいずれか一方が締約国である場合に限る。(ii)他の締約国の地域か出発して当該他の締約国の地域に仕向けられるエネルギー原料及びエネルギー産品の輸送であって締約国の地域を通過するもの（以下略）」と定義されている。

(25) Belyi and Klaus, *supra* note 4, p.220.

(26) Belyi and Klaus, *supra* note 4, p.223.

(27) なお，Belyi and Klaus, *supra* note 4, p.222 では，供給停止は7項で予定される調停手続が完了するまでの間禁止されるのみならず，7項で言及された他の手続が進行中も禁止される旨，指摘する。

(28) ウクライナは技術的理由ゆえにガスを抜き取ったと主張したが，そもそもそのようなことが認められるかという点に加えて，技術的理由としてはあまりにも多くのガスが消えており，ウクライナが国内消費用に流用したと推定するのが自然である。

(29) PCA Case No. AA 227, p.146.

(30) 原文は次の通り。Article 16（Accidental Interruption, Reduction or Stoppage on Transit）

1. Each Contracting Party shall ensure that owners and operators of Energy Transport facilities uesd for Transit take necessary measures:
(a) to minimise the risk of accidental interruption, reduction or stoppage of Transit:
(b) to expeditiously restore the normal operation of such Transit which has been accidentally interrupted, reduced or stopped.
2. Contracting Parties shall immediately notify any other Contracting Party con-

cerned of accidental interruption, reduction or stoppage of Transit and the cause thereof; they shall also provide a realistic assessment as to when Transit can be resumed.
(31) 詳細は, Katja Yafimava, *The Transit Dimension of EU Energy Security* (Oxford Institute for Energy Studies, 2011), pp. 304-312参照。
(32) 8条1項「各締約国は，管轄下にあるエネルギー輸送施設の所有者・管理者がアクセスを求める他の締約国又はその企業と誠実に交渉することを確保する。交渉は，透明性のある手続で，商業条件に基づき，エネルギー物資・製品の原産地，目的地又は所有権につき無差別でなければならない。」4項「1項にかかわらず，通過協定の期間が供給契約の期間と合致しない場合には，締約国は所有者・管理者が誠実で競争的な条件の下で当該通過協定の更新を検討するよう確保する。このことは，既存のユーザーが他の潜在的ユーザーと比べてより有利に不利にも扱われないこと……を意味する。」4項については，エネルギー憲章会議において，「1．同項の適用は，ロシアが議定書の批准書を寄託した際に効力を生じる。2．憲章会議は，同項が供給の安全及び競争に与える効果について定期的に検討する」との決定がなされている。
(33) 20条1項「条約7条10項aの地域（Area）は，地域経済統合組織の加盟国である締約国に関しては，当該組織を創設する条約が適用される地域を意味する。」2項「地域経済統合組織は，その条項において他の議定書締約国原産のエネルギー物資・製品を加盟国のそれよりも不利に扱わないよう確保することを約束する。さらに，地域経済統合組織の規則は，少なくとも議定書の条項から生じる規則に相当する全般的な基準を規定しなければならない。」最終文書の宣言2では，同条に関して，「ECとその加盟国は，以下のことを想起する」として，「③EC指令に合致した天然ガス及び電力システムへのアクセスが，客観的，透明，無差別及び衡平の基準に基づくものでなければならない。④エネルギー憲章条約及びその付属文書に拘束される」ことを挙げている。
(34) http://ua-energy.org/upload/files/Convention-engl1.pdf 同条約草案につき，毛利「前掲論文」（注19）31-47頁参照。
(35) 5条の1「締約国は，エネルギー原料及び産品の淵源，出発地又は所有の区別なく，税及び諸負担の明示された額で，また過度の制限又は遅延を課すことなく，その妨害されない通過を確保するため措置をとる。」

　5条の2「締約国は，下記の主題に関する協力を奨励する。a.通過目的のためのエネルギー輸送設備の現代化，b.締約国の海域を含むパイプラインの通過目的のためのエネルギー原料及び産品の輸送設備の建設及び運営，c.エネルギー原料及び産品の通過における中断を防止及び抑制するため措置をとること，d.エネルギー原料及び産品の単一化を促進すること，e.エネルギー供給に関する非常事態の結果を除去すること。国際法が締約国の管轄権に服する別の分野において通過目的のためのエネルギー原料及び産品の建設の自由を規定する場合においては，当該締約国は過度の遅延なしに規定された自由の効率的な履行の可能性を確保すべきである。エネルギー原料及び産品の輸送が既

存のエネルギー原料及び産品の輸送設備を使用した商業条件では達成できない場合には，締約国は，もし他の関係締約国に対して計画された通過のための建設又は増加が自国のエネルギー・システムの信頼性又は効率性を損ないうることが立証できる場合には，新たな輸送力の建設を許可すること又は既存のエネルギー原料及び産品の輸送設備による新規又は追加的な通過を許可することを妨げられない。」

　　5条の3「通過締約国は，通過に関連するいかなる問題に関する紛争の場合を含むいかなる状況においても，エネルギー原料及び産品の通過を阻止，減少又は変更する権利が直接に通過協定において予定されていない限り，通過協定の下で存在しているエネルギー原料及び産品のフローを阻止，減少又はいかなる方法においても変更してはならない。」

　　5条の4「本条約の締約当事者が地域的経済国際組織のみならずその加盟国でもある場合には，通過の定義及び本条約の対応する通過規定は，地域的経済国際組織及びその加盟各国の双方に適用される。」

　　毛利「前掲論文」（注19）37-38頁では，エネルギー憲章条約7条1項にいう「合理性」の基準を5条の1でわざわざ「過剰性」の基準に置き換えることの実質的意義は不明である旨，指摘する。

(36)　詳細は，Danae Azaria, "Energy Transit under the Energy Charter Treaty and the General Agreement on Tariffs and Trade", *Journal of Energy and Natural Resources Law*, vol. 27 no. 4 (2009), pp. 565-579.

　　2002年にECはGATT5条がパイプラインによる石油・ガスの通過を含むか否かについて明確化する必要性を指摘した。ドーハ・ラウンドにおいて2006年にスイスをはじめとする数カ国は，パイプラインのような固定施設によって輸送される物が5条の「貨物」に含まれるべきだとの提案を行った。なお，スイス等は，5条2項の「その他の輸送手段」にはパイプライン自体は含まれないとの指摘を行っている。*Ibid.*, pp. 574-576. なお，GATSにはGATT5条に対応する規定はない。パイプラインとパイプラインで輸送される石油・ガスを区別して後者のみが5条の対象となるとする不自然な解釈が可能か，たとえ可能だとしても実際の適用において混乱・不都合を招きかねないのではないか，といった疑問が残る。

(37)　S/C/W/311, pp.17-18, 31-32.

(38)　GATS/SC/144, p.34.

(39)　GATS/SC/149.

(40)　http://treaties.un.org/pages/ViewDetails.aspx? src = TREATY&mtdsg_no = X-3&chapter = 10&lang = en#EndDec

(41)　同裁判所につき，http://www.osce.org/cca, Patricia Schneider and Tim J. Aristide Müller-Wolf, *The Court of Conciliation and Arbitration within OSCE*, Center for OSCE Research Working Paper 16 (2007),http://www.core-hamburg.de/documents/CORE_Working_Paper_16.pdf

（東京大学大学院法学政治学研究科教授）

論　説　　資源ナショナリズムと国際経済法

資源ナショナリズムに基づく輸出制限行為に対する競争法適用による解決の可能性

土　佐　和　生

はじめに
I　問題の所在
II　GATT法と競争法の関係――相互の位相――
III　競争法適用の壁――国家行為理論，主権免除理論等――
　1　米国のウラニウム・カルテル事件控訴審判決及びOPEC生産調整事件控訴審判決
　2　主権免除理論，国家行為理論等との関係
IV　最近の競争法適用事例について
　1　EU競争当局によるガスプロム調査
　2　BHPビリトン・リオティント調査
　3　ウラルカリ・シリビニト企業結合条件付承認の件（中国商務部2011年6月3日決定）
V　資源ナショナリズムに基づく輸出制限行為に対する競争法適用による解決の可能性
おわりに

はじめに

　昨今のBRICSに象徴される新興経済国家の急激な成長等は，天然資源の希少性および天然資源由来の利益の配分に関する国際的な関心を惹起している。最近，中国，ロシアは，資源ナショナリズムをツールとして巧みに援用する外交を展開している。天然資源については，国際法のレベルで，恒久主権概念が確立している。国内法のレベルでは，資源・エネルギー企業の活動に対する競争法の適用が活発化しつつある。本稿では，国内競争法の適用という観点から，現代の国際経済法が，資源ナショナリズムに基づく輸出制限行為にいかに対応

しているのかを考察する。

I　問題の所在

　あらかじめ「資源ナショナリズムに基づく輸出制限行為」という用語を定義づけておきたい。発展途上国の保有している資源は，外国資本や国際資本によって開発・取引されている例が圧倒的に多い。「資源ナショナリズム」とは，発展途上国に進出している外国資本や国際資本の行動が当該国の利益と相反しないよう，当該国側の利益を強く主張する動きの総体を指す。具体的には，外資の全面的な国有化，加工・流通・販売など資源外資への資本参加要求，あるいは課税対象となる価格の決定への直接関与や利潤を現地開発のために再投資することを求めるなどの動きとして現れてきた。発展途上国の地下資源に対する開発権の問題は，国連で1952年，62年，66年，70年とそのたび強化された「天然資源に関する恒久主権」決議として結実し，これが途上国のその後の資源ナショナリズムの国際法上の論拠となっている。これらの動向が，OPEC（石油輸出国機構1960）CIPEC（銅輸出国会議1968）等の国際的な資源カルテル結成の動きと連動して行われてきた点に留意したい。その意味で，それが当該国によるものであれ，その国家意思を体現する国営企業等によるものであれ，「資源ナショナリズムに基づく輸出制限行為」とは，一方で優れて主権的な戦略動機から，他方で商業的インセンティブを利用して行われ，かつ，世界の天然資源の希少・偏在に乗じて行われる行為であると言うことができる。

　歴史的に回顧するならば，一方で，資源ナショナリズムに基づく輸出制限行為は，公正かつ自由な貿易を妨げる国家の貿易制限措置という意味で，国際経済法と関わる。観察される事例としては，近年までこれが主流であった。過去も現在も，わが国のように資源に乏しい国は，資源ナショナリズムに基づく輸出制限行為によって大きな影響を受けてきた。例えば，この状況は，中国政府による，産業のビタミンとも呼ばれるレアアース輸出制限規制措置のなかにも

看取される。

　他方，資源ナショナリズムに基づく輸出制限行為は，特定国の国内市場競争を制限する事業者の（共同）行為という意味で，競争法を有する各国の国内競争法とも関わってきた。資源ナショナリズムの主張と，それに基づく競争制限行為を競争法によって規制することとの間には鋭い対抗の関係性が横たわってきたと言うことができる。1973年の第四次中東戦争に端を発する第一次オイルショックに伴うOAPEC（アラブ石油輸出国機構）及びOPECの原油価格引き上げは，中東原油が世界の経済とその成長にとって隘路になっていたことを示すとともに，具体的訴訟という形で，当該共同行為による米国原油取引市場における競争の実質的制限に対する米国反トラスト法の適用如何という問題を顕在化・可視化せしめた。

　上記の意味以外にも，何らかの意味で，資源ナショナリズムに関わると思われる国家や国営企業等の輸出制限行為またはそれに類すると思われるような民間事業者の行為の存在は観察される。例えば，2007年からの，また最近再び繰り返しつつある世界的な食料価格の急上昇やそのボラティリティの高まり（乱高下）の背景には，こうした行為が潜んでいるのかも知れない。また，巷間，しばしば，資源メジャーの大規模化・独占化という用法で語られる，鉄鋼メーカーであるアルセロール・ミッタルのような企業の巨大化[1]，あるいは銅生産最大手の米国法人フェルプス・ドッジによるカナダ競合２社のインコとファルコンブリッジの買収も，そのような類型にあたるかも知れない。

　そこで，以下，本稿では，各国の競争法と，GATT１条１項の最恵国待遇，同11条１項の輸出制限禁止及び同17条等の国家貿易規定との関係性はどのようなものか，あるいは各々の役割分担はどうなるのか（Ⅱで詳述）。こうした資源ナショナリズムに基づく輸出制限行為に対して，国内法としての競争法適用の現状，その意義及び機能はなにかを考えてみたい（Ⅲ，Ⅳで詳述）。

II　GATT法と競争法の関係——相互の位相——

　この主題については，中国のレアアース輸出制限措置に見るGATT法との関係を素材にして考察することが，便宜であると思われる。[2]レアアースとは31種類あるレアメタルの一種で，17種類の元素（希土類）の総称である。レアアースは，今日のハイテク産業に必要不可欠な鉱物で，磁石，ハードディスク用ガラス基板や液晶パネルディスプレイ用の研磨材，自動車用や石油精製用の触媒など幅広い製品に使用されている。また，レアアースは，次世代自動車や省エネ型家電，風力発電機等，近年成長著しいグリーン産業関連製品に使用され，需要の拡大傾向は今後も続くと見られる。現在，中国がレアアースの供給の約97％を占めており，世界の総生産量約12万トンのうち約7万トンが中国で消費されていると見られており，中国を除いた世界需要約5万トンのうち約3万トンが日本で消費されている。2010年7月8日，中国商務部は2010年下期のレアアース輸出枠を7976トンと公表した。これは2009年下期輸出枠から約72％の大幅削減である。さらに，2011年上期の輸出枠は2010年上期輸出枠2万2283トンから1万4446トンへ約35％削減された。これについてEU及び米国でも供給継続についての懸念が広まってきたことは周知の通りである。[3]

　こうした中国のレアアース輸出制限規制は，まず，「関税その他の課徴金以外の禁止又は制限」を禁止するGATT11条（数量制限の一般的禁止）との整合性が問題となり得る。中国は，レアアースの輸出許可枠設定や輸出税の賦課を，環境保護と資源保全を目的とした措置であり，「人，動物又は植物の生命又は健康の保護のために必要な措置」と定めるGATT20条(b)及び「有限天然資源の保存に関する措置。ただし，この措置が国内の生産又は消費に対する制限と関連して実施される場合に限る」と定める同20条(g)（いずれも一般的例外）を念頭に置いて正当化しているものと考えられる。紙幅の関係上，詳述しないが，特に20条(b)との関係では，国内産業向け留保部分と資源保護措置との整合性が

どのように説明されるべきかなど，いずれの条文を根拠にしても中国の主張には疑義が残り，GATT11条違反の疑いが強い。また，中国のレアアース輸出制限規制は，GATT1条に係る論点も生起する。2010年9月以降生じた我が国を仕向地とするレアアース輸出の停滞は，2ヶ月程で解消されたが，仮に，ある国向けの通関検査のみが長期にわたって厳格化されたり，書類検査が意図的に後回しにされたりするなどの不利な取り扱いが行われることがあれば，GATT 1条の最恵国待遇原則との間でも，疑義を生じるおそれがある。[4]

　このように，当然のことながら，GATT法では，その目的は，締約国が「貿易及び経済の分野における締約国間の関係が，生活水準を高め，完全雇用並びに高度のかつ着実に増加する実質所得及び有効需要を確保し，世界の資源の完全な利用を発展させ，並びに貨物の生産及び交換を拡大する方向に向けられるべきであることを認め，関税その他の貿易障害を実質的に軽減し，及び国際通商における差別待遇を廃止するための相互的かつ互恵的な取極を締結することにより，これらの目的に寄与することを希望して（GATT前文）」締結されていること，義務の名宛人は原則として締約国であることから，国家としての締約国の貿易制限行為を問題にすることになる。先の中国のレアアース輸出制限規制もその一例である。

　では，「世界の資源の完全な利用を発展させ，並びに貨物の生産及び交換を拡大する方向に向けられるべき」ことを妨げる国家以外のアクター，特に事業者の行為については，誰も何も手当てすることができないのか。[5] ここに，資源ナショナリズムに基づく輸出制限行為について，違反主体を国家ではなく事業者と評価できるアクターの行為のうち自国市場に対して競争上の悪影響をもたらす（企業結合規制においてはその合理的蓋然性）事業者の単独または共同の競争制限行為だけを取り出し，そのようなものと把握して，各国の国内競争法の適用という回路を開くことが試みられることになる。

III 競争法適用の壁——国家行為理論,主権免除理論等——

　競争法の適用を試みようとするとき,先決問題として,そもそも違反主体は事業者であると評価できなければならない。各国の競争法は,当然のことながら,それがGATT/WTO法体制内にある締約国かどうかとはまったく無関係に,当該国家の行為に対してではなく,事業者の競争制限行為に対して適用される。問題の行為が国家の行為か,事業者の行為かが一見明白ではない場合,いずれの行為と評価すべきかを切り分ける必要がある。この違反主体の切り分けのプロセスは,競争法の側から見れば,その適用の壁になっているとも言い換えることができる。この点,少なくとも米国においては,国家行為理論,主権免除理論等の判例理論の機能と射程が,従来,問題とされてきた。一般に,これらの判例理論の働く範囲が広ければ広いほど,それだけ競争法の適用可能性は限定されるという意味で,競争法の適用範囲が制約づけられることを意味している。

1　米国のウラニウム・カルテル事件控訴審判決及びOPEC生産調整事件控訴審判決

　これらの判例理論の機能と射程を,米国ウラニウム・カルテル事件控訴審判決及びOPEC生産調整事件控訴審判決を素材にして考えてみよう。もっとも,単にある特定の国の,それも1つの時代に限っての風景をスナップショットで観察することの限界はよく認識しておきたいと思う。米国反トラスト法の域外適用に関する動向については,アルコア事件連邦控訴審判決における効果理論原則の確立後,効果の発生を以て直ちに域外適用を是認することに対する疑念から,1970年代におけるティンバレン事件控訴審判決,マニントン・ミルズ事件連邦控訴審判決を通じて,実際の管轄権行使について国際礼譲を考慮すべしとする,いわゆる「管轄権に関する合理の原則」という域外適用に抑制的な立場が現れた。

本件のウラニウム・カルテル事件はこの後の事案である。原告・被控訴人のウェスチングハウス社が，米国の内外29社のウラニウム製造業者を相手取り，被告らによるシャーマン法1条に違反する国際価格カルテルにより損害を被ったとして損害賠償を請求した。控訴審で，英国政府は，法廷の友（amici curiae）として，ティンバレン事件控訴審判決に依拠して外国の利益を尊重するよう求めていた。これに応接し，連邦控訴審判決は，域外適用に関する先例を概観して後，「本件共謀において外国事業者の属する各国政府は，違反主体らがその行為を政府によって経済的に決定づけられていたという論に，積極的かつ疑いなく同情的であるけれども，申し立てられた違反主体らの行為がそうした各国政府により命令されていたとの主張はない。したがって，当裁判所は，違反主体らに対するウェスチングハウス社の請求は，アルコア連邦最高裁判決で示されたと同様，シャーマン法の管轄範囲内に属すると結論づける」とし，上記の70年代の判例動向とは異なり，アルコア事件連邦控訴審判決への回帰という形で域外適用を是認した。なお，本判決は，1980年代に続く，各国政府によるいわゆる対抗立法の制定につながっていった点でも重要である。

ここで，本稿の問題意識との関係で重要な点は，本判決は，民生用及び軍事用の原子力発電原料としてのウラニウムの製造販売が，少なくとも国家安全保障の観点からは，各国において厳しく規制されていたこと，しかしながら，米国裁判所では，天然資源かつまた重要戦略物資としてのウラニウムの国際取引について国際礼譲を要請するような一般取引と異なる特殊性を認めなかったことが特徴と言うこともできる。

次に，米国 OPEC 生産調整事件連邦控訴審判決は，IAM という米国の労働組合が，OPEC による原油価格の国際価格カルテルをシャーマン法1条違反にあたるとして，OPEC 及びその13の加盟国を相手取り，損害賠償を請求したものである。本判決は，地裁判決と異なり主権免除理論とともに，本件が行政府や立法府の交渉事項となる外交政策に関わっていることから国家行為理論

に依拠して，また行為と損害との間の相当因果関係の立証が不十分であるともして，域外適用の管轄権を否定した。[10]1970年代という時代背景を踏まえた上で，資源ナショナリズムに基づき輸出制限行為と競争法の位相という観点から本判決を理解するならば，上記のウラニウム・カルテル事件控訴審判決と対極にあるように思われる。ウラニウム同様，原油が天然資源かつまた重要戦略物資であることは自明であるが，本判決ではOPECの成り立ちと価格設定の内実，資源ナショナリズム，それに伴う各種の国際取り決め等について詳細な認定がなされた上で，OPECに対する反トラスト法の適用免除という結論が導き出されている点が，先の判決と大きく違っている。

2　主権免除理論，国家行為理論等との関係

まず，第1に，主権免除理論とは，国および国の財産が他国の管轄権から免除されることである。具体的には，これは，国は他国の裁判所で被告にはならないという「裁判権免除（immunity from jurisdiction）」と，国の財産は他国の裁判所による判決の強制執行や判決前の保全処分の対象にはされないという「強制執行からの免除（immunity from execution）」からなり，国際法ないし国際民訴法上認められている。これに対して，国家行為理論は，米国反トラスト法上の判例理論であって，対応する法理論が全ての競争法保有国に必ずしも存在するわけではない。この点で，わが国独禁法にあっても，今後，裁判実務（したがって公取委実務）にこの種の考え方を明示的に組み入れた検討をなすべきかどうか，一考の余地がある。

次に，第2に，たとえ主権免除理論が適用されないとしても，競争法の名宛人は「事業者（person, enterprise）」でなければならないという意味で，国家行為理論のスクリーニングは働く。これを考えるにあたっては，司法部が外交政策及び国際礼譲というセンシティブな主題に関わることを，どの範囲で，いかなる程度で許容すべきかを明確にしなければならない。この理論は，法律上の

紛争のなかには，本来民主的基盤が脆弱で，政治的に中立であるべき裁判所には，その性質上扱えない問題もあるのだということを前提している。

なお，米国でのこうした競争法適用免除に関わる基本的考え方をまとめるものとして，米国司法省の国際事業活動に関する反トラスト法執行ガイドライン[11]での整理も見ておこう。すなわち，主権免除理論，外国政府強制理論（反トラスト法違反行為が外国政府によって強制されている場合，反トラスト法適用を差し控える），国家行為理論及びネ・ベニントン理論（外国政府による正当な請願行為には，シャーマン法の適用が免除される）が列挙されている。

なお，検討対象とする行為が国家の行為か，事業者の行為かを切り分ける基準の問題と米国反トラスト法を域外適用できるかどうかの基準の問題は別ではあるが，事実上密接に関連し得る動向として以下を付言する。すなわち，1982年外国取引反トラスト改善法（Foreign Trade Antitrust Improvement Act of 1982 (FTAIA)）の制定とそれ以降の法状況，特に Empagran 連邦最高裁判決に照らせば[12]，米国において，国内市場と国外市場の両方に競争制限効果をもたらす国際カルテルについて，国外市場での競争制限効果が国内市場でのそれと独立しているものであると評価される場合，米国における国外顧客による3倍額損害賠償請求には FTAIA が適用され，Sharman 法適用は除外される。したがって，米国裁判所はこれに事物管轄権を有しない[13]。

Ⅳ　最近の競争法適用事例について

以上を踏まえた上で，現時点では最終的な結論が出ていない事例も含めて，資源ナショナリズムに基づく輸出制限行為に関わるとみられる事業者の競争制限行為に対して競争法が適用された具体的事例について概観しよう。なお，当然，以下の事例では，すべて当該事業者に対して競争法が適用できること，すなわち米国法で言う意味での国家行為理論，主権免除理論等の妥当範囲にはないことが前提となっている。

1　EU 競争当局によるガスプロム調査

　本件は，本年報所収の中谷論文「パイプライン輸送をめぐる紛争と国際経済法」の主題に関わり，ロシアの資源ナショナリズムに基づく輸出制限行為に対する EU 競争法による挑戦であると言える。EU レベルでは，この間，域内エネルギー産業に係る自由化に向けた規制改革が進められてきている。他面，その結果，東中欧における天然ガスの卸・小売市場では，ロシアの半国営事業者であるガスプロム（Gazprom）の存在感は極めて大きく，これに対する EU 諸国の依存度も大きい。加えて，ロシア・ウクライナ間の天然ガス紛争が EU 諸国に深刻な影響をもたらしたこともよく知られている。このような状況も踏まえて，EU は，域内エネルギー産業に係る規制改革の一環として，サード・パッケージと呼ばれる，パイプライン（天然ガス導管）の設置運営主体に対してサード・パーティ・アクセス義務（託送義務）を課し，また天然ガスの生産と卸・小売りについてアンバンドリング義務（上下分離義務）等の包括的な政策パッケージを設定してきた。また，競争法のサイドでも，ガス・電気事業分野審査を進め，2007年10月，委員会は，最終報告書を公表している。この報告書では，①市場集中／市場支配力，②垂直統合に伴うフォアクロージャ効果（特にネットワークと供給の不適切なアンバンドル），③市場統合の遅れ（特に越境取引に関する統一的規制当局のないこと），④透明性の欠如，⑤価格形成プロセス，⑥川下市場，⑦バランシング市場，⑧ＬＮＧ市場に注目し，とりわけ喫緊の課題として，①実効的なアンバンドリングの実現，②越境取引にかかる規制ギャップの除去，③市場集中と参入阻止の規制，④市場における透明性の向上等の政策課題が挙げられている（Introduction para.1-5）。

　こうした事情を受けて，委員会は，2011年9月27日付で，複数の事業者が，EU 機能条約101条および102条に違反して，単独にまたは協調して，域内中東欧の天然ガスの供給・配送・貯蔵取引市場において，市場囲い込み・託送拒絶・供給分散化妨害のような競争者排除行為により，また不当に高い販売価格

のような搾取的行為を行っている疑いがあるとして，また2012年9月4日付で，ガスプロムが，EU機能条約102条に違反して，域内中東欧の天然ガス供給取引市場において，天然ガスの自由供給の妨害による市場分割，天然ガス供給の分散化の阻害，原油価格連動の天然ガス価格による不当に高い販売価格を通じて，市場支配的地位を濫用している疑いがあるとして，調査(investigation)を開始した旨のプレスリリースを発している[16]。

委員会から，上記2件に関する審査状況とその帰結についてはまだ公表されていないが，かりに上記行為がEU競争法違反とされるならば，資源ナショナリズムに基づく輸出制限行為のうち，自国（地域）市場における競争を実質的に制限していると評価できる行為を競争法によって規制する試みのマイルストーンになると思われる。

2　BHPビリトン・リオティント調査

周知の通り，本件については，日本の公取委，オーストラリアの競争・消費者委員会(Australian Competition and Consumer Commission)，EU委員会(European Commission)，ドイツ連邦カルテル庁(German Federal Cartel Office)および韓国の公取委(Korea Fair Trade Commission)等による企業結合審査が行われた。

わが国での審査の場合，検討対象とされた市場は，鉄鉱石の「塊鉱」等の世界海上貿易市場である。また，競争の実質的制限の合理的蓋然性については，両当事会社は，塊鉱の世界海上貿易市場における有力な事業者であるところ，両当事会社がこれまで異なる販売戦略を採り競争を行っている状況の中で，本件JV設立により両当事会社間に協調関係が生じる影響は大きいこと，両当事会社とそれ以外の事業者との市場シェアの格差は大きく，また鉄鉱石の生産能力の拡張のために要する期間は長期に及ぶため，それ以外の事業者は両当事会社に対する有効な牽制力とはならないこと，需給のひっ迫及び供給者側の寡占

化により需要者からの競争圧力が働いている状況にないこと等から,「塊鉱」の世界海上貿易市場における競争が実質的に制限されることとなると考えられるとされた。その後,詳細な検討を進める中で,独禁法上の問題が生じるおそれがあると考えられたため,当事会社に対し2010年9月27日に問題点の指摘が行われ（その後,韓国の公取委およびドイツ連邦カルテル庁が同様の指摘を行った),結果的に当事会社は,本件JVの設立計画を撤回する旨公表した。[17]

本件については,先のガスプロム調査との間に違いがある。一方で,ガスプロムは,その株式の過半を政府が保有し,その役員をロシア国家の現職閣僚が兼任しているような半国営事業者であるが,他方,BHPビリトンもリオティントも,資源メジャーではあるものの純粋に民間事業者である。あり得べき競争制限行為のおそれが世界の天然資源の希少・偏在に由来していることでは2つの事例は共通しているが,本件については,事業者の所在する国家の主権的な戦略動機の契機や介在を認めることが困難であって,自国（地域）市場における競争の実質的制限の合理的蓋然性のある行為であると評価でき,かつ同時に当該国家の資源ナショナリズムに基づく輸出制限行為であるとも評価できるかどうか,そもそも疑問がないではない。[18]

3　ウラルカリ・シリビニト企業結合条件付承認の件（中国商務部2011年6月3日決定）

ウラルカリとシリビニトは,いずれもロシアで肥料を製造販売する事業者であって,前者は最大手,後者も大手事業者である。近年,中国など新興国の経済成長に伴い,食肉消費量の激増の下,家畜用飼料穀物の生産性を上げる塩化カリウムが重要視されている。

ウラルカリ・シリビニト（Uralkali and Silvinit）の合併案件[19]につき,商務部は,中国における塩化カリウムの販売市場の競争を排除または制限するおそれがあるとして,条件付きで承認した。付された承認条件の具体内容は,①当事会社グループは,当該商品につき従来の販売の慣行及び手続,直接取引の方法及び

最大限の努力に基づく鉄道輸送並びに海上輸送による安定的かつ持続的な供給を続けること，②当事会社グループは，従来同様，中国市場に対して十分な数量で，かつ中国の顧客の多様な需要に応えるように完全な品揃えでの当該商品の供給を続けること，③当事会社グループは，スポット取引と年度契約販売を含む通例となっている交渉過程を変更せず，かつ，価格交渉において中国の顧客との歴史と現行条件及び中国市場の特性を十分に考慮すること，④当事会社グループに対する年度ごと及び随時の遵守状況報告を義務づけることである。このように，本件では，失われる競争を回復する条件として，通常の構造措置よりも行動措置に力点を置いていることが特徴となっている。

　本件では，両当事会社は，塩化カリウムの販売市場において，結合後，世界第2位・グローバル市場で3分の1のシェアを有することとなり，世界第1位事業者と合算すると70%のシェアを占めることとなる。競争法の見地からのみ本件を評価するならば，本件決定では，両当事会社の単独行動による競争の実質的制限の合理的蓋然性が問われているのか，それとも両当事会社と他の競争事業者の協調行動によるそれが問われているのかが，まったく明らかでない。そして，かりに協調行動によるそれが問われていると仮定するならば，本件決定において，単に両当事会社の結合後の合算シェアを論拠とするだけでなく，両当事会社と他の競争事業者の間に協調行動がどのようなシナリオで成り立つのか，検討対象となっている当該市場での事業者の行動の透明度はどの程度で，かつ，協調行動からの逸脱を探知する仕組みがあるのかないのか，協調行動を崩すに足る力が競争者や顧客にどのような意味で欠けているのか等も明示されなければ，競争当局として説得力に欠けているように思われる。また，競争法の見地からの本件決定の最大の問題点は，上記のグローバル市場第2位事業者に対する行動措置が第1位事業者については事業行動の自由が放置されていることとの対比で，どのように理解できるかである。このように，本件決定は，中国の顧客とその経済成長に重要な商品に係る企業結合案件については，当該

市場における競争評価・インパクト分析と言うよりも，むしろ当該商品の供給価格・数量等の顧客に対する直接的影響を評価基準にしているのではないか，その意味で実際には産業政策的運用基準になっているのではないかとの疑いを示すものと考えられている[20]。

本件は，先の2つの事例との対比で興味深い。本件でも，BHPビリトン・リオティントと同様，資源メジャーではあるものの民間事業者である。この点で，本件について両当事会社の所在する国家としてのロシアの主権的な戦略動機の契機や介在を認めることは直ちには困難であって，中国の競争当局がロシアの資源ナショナリズムに基づく輸出制限行為のうちの一部を競争法によって規制しようとしたものとは評価し難い。しかしながら，本件でも，あり得べき競争制限行為のおそれは，世界の天然資源の希少・偏在に由来している。実際，商務部も，本件決定中で，世界的に見て，塩化カリウムの採掘場所が少数に偏在していること，その生産と販売が高度寡占状況にあること，参入障壁が高く短中期に新規参入が困難であること等を指摘している。その意味で，本件決定の承認条件における行動措置は，たとえそれが通常の競争法の思考様式に必ずしも合致していないとしても，塩化カリウムの世界的希少・偏在に由来する事業者の戦略的行動そのものを自国の需要者に有利となる方向で，競争法規制を通じて枠づけようとするものでもあると理解することができる。そして，このような競争当局の問題意識や動機それ自体は，実は，先に見たEUにおけるガスプロム調査にも，程度の差はあれども，用いられる論理の奥に潜んで多少とも共通して認め得るところである。

IV 資源ナショナリズムに基づく輸出制限行為に対する競争法適用による解決の可能性

GATT法の見地から，資源ナショナリズムに基づく輸出制限行為のうち，各締約国の「関税その他の課徴金以外の禁止又は制限（GATT11条（数量制限の

一般的禁止))」については，GATT20条に定める例外措置に該当すると評価できない限り，撤廃され得る。

機能的に眺めて，このGATT法による輸出制限措置の撤廃という手法以外で，それが国家ないしこれと同視し得る主体の行為であるとはみなされないことを先決条件として，資源ナショナリズムに基づく輸出制限行為のうち，自国（地域）市場における競争を制限する行為であると評価できる行為は，競争法に基づいて規制されることがあり得る。しかしながら，近年の競争法適用事例において，この「資源ナショナリズムに基づく輸出制限行為」とも評価できそうなものは，EUにおけるガスプロム調査以外にはないように思われる。BHPビリトン・リオティント調査やウラルカリ・シリビニト企業結合条件付承認の件は，確かにあり得べき競争制限行為のおそれが世界の天然資源の希少・偏在に由来するホールドアップ問題等を核心としていることではガスプロム調査と同じではある。しかしながら，競争制限のおそれを有する事業者の当該戦略的行動が，当該事業者の所在する国家の主権的な戦略動機やその介在に係っている事例であるとまでは評価できないという意味で，これらを「資源ナショナリズムに基づく輸出制限行為」を競争法規制によって解決した事例とはみなし難いと思われる。

このように考えると，資源ナショナリズムに基づく輸出制限行為に対する競争法適用による紛争解決の可能性という主題については，より正確にはっきりと設定し直す必要があるように思われる。すなわち，①それが国家ないしそれと同視し得る主体の行為であるとはみなせない行為であって，しかし，②当該事業者の所在する国家の主権的な戦略動機を契機とし，またはそれが介在していると評価できる事業者の行為であって，かつ，③世界の天然資源の希少・偏在に由来して自国（地域）市場における競争を制限する行為について，競争法適用による紛争解決の可能性が認められるか，が正しいのであろう。この趣旨で，EUにおけるガスプロム調査に観察されるように，その紛争解決の可能性

がないわけではないというのが現在の法状況の描写ではないかと思われる。そして競争法適用可能性の検討の際に，見逃せない重要な点は，上記の①にこそ，「資源ナショナリズムに基づく輸出制限行為」と評価できるかどうかの分水嶺があるということ，また上記の①と②は相反する要素をはらむところがあること（国営事業者の一部行為など，その両立範囲はさほど広くないと考えられる），さらに上記の③については，国家ないしそれと同視し得る主体による場合でも，民間事業者による場合でも観察される事柄であって，特に②と組み合わせての評価が求められること等である。

　実際のところ，これらの諸点の見極めは曖昧かつ困難ではある。例えば，上記の①ないし③の枠組みに照らして，原油をめぐる国営事業者の（共同）行為について「資源ナショナリズムに基づく輸出制限行為」ではあるが競争法上の違反主体たり得ないと評価でき，ウラニウムや天然ガスのそれらについてはさよう評価できないという帰結に至ることは直ちに自明ではない。これを敷衍すれば，その成否は別にして，可能性の問題としては，上記のガスプロム調査においてガスプロムが，自らの行為を，国家としてのロシアないしそれと同視し得る主体の行っているものであるから，競争法適用を免れると主張することは，少なくとも論理的には不可能ではなかろう。

おわりに

　自明であるが，競争法は「資源ナショナリズムに基づく輸出制限行為」を，「資源ナショナリズムに基づく輸出制限行為」であるが故に，それを理由にして，規制しているわけではない。しかしながら，今日，各国の競争法は，資源ナショナリズム対抗して自国（地域）市場における競争制限行為を除去するという意味で，資源メジャーによる通常の競争制限行為と並んで，資源ナショナリズムに基づく輸出制限行為を規制する働きも，ごく僅かながらも実際にはたしつつあるように思われる。

この規制は，当然に，当該の天然資源の供給主体を事業者と見なすことを前提にしている。このことは，資源保有国（競争法適用上違反主体とされる事業者の属する国）から見れば，資源国の天然資源の製造販売分野における上記の行動について，検討対象となる商品・役務は，恒久主権対象の天然資源として一般の商品・役務（commodity）とは異なる重要戦略物資にあたるとして，これに対する国際礼譲，主権免除理論や国家行為理論等による配慮を当該資源に対する恒久主権に基づく開発権等からどこまで合理的に導き出せるか，また需要国（競争法適用を行う国）から見れば，一般の商品・役務と異ならないものとして考えることができるかという問題にまで関わってくる。国際社会および競争法を有する各国が，原油はこれにあたり，ウラニウム，天然ガス，農業用肥料はあたらないと一義的かつ明確に区分できる物差しを持ち合わせていない。加えて，レアアースはどうか，将来問題となり得る各国の天然資源についてはどうか。この問題の適切な処理には，単に各国の競争法がどの種の商品をコモディティと評価するかというに止まらず，国際経済法の側からも，歴史的・実証的な経緯を踏まえて，現在の国際社会・国際経済において恒久主権の対象となる天然資源の範囲はどこまでか，共通してくくれるその特徴とは何なのか，などの諸点に関して，競争法との架橋や協働を積極的に図ることが重要になると考えられる。なお，この点は，本年報所収の西海論文「天然の富と資源に対する恒久主権の現代的意義」において語られている主題を，いわば競争法分野において敷衍するところでもある。国際経済法が，今日においてなお恒久主権に根拠づけて資源ナショナリズムを積極的に擁護する姿勢をとるとすれば，1970年代と異なり，競争法にとっても導きの糸となるような論理の構築についてこれと協働しなければならない。

　また，競争法適用にあたって，規制の内容と手続の合理性確保の観点から，例えば合併規制についてハーモナイゼーションの必要性・重要性，ICN（国際競争ネットワーク）の意義・役割の増大等が認識されなければならない。

さらに，競争法を適用するというにあたっては，行政手続および裁判手続における送達をどう考えるか，事前を含む証拠開示等の手続をどう平準化していくべきか，かりに資源国保有国の側で対抗立法が制定される場合にどのような対処が望ましいか，競争当局間において資源ナショナリズムに基づく輸出制限行為についての国際的な執行協力体制をどのように構築していくべきか等々，競争法の域外適用の一般論とつながる諸課題が山積している。

(1) アルセロール・ミッタル（Arcelor Mittal）は，2006年，ルクセンブルク法人のアルセロールとオランダ法人のミッタル・スチールの経営統合によって誕生した世界最大の鉄鋼メーカー。
(2) 以下の数値等につき，参照，経済産業省通商政策局編『2013年版不公正貿易報告書』第Ⅱ部第3章256頁以下。
(3) その後，中国のかような制限措置に対抗して，わが国では代替品利用，新技術による海底資源利用，米国では増産や閉鎖鉱山の再開発等の動きが活発化していることは，よく知られている。なお，GATT/WTO法固有の課題として，経済のグローバル化の一層の進展と，その中での世界の重要資源の偏在という現実を踏まえつつ，資源の節約や環境の保護，それを有効に達成するための円滑な技術移転を図るために，各国間でいかなる国際的な協力と競争の関係を構築すべきかという，実は重要かつ未解決の論点があることを付言する。
(4) 類似事例としては，この間の尖閣諸島国有化に対する対抗措置としての中国側行政上の通関対応も想起されたい。
(5) GATT/WTO法上の手当の1つはGATT 17条（国家貿易企業）であろう。「国家貿易企業」とは，加盟国によって設立・維持される国家企業，又は，加盟国によって排他的な若しくは特別の特権を許与された私企業で，輸出入を伴う購入・販売を行うものをいう。これら国家貿易企業は，その独占的地位を利用して，輸入相手国による差別や数量制限など，国際貿易に重要な障害となるような運営を行うことも可能である。GATT 17条は加盟国に対し，国家貿易に関しても最恵国待遇を含む無差別待遇原則に合致する方法で行動させることを義務づけている。実際上ほとんど機能していなかったこの条文について See, Canada-Measures relating to exports of wheat and treatment of imported grain(WT/DS276/R), Panel report circulated on April 6, 2004, AB report circulated on August 30. 現時点では，国家貿易企業には，純粋な民間企業とは異なる一定の機能を果たすことが許容されていると考えられる。
(6) Uranium Antitrust Litig., 617 f.2nd 1248 (7th cir. 1980)
(7) 617 F.2nd 1248, at 1254.

⑻ 1980年代以降の対抗立法については，このように資源ナショナリズム的観点からする，過度の域外適用に対する反発・抵抗という文脈からも理解できる側面があるのではないか。

⑼ 477 F. Supp. 553; 1979 U.S. Dist. LEXIS 9713; 1979-2 Trade Cas.（CCH）P62,868.

⑽ 近年の原油価格の高止まりと関わって，最近，本判決を見直して，OPECに対する反トラスト法を適用すべしとする論もある。See, COMMENT: SLAYING GOLIATH: THE EXTRATERRITORIAL APPLICATION OF U.S. ANTITRUST LAW TO OPEC, 2001 The American University Law Review, June, 2001. 50 Am. U.L. Rev. 1321.

⑾ ANTITRUST ENFORCEMENT GUIDELINES FOR INTERNATIONAL OPERATIONS, Issued by: THE U.S. DEPARTMENT OF JUSTICE and THE FEDERAL TRADE COMMISSION, April, 1995.

⑿ Hoffman – La Loche Ltd. vs. Empagran S.A., 542 U.S. 155（2994）

⒀ 参照，岡田外司博「アメリカ反トラスト法における最近の域外適用の動向」土田和博編著・独占禁止法の国際的執行（日本評論社，2012年）第Ⅲ部第7章。

⒁ Directive2009/73, Regulation713/2009, Regulation 715/2009. これらを総称して，サード・パッケージ（「第3次パッケージ」）という。

⒂ この審査手続は，競争総局（DG Competition）によって2005年6月に開始。Final report（10 January 2007), Communication from the Commission - Inquiry pursuant to Article 17 of Regulation（EC）No 1/2003 into the European gas and electricity sectors |SEC(2006) 1724|.

⒃ Antitrust: Commission confirms unannounced inspections in the natural gas sector, Reference: MEMO/11/641 Event Date: 27/09/2011 and Antitrust: Commission opens proceedings against Gazprom, Reference: IP/12/937 Event Date: 04/09/2012

⒄ 公取委「ビーエイチピー・ビリトン・ピーエルシー及びビーエイチピー・ビリトン・リミテッド並びにリオ・ティント・ピーエルシー及びリオ・ティント・リミテッドによる鉄鉱石の生産ジョイントベンチャーの設立に関する事前相談の審査の中止について」2010年10月18日。

⒅ この疑問は「資源ナショナリズム」なる用語をどのように定義付けるかによって疑問ではなくなる可能性がある。分類論の質は落としてしまうが，かりにここで「資源ナショナリズム」とは自国に産出する天然資源を国も民間も自国有利に扱おうとする性向というほどの意味であって，国家の主権的機能に全く関わらないような純粋に民間の事業者であっても「資源ナショナリズム」に基づく行動を採ることがあると定義すれば，BHPビリトン・リオティント調査も「資源ナショナリズム」に基づく輸出制限措置にも含められることになる。しかし，自己の利潤最大化に向かう資源メジャーの行動と天然資源保有・産出国の国家的利益重視の行動とを混同することはできないのではないか。

⒆ The Ministry of Commerce of the People's Republic of China, Anti-Monopoly

Clearance of the Combination of Open Joint Stock Company Uralkali and Open Joint-Stock Company Silvinit, MOFCOM Announcement 2011 No. 33. 本件についての記述は，英語文献に頼っている。

(20) 中国の競争法動向について，参照，川島富士雄「中国における競争政策の動向」『公正取引』749号2頁以下，10頁。

（甲南大学法科大学院教授）

論　説　　北朝鮮著作物事件

座長コメント

長 田 真 里

　本セッションは，北朝鮮著作物事件最高裁判決(1)を，それぞれ国際法，知的財産法，国際私法の観点から検討することを目的とするものであった。そもそも，北朝鮮著作物事件とはいかなる事件であったか，や，その判断内容については青木論文はじめ各論考の中で紹介されているが，ここで簡単に全体を概観しておきたい。

　本件の原告は朝鮮民主主義共和国（以下，北朝鮮とする）文化省傘下の行政機関である朝鮮映画輸出入会社（X1）およびX1作成の映画著作物について日本国内における使用の独占的利用権を有しているとされる日本法人（X2）であり，被告は日本法人であるフジテレビジョン（Y）等である。X1X2は，Yが作成したニュース番組の中で，北朝鮮政府による洗脳教育の手段として映画が利用されているとの観点からX1の作成した映画の一部がX1X2に無断で放映された，として，著作権侵害の差止めおよび損害賠償を求めて，東京地方裁判所に訴えを提起した。特に，北朝鮮も日本も共に文学的及び美術的著作物の保護に関するベルヌ条約（以下，ベルヌ条約）の加盟国でありながら，日本が北朝鮮を国家として承認していないことから，ベルヌ条約の解釈，国家承認の性質論などをめぐり，本件に関する判断は，いずれの審級のものに対しても国際法学界，知的財産法学界，国際私法学界から高い注目を受けてきた。(2)

　本件訴訟において主として争点となったのは，（1）X1に日本の裁判所における当事者能力が認められるか（1審），（2）北朝鮮の著作物は日本におい

て日本の著作権法による保護を受けるか（1審，控訴審，上告審），（3）仮に北朝鮮の著作物が日本の著作権法による保護を受けられない場合でも当該著作物に対する侵害行為は一般不法行為を構成するか（控訴審，上告審）[3]等の諸点であった。

1審判決では，（1）X1の日本裁判所における当事者能力を認め，（2）①北朝鮮著作物の日本における侵害差止の準拠法はベルヌ条約5条2項により保護国法である日本法，また侵害に基づく損害賠償請求の準拠法は不法行為の準拠法として権利侵害の結果が生じた日本法とし，②侵害差止の根拠となる著作権法6条3号にいう「条約により我が国が保護の義務を負う著作物」に，未承認国家である北朝鮮の著作物が含まれるかを検討した。そこでは，③「国は，国家として承認されることにより，承認をした国家との関係において，国際法上の主体である国家，すなわち国際法上の権利義務が直接帰属する国家と認められる」とした上で，未承認国が多数国間条約（ここではベルヌ条約）に加入しても，当該国家を承認していない国家との間では，原則として当該条約に基づく権利義務を有しないと解すべきとした。

控訴審判決では，（1）の当事者能力は問題とされず，（2）①北朝鮮著作物の日本における侵害差止の準拠法は，ベルヌ条約で保護されない著作物についても，ベルヌ条約5条2項の定める抵触規則を適用ないし類推適用して，保護国法である日本法が準拠法となり，損害賠償請求についてはX1らの権利ないし法的利益の侵害という結果が生じたとされる日本法を不法行為準拠法として適用すべき，②未承認国は国際法上一定の権利を有することは否定されないが，未承認国家との間では国際法上の主体である国家間の権利義務関係は認められない，③従って北朝鮮がベルヌ条約の加盟国であるというだけでは，北朝鮮国民を著作者とする著作物が，日本の著作権法6条3号の「条約によりわが国が保護の義務を負う著作物」に当たるとはいえない，とした。そのうえで（3）著作権法の保護の対象とならない著作物であっても，利用された著作物の客観

的な価値や経済的な利用価値，その利用目的や対応，並びに利用行為の及ぼす影響等に鑑みて，当該利用行為が社会的相当性を欠く場合には不法行為法上違法とされる可能性があるとし，2時間超の映画のうち，ニュースで利用されたのはわずか128秒ではあるが，ニュースの企画約6分のうち2分を超える時間を映画の無断放送に当てたことを考慮すると，社会的相当性を欠き，本件には違法性が認められると判断した。

　上告審は，(1)には触れず，(2)①侵害差止請求や損害賠償請求の準拠法についても触れることなく，②日本について既に効力が生じている多数国間条約に未承認国が加入してきた場合，一般国際法上の普遍的価値を有する義務は別として，原則としては，我が国として当該未承認国との間における当該条約に基づく権利義務関係を発生させるか否かを選択することができる。ベルヌ条約はこの点一般国際法上の普遍的価値を有する義務を締約国に負担させるものではなく，北朝鮮が同条約に加盟した際に，ベルヌ条約が北朝鮮について効力を生じた旨の告示が行われていないことなどから，日本は北朝鮮との間におけるベルヌ条約に基づく権利義務関係は生じないという立場を選択した，③従って北朝鮮の著作物は日本の著作権法6条3号の著作物には当たらない，とした。また(3)日本の著作権法6条各号所定の著作物に該当しない著作物の利用行為は，著作権法の規律対象となる利益とは異なる法的に保護された利益を侵害したような場合を除いては，不法行為を構成しない。本件では，対象となる利益はまさに著作権法の規律対象となる独占的な利用の利益であること，2時間超の映画のうちわずか2分ほどしか放映されなかったことを考慮すると，本件の放送が自由競争の範囲を逸脱し，X1の営業を妨害するものとは到底言えないこと，から，Yの行為は不法行為を構成しない，と結論づけた。

　これらの争点ないし争点に対する判断につき，国際法，国際私法，知的財産法それぞれの観点から様々な疑問が浮かび上がる。まず，国際法の観点からである。本件では上述のように，日本が国家として承認していない北朝鮮との間

で，日本も北朝鮮も締約国である多数国間条約上の義務が生じているのか，が問題とされた。そもそも，国際法上，国家を承認するとはいかなることを意味するのか，につき，これまで多くの議論がなされてきた[4]。中でも現在有力に主張されているのは，国家は既存の国家の承認を得て，はじめて，その国との関係で国際法の主体たる「国家」としての資格を与えられる，とする「創設的効果説」と，国家は事実上国家として成立しさえすれば国際法の主体たる「国家」となり，既存の国家の承認はこの事実の宣言にしかすぎない，とする「宣言的効果説」の2説である。この点にかかる1審から上告審までの判断については，1審，控訴審が創設的効果説に立ち，上告審が宣言的効果説に立ったと理解する見解が散見されるが[5]，本セッションでの松浦報告では，詳細な判例の読み込みに基づき，全ての審級において，いずれの説に立ったとも言い難いとの見解が示されており注目される。また，多数国間条約であるベルヌ条約の締約国同士である未承認国と日本との権利義務関係については，必ずしも国家承認の法的性質論を論じればそれで尽くされる問題ではないように思われる[6]。松浦報告では，この点についても詳細な検討がされている。

　次いで，国際私法上の問題である。国際私法上特に本件で問題となるのは，（1）外国の行政機関の日本裁判所における当事者能力の有無，（2）著作権侵害に基づく差止ならびに損害賠償請求の準拠法であろう。残念ながら，（1）当事者能力に関しては，第1審でのみ争点とされたため，地裁の判断しか示されておらず，（2）差止請求と損害賠償請求の準拠法については，控訴審までしか判断が示されていないため，いずれについても最高裁の判断は明らかとならなかった。とはいえ，金報告が詳細に述べている通り，（1）当事者能力については現在の通説であるいわゆる法廷地法説に立った上での判断が下され，（2）差止と損害賠償請求の準拠法については，いわゆるカードリーダー事件最高裁判決の示したように[7]，差止請求と損害賠償請求とを別個の単位法律関係に分け，前者を著作権にかかる問題，後者を不法行為の問題と法性決定し，そ

れぞれ準拠法を日本法とした，という意味では，これまでの判例の流れに沿った結論であったということができよう。しかしながら，金報告が指摘するように，特に準拠法に関して，差止請求と損害賠償請求を別個の単位法律関係とすることについては学説上多く批判が寄せられているところでもある[8]。これらの批判をふまえた上での最高裁による改めての判断が待たれる。また，本件について，仮に損害賠償請求（あるいは差止請求も）が不法行為であると法性決定された場合でも，あるいは北朝鮮が不法行為地であるとの認定も可能ではなかったかと思われる（なお，準拠法として未承認国家法が指定されること自体は，国際私法上何ら問題とはならない[9]）。

　最後に，知的財産法上の問題点である。知的財産法上も，まずは，ベルヌ条約上の保護義務と国家未承認との関係が問題となる。この点，青木報告では，最高裁が示した「一般国際法上の義務」に，ベルヌ条約上の義務が当たるか否かを実質的に検討する必要があると指摘し，その作業を試みている。さらに，本最高裁判決の射程範囲，すなわち，「北朝鮮著作物」とはいかなるものをさすのかにつき，場合分けをした上で検討を行っている。いずれも，本判決を理解する上で重要な作業と言えるだろう。また，著作権法6条3号に該当しない著作物であっても，その無断利用が不法行為を構成しうるか否かは知的財産法上は極めて重要な論点となる。この点，著作権法などで保護されない情報の利用行為につき，判例が，不法行為の成立を積極的に認める見解と，制限的にしか認めない見解との2つに分かれていたとの指摘がある[10]。本最高裁判決は，明らかに制限的にしか認めない見解に立っており，今後はその判断基準となる著作権法等で保護されている利益とは異なる利益がいかなるものであるのかをめぐり検討が必要となろう。

　以上のように，本最高裁判決は，国際法，国際私法，知的財産法いずれの分野においても興味の尽きない判決である。その意味で，これら3分野にまたがる日本国際経済法学会のセッションテーマとしてこれ以上はないものであった。

それぞれの分野で専門的に研究を進める若手研究者による本最高裁判決の検討は、まさに日本国際経済法学会の醍醐味であったといえよう。

(1) 最高裁第1小法廷判決平成23年12月8日民集65巻9号3275頁。なお、1審判決は東京地判平成19年12月14日平成18年(7)6062号控訴審判決は知財高判平成20年12月24日民集65巻9号3363頁。
(2) 1審判決から上告審判決までの評釈は以下の通りである。猪瀬貴道「判批」ジュリ1366号172頁（2008年）、江藤淳一「判批」速報判例解説2号251頁（2008年）、茶園成樹「判批」知財管理58巻8号1099頁（2008年）、横溝大「判批」知的財産法政策学研究21号263頁（2008年）、上野達弘「判批」L&T45号60頁（2009年）、同「判批」速報判例解説5号251頁（2009年）、臼杵英一「判批」平成20年重判321頁（2009年）、岡邦俊「判批」JCAジャーナル56巻4号64頁、張睿暎「判批」著作権研究36号182頁（2010年）、濱本正太郎「判批」国際法判例百選第2版34頁（2011年）、横溝大「判批」著作権判例百選第4版（2009年）、上野達弘「判批」AIPPI57巻9号562頁（2012年）、江藤淳一「判批」Watch11号314頁（2012年）、北村朋史「判批」平成24年重判279頁（2013年）、山田真紀「判批」L&T56号82頁、横山久芳「判批」民商146巻6号540頁（2012年）など。
(3) これら以外に1審ではX1が問題の映画著作物の著作権を取得しているかいなか、またX2がX1から受けた利用許諾権の範囲が問題となったが、本セッションでの各論考とは関係ないため、特に取り上げてはいない。
(4) 杉原高嶺他『現代国際法講義（第4版）』42頁（有斐閣、2007年）など。
(5) 例えば、横山前掲判批、北村前掲判批など。
(6) 上野前掲AIPPI566頁参照。
(7) 最高裁第1小法廷判決平成14年9月26日民集56巻7号1551頁。
(8) 例えば齋藤彰「判批」ジュリ1179号301頁（2000年）。
(9) 例えば溜池良夫『国際私法講義（第3版）』（有斐閣、2005年）参照
(10) 横山前掲判批552頁以下。

（大阪大学大学院法学研究科教授）

論　説　北朝鮮著作物事件

北朝鮮著作物事件
―― 国際法の観点から ――

松　浦　陽　子

Ⅰ　はじめに
Ⅱ　国　家　承　認
　1　国家承認論と未承認国家
　2　北朝鮮の国際法上の地位
Ⅲ　国家承認に関する裁判所の判断
　1　裁判所の判断の検討
　2　黙示的承認
Ⅳ　未承認国家との多数国間条約上の権利義務関係
　1　裁判所の判断の検討
　2　国家実行及び学説の検討
Ⅴ　お わ り に

Ⅰ　はじめに

　国際法上，既存国家とその未承認国とが同時に多数国間条約の加盟国である場合，両国間に権利義務関係は発生するのか否か。この論点がわが国の裁判所においてはじめて判断されたのは「著作権侵害差止等請求事件」，いわゆる北朝鮮著作物事件である。[1]この事件は，ある映画の著作権を有すると主張する北朝鮮の行政機関と，それとの間で映画著作権基本契約を締結している日本の国内法人が，ニュース番組で当該映画の一部が無断で放送されたことを著作権等の侵害として損害賠償を請求したという事案である。
　裁判所は，北朝鮮の著作物と主張される当該映画著作物が，わが国の著作権

法による保護を受けるか否かについて判断するために，著作権法6条3号にいう「条約によりわが国が保護の義務を負う著作物」に当たるか否か，すなわち，当該「条約」に該当する「文学的及び美術的著作物の保護に関するベルヌ条約」（ベルヌ条約）上，日本はその未承認国である北朝鮮に対してベルヌ条約上の義務を負担するか否かという問題を検討した。従って裁判所は，本来私人間の紛争であり，国内法上の問題である本件について，未承認国との間の多数国間条約上の権利義務関係の存否という国際法上の問題を直接検討することとなった。

さて，ベルヌ条約3条1項a号は「いずれかの同盟国の国民である著作者　その著作物（発行されているかどうかを問わない。）」について，「この条約によって保護される」と規定する。しかしながら裁判所は，結論として，わが国は未承認国である北朝鮮との間にベルヌ条約上の権利義務関係を有するものではなく，北朝鮮に対し，同条に基づき北朝鮮「国民」の著作物を保護する義務を負うことはないとして，本件各映画著作物は，著作権法6条3号の著作物には該当しないと判断した。

本稿は，国際法の観点から，裁判所の判断における国家承認の理解を検討し，その上で未承認国家の多数国間条約上の地位を論じるものである。この問題は，日本が北朝鮮と同時に一定の多数国間条約に参加している現状に鑑み，実際上の重要性を持つと同時に，国際法秩序に関する理論上の重要性を持つと思われる。

II　国　家　承　認

1　国家承認論と未承認国家

国際社会において新国家が誕生すると，既存国家は当該新国家に対し国家承認を付与する（又は付与しない）という国家実行がある。国際法上，このような国家承認の効果に関しては創設的効果説及び宣言的効果説の対立が著名であり，

それらの学説は国際法秩序の認識と密接に関連するものと認識され，展開されてきた[2]。両説の理解は，おおむね以下のようにまとめられよう。

まず，創設的効果説においては，国家は実効性要件を充足して事実として成立するだけでなく，既存国家に承認されてはじめて国際法上の国家となるのであり[3]，その意味で承認は国際法主体としての国家を「創設」する効果を持つ。従って，創設的効果説によると，未承認国家は国家承認を付与されてはいないがゆえに国際法主体ではなく，一般国際法上の権利義務の主体でもない。この説では承認と法人格の創設とを結びつけるために，承認以前の未承認国家に対し国家としての法主体性を認めないこととなる[4]。

これに対し，宣言的効果説においては，国家は実効性要件を備えて事実として成立すれば，ただちに国際法上の国家として国際法主体となるのであり，承認はこの事実を「宣言」するにすぎない。わが国の学界においては，国際法における民族自決権の確立以降，宣言的効果説が通説であることはほぼ認められているといってよい[5]。すなわち，非国家主体である人民が民族自決権を行使して主権独立国家を形成することによって非植民地化は達成されたが，その際「人民」は，国際法上他者からの承認を要しない本来的な法主体として認識される。なぜなら，当該「人民」が形成する新国家が国家性要件を充足する場合，その新国家の存在が他者の承認に依存すると考えることは論理的ではないからである[6]。つまり，「国際法は法人格としての主体をつくりだすのではなく，それを見出す」のである[7]。従って，未承認国家が国家性要件を充足するならば，国際法上当然に一般国際法上の権利義務を有するものと措定される。

なお，国家が承認を受ける資格を客観的に持つということと，その国家を政策上承認しないこととは両立しうると考えられるため[8]，国家としてのその存在は承認を拒み続ける国家によっても否定されえない。この点は，ある国家がその未承認国家に対しても国際請求の対象とし，その国際法違反を非難してきた国家実行にも合致する[9]。

2　北朝鮮の国際法上の地位

さて，北朝鮮という政治的実体についてみてみよう。北朝鮮は，日本により国家承認を付与されていない「未承認国家」である。その一方で，北朝鮮は「平和愛好国」に開放された国際連合に1991年に加盟を果たし，すでに163カ国から国家承認を付与されていることから，北朝鮮の客観的国家性を否定することはできない[10]。従って，北朝鮮は，「未承認国家」と称されるもののうち，国家性要件の具備を確認できる実体である。そのため，北朝鮮による一般国際法上の権利義務の享有は否定できないことに加え，そのコロラリーとして，北朝鮮には条約締結能力がある[11]。

具体的に条約をみるならば，わが国の外務省のホームページによると，北朝鮮との条約は「なし」とあるが，現実には，同時に参加している多数国間条約が一定数存在する。著名なものとして，国際連合憲章，外交関係条約，領事関係条約，国際民間航空条約，宇宙条約，国際人権規約，女子差別撤廃条約，児童の権利条約，ジェノサイド条約，気候変動枠組条約，1949年ジュネーブ諸条約，第一追加議定書，核兵器不拡散条約など多岐にわたる。日朝間では，一定の約束を含む日朝平壌宣言の存在も軽視されえないが，日本はそれによって北朝鮮を国家承認したわけではない。

なお，ベルヌ条約もその1つである国際知的所有権機関（WIPO）関連条約について，わが国の特許庁ホームページによると，いわゆる特許協力条約（PCT）及びマドリッドプロトコルについて，それぞれ，北朝鮮を加盟国として，あるいは国として認めていないことを明示している[12]。

Ⅲ　国家承認に関する裁判所の判断

1　裁判所の判断の検討

それでは，裁判所は国家承認に関してどのような見解を採用したのだろうか。第一審裁判所は次のように判示した。「現在の国際法秩序の下では，国は，国

家として承認されることにより，承認をした国家との関係において，国際法上の主体である国家，すなわち国際法上の権利義務が直接帰属する国家と認められる。逆に，国家として承認されていない国は，国際法上一定の権利を有することは否定されないものの，承認をしない国家との間においては，国際法上の主体である国家間の権利義務関係は認められないものと解される。」「この理を多数国間条約における未承認国の加入の問題に及ぼすならば，未承認国は，国家間の権利義務を定める多数国間条約に加入したとしても，同国を国家として承認していない国家との関係では，国際法上の主体である国家間の権利義務関係が認められない以上，原則として，当該条約に基づく権利義務を有しないと解すべきことになる。」

以上の判断は，控訴審においても「相当」と評価された。その判断において，控訴審は「国家承認の性質及びその国際法上の効果については，これを定める条約及び確立した国際法規が存在するとは認められない」ことを前提として，「我が国は，北朝鮮を国家承認していないが，国家承認の意義については，ある主体を国際法上の国家として認めることをいうものと理解し，また，国際法上の主体とは，一般に国際法上の権利又は義務の直接の帰属者をいい，その典型は国家であると理解されていること，我が国政府は，北朝鮮を国家承認していないから，我が国と北朝鮮との間には，国際法上の主体である国家間の関係は存在しないとの見解を採っていることが認められる」ことから，日本国憲法73条2号及び3号に従って「政府見解を尊重すべきものと思料」している。

従って，ベルヌ条約上の日本と北朝鮮の権利義務関係について，裁判所は，日本が北朝鮮を未承認であるため，ベルヌ条約3条1項a号に基づき北朝鮮の著作物を保護する義務を負わないと結論した。

他方，裁判所は，多数国間条約の条項の性質により，未承認国との関係において適用されなければ妥当ではない場合もありうることを指摘し，「条約上の条項が個々の国家の便益を超えて国際社会全体に対する義務を定めている場

合」には，例外的に未承認国との間でもその適用が認められるとする。すなわち，未承認国との権利義務関係の発生を国家承認の付与にかからしめる点で，基本的に創設的効果説を採用しているものの，問題となる条項が「国際社会全体に対する義務」の場合には，未承認国が一定の権利義務の享有主体であることを認めている点では，むしろ宣言的効果説に基づく理解を採用している[13]。

次に，最高裁は「一般に，我が国について既に効力が生じている多数国間条約に未承認国が事後に加入した場合，当該条約に基づき締約国が負担する義務が普遍的価値を有する一般国際法上の義務であるときなどは格別，未承認国の加入により未承認国との間に当該条約上の権利義務関係が直ちに生ずると解することはできず，我が国は，当該未承認国との間における当該条約に基づく権利義務関係を発生させるか否かを選択することができるものと解するのが相当である」と判示し，ベルヌ条約3条1項a号は普遍的価値を有する一般国際法上の義務とはいえないことに加え，同条約が北朝鮮について効力を生じた旨の告示は行われていないこと，わが国の判断が北朝鮮との間にベルヌ条約上の権利義務関係は発生しないという立場を採用していることに言及する。

最高裁の判断については，次のことを指摘できよう。

第1に，義務の区別についてみるならば，第一審及び控訴審においては「国際社会全体に対する義務」であったのに対し，最高裁においては「普遍的価値を有する一般国際法上の義務」について，未承認国に対して条約上の義務を負うと判断された。宣言的効果説によるならば，未承認国家であったとしても国家性要件を満たす限り一般国際法が適用されるため，未承認国家に対し「一般国際法上の義務」を負うとした最高裁の判断は，宣言的効果説に立脚したものと読み取ることはできる。ただし，一般国際法を問題とする限り，条約義務であるか否かは問題にならないはずであった[14]。

なお，最高裁は「普遍的価値を有する一般国際法上の義務」に言及するが，一般国際法は普遍的価値を有することを表現しているのか，あるいは一般国際

法自体を普遍的価値のあるものとないものとに区別し，前者のみを未承認国家に対しても負わなければならない義務としているのかは，検討を要する（後述）。

第2に，最高裁の判断は，既存国家と未承認国家とが同時に多数国間条約に参加している状況一般を射程範囲にしているわけではなく，「我が国について既に効力が生じている多数国間条約に未承認国が事後に加入した場合」，すなわち，未承認国による「事後」の加入に限定して判断している（ベルヌ条約は日本について1975年に，北朝鮮について2003年に効力を生じている）。このような限定は北朝鮮の加入に対する日本の意思を重視するものであり，そのことは最高裁が「告示」を参照していることからも理解される。仮に，ベルヌ条約上の権利義務関係の発生につき日本の同意が必要であるとするならば，国際法の拘束力を国家間の合意に基礎づける厳格な法実証主義に立脚した思考であり，創設的効果説に基づくアプローチといえよう[15]。

以上のように，裁判所の判断は，国家承認論の観点から見れば，創設的効果説及び宣言的効果説の両学説が抱く国際法秩序観を行き来しており，学界において通説とされる宣言的効果説とは一線を画する議論を展開している。このことは裁判所が政府見解を尊重した結果であると考えられ，その点で国家実行を吟味した形跡は見当たらないという問題点が指摘されている[16]。

2　黙示的承認

ところで，本稿の論点である未承認国との条約関係は，従来，黙示的承認の議論との関連で論じられてきた[17]。すなわち，国家承認の方式は，明示的承認と黙示的承認に区別されてきたのであり，前者は，承認の意思を明言することであり，後者は，外交関係の開設，条約の締結など，国家間に固有の関係を結ぶことによって，承認意図が推定される場合である。黙示的承認に関する議論をまとめると次のようになろう[18]。

第1に，二国間条約の締結は，黙示的承認の主要な例であるが，二国間条約の場合であっても，行政・技術的協定の場合は，未承認国家との間でも締結可能であり，黙示的承認に当たるとは解されてはこなかった。あくまでも，「両国の包括的関係樹立の二国間条約の締結」が黙示的承認に当たるとされてきた。

　第2に，多数国間条約の締結は，一般に，黙示的承認に当たらないと解されてきた。なぜなら，多数国間条約は「不特定多数の国と結ばれるため，特定の国に向けた承認の意思とは直結しないからである」。これらの理由からすると，多数国間条約であっても，締約国が一定の国々に限定される閉鎖条約の場合には，黙示的承認に当たるという推定が強く働くことになるし，また，多数国間条約ではあっても，行政・技術的性格のものであるならば，その推定はあまり働かない。しかしながら，国家実行上確認できることは，承認の意思がなければ少なくとも「両国の包括的関係樹立の二国間条約の締結」は未承認国との間で締結されないということであり，条約の締結行為が黙示的承認にあたるかどうかは，承認するという既存国家の意図を推定できるかどうかについて個別具体的に判断されなければならない。そして，日本は北朝鮮との間に日朝平壌宣言を採択し，同時に一定の多数国間条約に参加してはいるものの，それらは日本にとり，北朝鮮に対する国家承認を意味しないことは，日本政府の態度により明らかである。

　さて，正式な外交関係の象徴としての二国間条約と，そうでない場合にも利用可能な行政・技術的協定との区別は，必ずしも明確なものではないことは留意される。行政・技術的協定が未承認国家とも締結可能とされてきたことに着目すると，当該行政・技術的協定は，国際的な合意として，当該条約上の権利義務関係が発生するものであろう。「合意は拘束する」からである。そのように考えると，未承認国家による多数国間条約への加入が黙示的承認に当たらないとしても，そのことと，条約の効力発生の問題とは区別されなければならないものと思われる。つまり，未承認国家であることのみでもって，多数国間条

約における権利義務関係が否定されることに，当然になるわけではない。[24]

　未承認国家との間に行政・技術的協定を締結することが可能だとされてきた理由は，未承認国家との間にも一定の関係を維持する現実的な必要性が既存国家の側にもあることを意味する。仮に行政・技術的協定であれば権利義務関係は発生し，それ以外の条約であれば権利義務関係を否定できるとすると，そのような結論に至る条約法上の理論的説明は筆者には困難である。

Ⅳ　未承認国家との多数国間条約上の権利義務関係

1　裁判所の判断の検討

　未承認国家との多数国間条約上の権利義務関係の問題は，前述の国家承認論とどのように関連するのだろうか。この点について，第一審裁判所は，未承認国家であることを直接の根拠として，それとの多数国間条約上の権利義務関係を否定したが，そのような判断は宣言的効果説と相容れないものであった。次の控訴審においては，控訴人らによる「多数国間条約上の権利義務が未承認国との間で原則として生じない旨の国際慣習法は存在しない」という主張を否定した。すなわち，控訴審裁判所は「北朝鮮がベルヌ条約に加入することと我が国が北朝鮮を国家承認することとは別個の問題である」としながら，仮に権利義務関係が発生するならば，未承認国のベルヌ条約加入とわが国の国家承認とを同視することになるという。つまり，国家承認していないことと権利義務関係の発生とを結びつける論理である。両者が直接的な関係を持つためには，国際法主体性の創設に国家承認を要件とする創設的効果説が前提となる必要がある。仮に控訴審のいうように未承認国家の加入と当該未承認国に対する国家承認とが別の問題であるならば，両者の間に権利義務関係が発生することもまた可能であろう。

　次に，最高裁は以下のように判示した。「一般に，我が国について既に効力が生じている多数国間条約に未承認国が事後に加入した場合，当該条約に基づ

き締約国が負担する義務が普遍的価値を有する一般国際法上の義務であるときなどは格別，未承認国の加入により未承認国との間に当該条約上の権利義務関係が直ちに生ずると解することはできず，我が国は，当該未承認国との間における当該条約に基づく権利義務関係を発生させるか否かを選択することができるものと解するのが相当である。」

　第1に，下級審の判断と同様，最高裁もまた義務を性質により区別している。そのため最高裁はベルヌ条約を検討し，3条1項a号の義務が「普遍的価値を有する一般国際法上の義務」ではないことを確認している。確かに，著作権が今もなおその保護のために各国の国内法制の整備を待つ必要があり，あるいは国家によってその保護の程度が異なっている現状に鑑みると，現在の著作権保護の状況が裁判所のいうところの「普遍的価値」，すなわち「国際社会全体対する義務」には当たらないといえる。しかしながら，そもそも義務の区別自体について問題はないのだろうか。

　すなわち，裁判所の判断の基礎となった外務省見解は「多数国間条約のうち，締約国によって構成される国際社会（条約社会）全体に対する権利義務に関する事項を規定していると解される条項についてまで，北朝鮮がいかなる意味においても権利義務を有しないというわけではない。具体的にどの条約のどの条項がこれに当たるかについては，個別具体的に判断する必要がある。」と述べている[25]。しかしながら，国際社会（条約社会）全体に対する権利義務は未承認国でも有するという場合，当該未承認国は明らかに「国家」であろう[26]。加えて，義務の区別自体，「合理的」とする見方は実際的見地からは首肯できるものの，その「国際法上の根拠を見出すのは困難」なのではないだろうか[27]。仮に一般国際法上の義務であるならば，当該義務が多数国間条約に規定されているか否かにかかわらないであろうし，また，当該条約に未承認国が既存国家よりも事前又は事後に加入するのかといった時間的経緯は，そもそも問題ではない。つまり，最高裁が「事後」に限定して論じていることは，日本の意思を国際法上の

権利義務関係に反映させることを意図したものであり，その意味では一般国際法上の義務を「普遍的価値」を有するものとそうでないものとに区別する解釈を採用していると考えられる[28]。しかし，そうした区別を可能とする法的根拠については，最高裁は明らかにしていない。仮に一定の義務が当該未承認国について排除されるならば，それはむしろ多数国間条約の効力の発生を前提とした，留保制度により近い問題になるのではないだろうか[29]。

　第2に，そのような国際義務の性質の区別をあえてする以上，未承認国との多数国間条約関係は，条約自体ではなく，当該多数国間条約上の個別の「権利義務関係」と認識せざるをえない。「権利義務関係」という用語法が含意するものは，当該多数国間条約自体の適用関係は存在するということなのだろうか。あるいは，その適用関係自体が存在しないこともありうるのだろうか。外務省のホームページ上，北朝鮮との条約を「なし」とする文面を見る限り，後者の見解を採用しているように思われるし，裁判所で参考とされた外務省見解は前者を含意するように読める。むしろ問題は，未承認国との関係で一定の条約の「権利義務関係」を論じること自体のうちに存在するのではなかろうか。

　すなわち，筆者の考えでは，多数国間条約の「権利義務関係」の問題は，多数国間条約自体の効力の問題として捉えるべきものであるか，あるいは，より実際的な，権利義務の「執行」レベルの問題で論じるべきものではないだろうか。なぜなら，国際義務の性質の区別が国際法上明確ではない以上，「未承認国との多数国間条約上の権利義務関係」の問題とは，一定の条項について述べることはできず（留保等がないかぎり），むしろ条約自体の「効力関係」あるいは「適用関係」の問題として理解されるからである。そのように理解してはじめて，多数国間条約に未承認国家が加入した場合の条約関係を論じることが出来よう。

　なお，宣言的効果説に立つと，北朝鮮は日本にとり未承認国家ではあるものの，客観的国家性を持つ存在であり，国家が多数国間条約に加入するのである

から、条約関係が生じるのは当然の理であると思われる。仮に現実に義務が果たされない（ベルヌ条約でいえば著作権が保護されない）事態が生じる場合、それは条約が適用されていないのではなく、外交関係の不在のため、執行が適切になされないことを意味するのではないだろうか[30]。そのように考えると、一連の裁判所の判断は、外務省や政府がまさに「外交上」の理由で「合理的」に義務を区別して執行してきた現実を、「法的に」読み替えようとしたことに混乱の原因があったのではないかと思われる。

以下では、依然として未承認国との間では条約関係は生じないとする学説もあることから、関連する国家実行と学説とを検討してみたい。

2 国家実行及び学説の検討

本稿に関連して、以下のドイツ民主共和国（東ドイツ）の事例が多くの論者により検討されている。

すなわち、第二次世界大戦前に旧ドイツが締約国となっていた多数国間条約の再発効（reactivation）の試みである。1955年5月11日、東ドイツは寄託国スイスに対し「ベルヌ条約は東ドイツの領域に再び適用可能である」旨の宣言を送付した[31]。それに対し、ドイツ連邦共和国（西ドイツ）は、西ドイツこそが国際問題においてドイツ国民を代表する権限を与えられており、東ドイツによる多数国間条約の再適用の試みにいかなる注意も払わないと応じた。イギリスは、東ドイツ当局を政府として、あるいは東ドイツ領域を国家として承認していないことを明確にしているため、ベルヌ条約の適用を明確に拒否した[32]。しかしながら、スイス、ブラジル、スウェーデン、オーストリアは、承認に当たらないことを宣言した上で、東ドイツによるその再適用の宣言を認めている[33]。この事例は、国家承継の事例であって、「未承認国家の加入に伴う加盟国の義務という問題に関する国家実行の例とみなすことは躊躇される」との指摘があり[34]、その意味では、翌1956年、東ドイツがマドリッド協定及びパリ条約について同様

の通告をなし，反対にあったため加入手続をしたという事例が挙げられる。この東ドイツの加入手続に際し，日本を含め，東ドイツを承認していない諸国は，明示的に東ドイツとの間で適用を留保する態度を表明した。

これらの国家実行について，東ドイツの多数国間条約上の地位が，ある国によっては認められ，あるいは認められないという状況が生じていることから，既存国家の外交政策により条約上の権利義務の発生が左右されてきたことが読み取れるかもしれない。その場合，最高裁のいう「選択できる」という結論それ自体は妥当と考えられよう。

しかしながら，西側諸国がハルシュタイン主義を採用していたこと，それゆえ東ドイツは国家とみなされていなかったとの指摘は重要であろう。つまり，西側諸国にとっては，東ドイツが国家性を持たないゆえに条約関係を否定したのであって，北朝鮮のように国家性を有する「未承認国」との条約関係が問題になったのではないのであり，他方，東側諸国および中立諸国が「黙示的承認を意味しない」ことを宣言しつつ，条約関係を認めていることは，国家間の関係を前提としている。したがって，東ドイツに関連する事例からは，濱本のいうように「多数国間条約当事国と，当該当事国が国家承認を与えていない他の当事国との間には，後者が国家性要素に欠けるところがない限り，当該条約に基づく条約関係が成立する」という結論を導くことが支持されよう。

また，ベルヌ条約から離れ，別の多数国間条約の例においても，既存国家は，未承認国と何らかの国家間関係と目される行動をとる際には，黙示的承認の推定を否定するための声明を行う場合がある。ベルヌ条約に北朝鮮が加入した際の日本の対応を見ると，最高裁も指摘するように，北朝鮮に対して効力を発生したという旨の「告示」は確かに存在しないものの，国際レベルで何らかの宣言（「不承認の声明」）をしたという情報は判決において見当たらない。

次に，未承認国家との条約関係に関する学説を見てみよう。未承認国との条約関係は，例えば国際連合において多くの未承認国の加盟の際問題とされてき

たが，国連憲章上，未承認国であれ加盟国の国家性を否定しえないので，国連憲章上の権利義務を否定できないことになるが，「憲章を離れて（慣習）国際法上，承認を拒否する国がかかる新加盟国に対して（政治的）承認を与えたり，あるいは両者間の条約関係に入ることを要請されるわけではない」。Talmonもまた，承認要件と国家性要件を明確に区別することで，未承認国の国家性の享有から当然に認められる国際法上の権利義務が存在することを確認しており，そうした権利義務に該当しないものは「選択的関係」として，そのような条約関係を結ぶよう強制されないことを指摘している。すなわち，これらの見解は，国際法上，未承認国と新たに条約関係に入ることを，既存国家の側は義務づけられないということを述べているにすぎない。つまり，当該条約を締結するか否かというレベルでの議論であろう。

　ところで，条約の適用関係を前提として，「日本が未承認ということは，当該『実体』は日本にとっては国際法上の国家として存在していないということになるので，理論的には，日本とその未承認国との間で国際法上の権利義務関係は生じないことになる」という見解がある。この見解は，未承認国家の国連加盟に関する田畑茂二郎による説明に基づいている。すなわち，田畑は，国連憲章1条1項および2条1項により「国際連合内における加盟国相互の間においては，承認がなされたのと同じような一般国際法上の関係が成立するといわなければならない」と指摘する。現代国際法においては，主権平等原則は一般国際法と目されること，宣言的効果説において未承認国家は国家性を有するかぎり一般国際法の適用を受けること，田畑自身，未承認国家が加入を認められる場合，そのような「関係の成立を自ら認めたとみられざるをえない」と述べていることから，むしろ，条約の適用は認められるのではないだろうか。

　そして，ベルヌ条約体制においては，その目的達成のために，開放条約であることが重要であった。日本はベルヌ条約に加入する際，29条により，未承認国家を含む他国が加入することに同意していたと考えられないだろうか。そし

て，1条が「この条約が適用される国は，文学的及び美術的著作物に関する著作者の権利の保護のための同盟を形成する」と規定し，3条は同盟国の国民の著作物を保護するよう義務づけているのである。

以上の検討は，未承認国家との多数国間条約の適用関係について，否定する例はほとんどないという指摘をさらに支持するものとなろう。[48]従って，日本と北朝鮮との間にベルヌ条約上の適用関係は発生しており，かつ日本は北朝鮮の著作物を保護する義務があると結論される。

V　おわりに

「北朝鮮著作物事件」における裁判所の判断を国際法の観点から検討した結果，次のことを指摘できよう。第1に，国家承認論の視点では，裁判所は基本的に創設的効果説を採用し，かつ，学説の支持する宣言的効果説に一定の理解を示しており，その説明は一貫していない。第2に，未承認国家との多数国間条約上の権利義務関係の問題は，むしろ当該条約の「適用関係」あるいは権利義務の「執行」に関わる実務的問題であると理解すべきであると思われる。学説上も，既存国家とその未承認国とが同時に多数国間条約の加盟国である場合，両国間の適用関係を否定する学説の趣旨は，未承認国家と特定の条約関係を「構築する」という既存国家の義務はないということを述べているものであり，条約に同時に参加した場合に，適用関係を否定する説得的な主張は見いだせないように思われる。

全体として，裁判所の判断は，行政府の外交処理権限の侵害に当たらぬよう慎重に考慮されたものであり，その意味では，裁判所は国際法を明らかにするために国家実行及び学説の詳細な検討を明示的に行ったわけではない。多くの論者が指摘するように，本事案について裁判所が独自の判断を示すこと自体，外交権限を侵害するものとはいえなかっただろう。[49]国家承認の観点からいえば，多数国間条約上の権利義務関係を認めることは黙示的な国家承認に当たらない

からである。

　なお，日本と北朝鮮との関係性が，日本にとって重要な外交問題であることは否定できない。日本は今後，北朝鮮との国交正常化に向けて，現在の外交交渉を継続する必要がある。それらの有利な進展のためには，未承認が不利益をもたらすことは外交カードになりうる[50]。しかしながら，国家承認制度において宣言的効果説が妥当とされる趣旨は，未承認であるか否かにかかわらず，国家は国家性要件を満たした時点で，他国と同様，国際法上差別されない存在となることを認めることにあるのではなかろうか。

　とはいえ，宣言的効果説においても実効性要件充足について既存国家の裁量は全く排除されるわけではなく，国家承認行為自体の政治的重要性も依然として存在する現状もまた，理解される必要があろう。この点に関連して，「不承認の声明」についての考察は，別稿の課題としたい。

(1) 東京地方裁判所平成19年12月14日判決，知的財産高等裁判所平成20年12月24日判決，最高裁判所第一小法廷平成23年12月8日判決（民集65巻9号3275頁以下）。
(2) 田畑茂二郎『国際法における承認の理論』（日本評論新社，1955年）。
(3) 実効性要件とは，永久的住民，確定した領域，実効的政府を基本とする（小寺彰『パラダイム国際法──国際法の基本構成──』（有斐閣，2004年）79-80頁）。おおむね創設的効果説においては実効性要件＋国家承認＝国家性要件，宣言的効果説においては実効性要件＝国家性要件という図式が成り立つ。
(4) 承認の効果は相対的効力であると考えられているため，付与する国家にとっては当該新国家の国際法人格が生じ，そうでない国には生じないという「国家の相対性」の問題が生じる。このことは「相互に認め合った（合意した）国家の間に限って，相互に了承し合った（合意した）法が妥当する」という法実証主義を基礎としている（小寺『前掲書』（注3）83頁，小寺彰・岩沢雄司・森田章夫・江草貞治『講義国際法（第2版）』（有斐閣，2010年）136-7頁）。
(5) 宣言的効果説を支持する文献は枚挙に暇がないが，最近のものとして濱本正太郎「未承認国との関係における多数国間条約の適用（一）（二）」『法学論叢』171巻4号，5号（2012年）。宣言的効果説にも限界は指摘されており，両学説の対立を超えた第三の道は模索され続けている。このような認識は近年の国家承認に関する文献に多くみられる。例えば，王志安「国家形成と国際法の機能──国家承認の新たな位置付けをさぐ

って——」『国際法外交雑誌』102 巻 3 号（2003 年），United Nations, General Assembly, "Sixth Report on Unilateral Acts of States by Victor Rodriguez Cedeño, Special Rapporteur," (2003) (United Nations Document A/CN.4/534), Stefan Talmon, "The Constitutive versus the Declaratory Theory of Recognition: Tertium Non Datur? ," *British Yearbook of International Law*, vol.75 (2005), International Law Association, Sofia Conference (2012), "Recognition/Non-recognition in international law," (2012)．

(6) 松井芳郎・佐分晴夫・坂元茂樹・小畑郁・松田竹男・田中則夫・岡田泉・薬師寺公夫『国際法（第 5 版）』（有斐閣，2007年）71頁。

(7) 藤田久一『国際法講義 I 国家・国際社会（第 2 版）』（東京大学出版会，2010年）183頁。

(8) それゆえ国家性要件と承認要件とは区別される（Talmon, *supra* note 5, p.108）。日本の国家承認に対する立場は，北朝鮮に関しては国会衆議164第322号（平成18年6月16日）において次のように述べられる。「国際法上の主体とは，一般に，国際法上の権利又は義務の直接の帰属者をいい，その典型は国家であると承知している。」「我が国は，北朝鮮を国家承認していない。したがって，我が国と北朝鮮との間には，……国際法上の主体である国家の間の関係は存在しない。」（国家承認の要件については）「国際法上，一般に，国家承認の要件については，ある主体が国家としての要件を充足していること，すなわち，一定の領域においてその領域に在る住民を統治するための実効的政治権力を確立していることが必要とされている。また，我が国としては，当該主体が国際法を遵守する意思と能力を有しているかについても考慮することとしている。」

(9) 藤田『前掲書』（注 7）195頁，濵本「前掲論文(一)」（注 5）12頁。

(10) 北朝鮮に関する外務省のホームページ，at http://www.mofa.go.jp/mofaj/area/n_korea/data.html as of March 2013.

(11) 未承認国家の条約締結能力については，国家性要件を具備する場合とそうでない場合とに区別され，後者の場合，非国家主体の条約締結資格の問題として議論される。王は台湾が国家ではないことを前提として，中国と台湾との多数国間条約上の地位を論じている（王志安「多数国間条約における当事者としての『台湾』（一）（二）」『法学論叢』130巻 4 号，6 号（1992年））。非国家主体の条約締結資格については「国家以外の主体が国際人格および条約締結資格を所持する場合があり，これは，常に国際法上の原則として存在している」のであり，北朝鮮が仮に国家性要素を具備していない場合でも，条約締結資格を認められる場合がある（*Yearbook of International Law Commission*, Vol. 2(1962), p.36）。北朝鮮著作物事件において台湾の WTO を設立するマラケシュ協定（WTO 協定）上の地位との比較が問題となったが，北朝鮮は例え国家とみなされないとしても，ベルヌ条約上の正規の加入手続きに則った加入であり，ベルヌ条約上権利義務の主体であることが確認できる（猪瀬貴道「ベルヌ条約上の日本と北朝鮮との間の権利義務関係が否定された事例」『ジュリスト』1366号（2008年）175頁）。

⑿　PCT, at http://www.jpo.go.jp/cgi/link.cgi?url=/tetuzuki/t_tokkyo/kokusai/kokusai2.htm, マドリッドプロトコル, at http://www.jpo.go.jp/tetuzuki/t_shouhyou/kokusai/madopro_kamei.htm, 張睿暎「未承認国の著作物と不法行為——北朝鮮映画放映事件——」『著作権研究』36号（2009年）197頁。また，「北朝鮮著作物事件」とほぼ並行して係属したいわゆるPCT事件（東京地裁平成23年9月15日判決，知財高裁平成24年12月25日判決）において，裁判所はほぼ同義の見解を採用する（その問題点につき，金彦叔「北朝鮮国籍者の国際特許出願とPCTの適用」『ジュリスト』1441号（2012年））。

⒀　濱本正太郎「未承認国家の地位——ベルヌ条約事件」『国際法判例百選（第2版）』204号，35頁。

⒁　江藤淳一「北朝鮮の著作物にベルヌ条約の保護が及ばないとされた事例」『法学セミナー増刊　速報判例解説』Vol.2（2008年）254頁。

⒂　小寺『前掲書』（注3）83-84頁。

⒃　濱本「前掲論文」（注13）35頁。

⒄　横溝大「未承認国家の著作物とベルヌ条約上の保護義務——北朝鮮著作物事件——」『知的財産法政策学研究』21号（2008年）268-269頁。

⒅　既出のテキストの他，杉原高嶺『国際法学講義』（有斐閣，2008年）204-206頁，小松一郎『実践国際法』（信山社，2011年）74-75頁，酒井啓亘・寺谷広司・西村弓・濱本正太郎『国際法』（有斐閣，2011年）43頁，柳原正治・森川幸一・兼原敦子『プラクティス国際法講義（第2版）』（信山社，2013年）90頁，B.R.Bot, *Nonrecognition and Treaty Relations* (1968), pp.29-32, Ian Brownlie, *Principles of Public International Law*, 7th ed. (2008), p.93.

⒆　多くの場合，経済協力関連の交換公文である。

⒇　杉原『前掲書』（注18）204頁。本文の次の引用部分も同様である。

㉑　内閣衆質164第322号（平成18年6月16日），本裁判における外務省見解参照。

㉒　中内によれば，広く国家間における法的な合意文書（「条約」という名称であるかは問わない）は，日本の実定法上の用語としては「国際約束」と称され，憲法73条3号により国会の承認を必要とするものと，同条2号にいう外交関係の処理の一環として行政府のみで締結できるものに区別される。前者を「国会承認条約」，後者を「行政取極」というが，それらは実定法上の用語ではなく，政府や国会において実務上の便宜のために使用する用語である（中内康夫「条約の国会承認に関する制度・運用と国会における議論——条約締結に対する民主的統制の在り方とは——」『立法と調査』330号（2012年）4頁）。また，実務処理の実態として，当該「国際約束」が国会の承認を要するか否かは，外務省の政策的考慮に大きく依存するとの指摘もある（小松『前掲書』（注18）278頁）。なお，憲法上の議論における「国際約束」の区別は，必ずしも国際法上の議論における区別と同様ではないことも指摘される（大沼保昭『国際法／はじめて学ぶ人のための』（東信堂，2008年）73頁）。

㉓　「簡略形式の条約」であっても「国際法上は批准を要する条約と全く同じ効果を有す

る」(酒井・寺谷・西村・濱本『前掲書』(注18) 115頁)。
㉔　『判例タイムズ』第1366号(2012年)94頁では，この点が不分明である。
㉕　東京地裁は平成18年6月27日，日本国と北朝鮮との間におけるベルヌ条約に基づく権利義務関係の存否等についての必要な調査を外務省に嘱託し，その回答を参照した。この点につき，臼杵英一「多国間条約と未承認国——ベルヌ条約と北朝鮮——」『ジュリスト』第1376号（2009年）。
㉖　濱本「前掲論文」(注13) 35頁，同「前掲論文(二)」(注5) 21頁。
㉗　中谷和弘「近隣国・地域との関係をめぐる最近の国内判例」『法学教室』336号（2008年）136頁，江藤「前掲論文」(注14) 254頁。
㉘　江藤淳一「ベルヌ条約の未承認国への適用が否定された事例（ベルヌ条約事件）」『TKCローライブラリー　新・判例解説 Watch』国際公法 No.15）4頁。
㉙　条約法に関するウィーン条約2条1項d号は留保を「国が，条約の特定の規定の自国への適用上その法的効果を排除し又は変更することを意図して，条約への署名，条約の批准，受諾若しくは承認又は条約への加入の際に単独に行う声明」と定義する。2011年，ILCによる「条約の留保に関する実行ガイド」が国連総会で採択された。この「実行ガイド」においていわゆる「不承認の声明（statements of non-recognition）」の説明がある。これは，国家が条約によって拘束されることへの同意の表明とともに，その同意が他の締約国に対する黙示的承認を意味しないことを示すものであるが，以下の異なる効果を主張される。すなわち，「予防的声明（precautionary statements)」と「排除の声明（statements of exclusion）」であり，前者は黙示的承認ではないことを声明し，後者は，その声明をする国家が，その声明の対象となった未承認国との間で条約の適用を明示的に排除しようとするものである（United Nations Doc. A/66/10 and A/66/10/Add.1.）。このコメンタリーは両者を留保に該当しないと考えるために「実行ガイド」の適用範囲外の問題であるとし，その有効性について議論していないが，少なくともそのような国家実行が存在することを確認している。なお，「不承認の留保」につき，Hersh Lauterpacht, *Recognition in International Law* (1948), p.374, Bot, *supra* note 18, pp.132-138.
㉚　「多数国間条約の条項は，未承認国との間では原則として権利義務関係を生じさせない」ことを議論の前提にする点で問題があるものの，張が「北朝鮮と日本の間で著作権の保護を期待するのは，そもそも無理」と判断をしていることは，執行上の問題ではないだろうか（張「前掲論文」(注12) 90頁）。また，北朝鮮におけるアメリカの有名なキャラクター使用に関するアメリカ国務省の反応，at http://www.state.gov.r/pa/prs/dpb/2012/07/194830.htm.
㉛　Bot, *supra* note 18, p.203.
㉜　E. Lauterpacht, "The Contemporary Practice of the United Kingdom in the Field of International Law –Survey and Comment, V," *International and Comparative Law Quarterly*, Vol.7 (1958), p.93.

⑶ 濱本「前掲論文(一)」(注5)14-15頁。
⑷ 横溝「前掲論文」(注17)270頁。
⑸ 東京高等裁判所昭和48年6月5日判決。
⑹ 西ドイツとの関係であるが、ドイツ連邦最高裁判所判決(*International law Reports*, vol.28 (1963), pp.82-88)。
⑺ 猪瀬「前掲論文」(注11)174頁。
⑻ 濱本「前掲論文(一)」(注5)16頁。なお、1949年から1970年までの期間、東ドイツはベルヌ同盟のメンバーだったか、という問いがある(Sam Ricketson and Jane C. Ginsburg, *International Copyright and Neighbouring Rights: The Berne Convention and Beyond*, 2nd ed., Vol.II(2005), p.1134-5)。その答えとして著者は、ベルヌ同盟のメンバーシップには特定の制限がない一方で、新メンバーの加入については、依然として既存国家の同意が必要であるとする。具体的には、東ドイツがローマ改正条約の継続適用を求めた際に25カ国のメンバーがその宣言を受け入れなかったことがそうした同意の拒否であるとし、その間、いかなるメンバーも、東ドイツにベルヌ条約を適用する義務を持っていなかった、と結論づけている。この論理は、ベルヌ条約が伝統的にあらゆる国家による加入のために開放されており、地理的な制限やその他の基準も存在していないものの、McNairによる条約法のテキストから「国際法の一般原則として、新当事国の加入に対する既存の当事国の同意は、その加入の有効性にとって決定的である」(Lord McNair, *The Law of Treaties*(1961), p.151)という一節を示し、ベルヌ条約に適用するものである。しかしながら、McNairの指摘は条約への加入について説明するものであり、加入後の効力関係を論じているものではないと解される。
⑼ 山本草二『国際法(新版)』(有斐閣、1994年)185頁、小松『前掲書』(注18)75頁。
⑽ 未承認国との間で条約関係を否定する意図のある声明は、注(29)に述べた「排除の声明」に当たるものであり、そのような声明がなければ条約が適用されるのか、あるいは条約の不適用を前提としてそのような声明は確認する意味しか持ちえないのか議論がある(中谷「前掲論文」(注27)136頁)。
⑾ 藤田『前掲書』(注7)192頁。
⑿ Talmon, *supra* note 5, pp.152-153, 180.
⒀ Sir Robert Jennings and Sir Arthur Watts eds., *Oppenheim's International Law*, 9th ed.(1992), Vol.1, p.198, E. Showelb, "The Nuclear Test Ban Treaty and International Law," *American Journal of International Law*, Vol.58(1964), pp.654-655. なお、「未承認国の国民は、当該未承認国がパリ条約に加盟しているとしても、外交関係のない我が国との間では効力が生じていないため、優先権等のパリ条約上の利益を享受でき」ないとの指摘があるが、その理由は明らかにされていない(中山信弘『工業所有権法(上)特許法(第2版増補版)』(弘文堂、2000年)93頁)。
⒁ 坂元茂樹「第1条(この条約の適用範囲)」『関西大学法学論集』53巻2号(2003年)212-213頁(条約法研究会「条約法条約の逐条コメンタリー(一)」所収)、山田真紀

「最高裁重要判例解説」『Law and Technology』56号（2012年）。
⑷₅ 田畑茂二郎『国際法新講 上』（東信堂，1990年）84-85頁。
⑷₆ 黒川徳太郎訳『ベルヌ条約逐条解説』（著作権資料協会，1979年）（C. Masouyè, *Guide to the Berne Convention*, WIPO（1978））10-12頁。
⑷₇ 例えば，WTO体制においては，加盟国間での多数国間貿易協定の不適用の規定があるが（WTO協定第13条），加盟国間の条約の適用関係の存在が前提であろう（外務省経済局国際機関第一課『解説　WTO協定』（日本国際問題研究所，1996年），中川淳司・清水章雄・平覚・間宮勇『国際経済法（第2版）』（有斐閣，2012年））。
⑷₈ 濱本「前掲論文（一）」（注5）13頁，Jean Charpentier, *La reconnaissance internationale et l'évolution du droit des gens*（1956），p.61, Malcolm.N.Shaw, *International Law,* 6th ed.(2008), p.447.
⑷₉ 猪瀬「前掲論文」（注11）175頁，横溝大「未承認国の著作物」『著作権判例百選（第4版）』229頁。外交権限の侵害と捉える見解として，茶園成樹「北朝鮮の著作物について我が国が保護する義務を負わないと判断された事例」『知財管理』58巻8号，1103頁。
⑸₀ 例えば，国家不承認の例ではないが，条約上の権利義務を認めないことによる不利益として，GATT35条援用問題（「対日35条援用問題の展望」『東京銀行月報』14巻2号（1962年），「日英通商航海条約とガット三五条をめぐる西欧諸国の動向」『三井銀行調査月報』329号（1962年））。

(東北学院大学法学部講師)

論　説　北朝鮮著作物事件

北朝鮮著作物事件
―― 国際私法の観点から ――

金　　彦　叔

Ⅰ　はじめに
Ⅱ　国際裁判管轄
Ⅲ　準　拠　法
　1　当事者能力の有無の準拠法
　2　著作権侵害に基づく差止請求と損害賠償請求の準拠法
　3　ベルヌ条約上の保護の有無と条約上の抵触規定の適用
Ⅳ　本判決の結論から生じ得る国際私法上の問題点
　1　外国判決の承認執行の問題
　2　北朝鮮の国民の著作物であることの判定問題
Ⅴ　おわりに

Ⅰ　はじめに

　北朝鮮著作物に関する本件最高裁判決は，北朝鮮の国民の著作物は，北朝鮮が文学的及び美術的著作物の保護に関するベルヌ条約（以下，ベルヌ条約という）に加入していたとしても，日本政府が，北朝鮮の国民の著作物について，同条約の同盟国の国民の著作物として保護する義務を同条約により負うものではないとの見解を示していることから，未承認国である北朝鮮との間には，同条約に基づく権利義務関係は発生しないという立場を明らかにした。本件最高裁判決の結果として，北朝鮮の国民の著作物は，日本国内においてベルヌ条約上の保護を受けなくなった。本件は，未承認国家の多数国間条約上の地位の問題など国際法の観点から論ずべき争点が大きいが，その一方で，本件の原告側

が（未承認国家であるにしても）外国の行政機関であり，外国の著作物が日本国内で問題となっているなど，外国的要素を含む渉外事案として，国際私法の観点からも，検討すべき点は多々ある。

本稿では，国際私法の観点から，本件での「外国」というのが，日本から見て未承認国家であるということが，本件の国際私法上の処理に影響するのかという点も視野に入れつつ，国際裁判管轄，準拠法決定に関する本件判決におけるいくつかの問題点を取り上げ，検討する。そして最後に，本件判決の結論が，今後生じ得るであろう北朝鮮の国民の著作物に関する事案にどのような影響を与えるかについて，国際私法の観点から，若干の問題提起をしたい。なお，国際私法の争点となる問題については，本件の第1審判決及び控訴審判決がその判断をしているため，適宜第1審及び控訴審判決を引用することにする。

Ⅱ 国際裁判管轄

本件裁判所は，国際裁判管轄について，何の言及もしていない。その理由は，従来の渉外事案の判例によく見られるように，国際裁判管轄の問題が本件においては特に争点となっていないからであろう[1]。しかしながら，本件も外国的要素を含む渉外事案である以上，国際私法の基本からすると，国際裁判管轄の判断もしくは言及は必要であったのではないかと思われる[2]。

国際裁判管轄と関連しては，本件のように，日本から見て未承認国家が外国として登場した場合，そのことが国際裁判管轄の判断に影響するかという問題がまずある。未承認国家の法律を準拠法として適用できるかという問題については，国際私法上の法律関係の性質上，国際法上の国家承認とは関係なく，未承認国家の法律も国際私法上の準拠法適格性を有するとされている[3]。同じく，国際裁判管轄についても，国際的な生活を営む私人の法律関係の安定という国際「私法」の存在意義とその目的からすると，相手国が未承認国家であるということが，直ちに国際裁判管轄の決定の可否に影響を与えることではないと考

えるべきであろう。

本件は，北朝鮮の著作権が日本で侵害されたという事案であるが，日本で国際裁判管轄があるか否かの問題は，法廷地である日本における国際裁判管轄のルールに従って判断されることになる。本件は，国際裁判管轄に関する規定を設けている改正民事訴訟法[4]が適用される前の事案であるので，これまでの判例により構築されたルール，すなわち，国内裁判管轄に関する規定を借用しつつも，当事者間の公平，裁判の適正・迅速を期するという理念に反する特段の事情がある場合には，例外的に国際裁判管轄が否定されるという基本的ルールに従って判断すればよいであろう[5]。本件の場合，被告住所地管轄・不法行為地管轄いずれも日本にあると判断される。そして原告に北朝鮮の行政機関が含まれているとしても，日本の裁判管轄を否定すべき特段の事情もとくにないと思料されるので，日本の国際裁判管轄は認められるといえよう。なお，改正民事訴訟法の下で判断されても，同様な結論にはなるであろう[6]。

Ⅲ　準　拠　法

1　当事者能力の有無の準拠法

本件では，原告に朝鮮映画輸出入社という北朝鮮の行政機関が含まれており，当事者能力があるのかが問題となった。本件1審判決は，原告朝鮮映画輸出入社の当事者能力の準拠法について判断している[7]。準拠法決定のための判旨の推論をみてみると，以下のようなものである。すなわち，「当事者能力は，民事訴訟において訴訟関係の主体である当事者となることのできる一般的な資格をいい，訴訟法（手続法）上の概念であるので，手続は法廷地法によるという一般原則により，法廷地である日本の民事訴訟法による。日本の同法28条は，当事者能力は民法その他の法令に従うとされており，当事者能力の有無は権利能力に関する民法その他の実体法の規定に基づいて判断する。そして，本件は，外国の行政機関であるので，準拠法選択が必要であるが，行政機関の権利能力

の準拠法の問題に関しては，法の適用に関する通則法（以下「通則法」）等に直接の定めがないので，条理に基づいて，当該行政機関と最も密接な関係がある国の法律（本国法）による。当該行政機関と最も密接な関係がある国は当該団体が設立された国であるので，北朝鮮の法律が適用される。北朝鮮民法12条2項の解釈により，当該行政機関は，権利能力を有する。したがって，原告輸出入社は，準拠法である北朝鮮の法律によって権利能力を付与されているから，民事訴訟法28条により当事者能力を有する。」というものである。

　まず，本件裁判所は，行政機関の権利能力の準拠法については，通則法に直接の定めがないので，「条理」により，当該行政機関と最も密接な関係がある国の法律（本国法）によるとした。確かに，通則法4条1項は，「人の行為能力は，その本国法によって定める」としており，「人」の「行為能力」についてのみ定めている。しかし，渉外事案において，できる限り条理による判断を避けようとする立場から考えた場合(8)，本件のような自然人でない「法人」の「当事者能力」の問題につき，通則法4条1項を類推適用することはできないだろうか。まず，本件行政機関が自然人でない「法人」であることに着目してみると，法例制定時，法人の準拠法については，民法上の外国法人の認許に関する規定や商法上の外国会社に関する規定により，法人をめぐる抵触法問題に関しては，一定の規律がなされたということを前提に，「人ノ能力」に関する法例3条1項が設けられたことを考えると(9)，法人に関する規定の欠缺を理由に条理によるということには，疑問を覚える。実際「法人」の行為能力の問題に法例3条1項が類推適用された事例もあったように(10)，「法人」の問題にも通則法4条1項を類推適用する余地はあると思われる。ただし，法人の「行為能力」の問題に法人の内部関係を規律する法人の属人法が適用されるかという問題は別途ある(11)。

　本件では，行為能力ではなく，当事者能力，そしてその前提となる権利能力が問題となった。通常，通則法4条1項については，権利能力に関する問題は含まれないとされている(12)。その理由としては，自然人であるにもかかわらずそ

の権利能力を認めない法制を有する国はおよそ想定することが難しく、仮にあったとしても、そのような法制は当然に公序に違反するものとされる、といった点が取り上げられている。そして、相続など自然人の権利能力が問題となる場合は、個別具体的な法律関係についてのみ生じるのであって、その場合は、当該個別の法律関係の準拠法に従って規律すればいいとされている[13]。法例3条1項が、「人ノ能力ハ其本国法ニ依リテ之ヲ定ム」と定め、権利能力に関する問題も法例3条1項の規定により判断されると解する余地を残していた[14]こととは対照的である。

しかしながら、通則法4条1項における行為能力は、基本的に権利能力を前提としている。本件で問題となっているのは、法人の訴訟法上の当事者能力であり、ここでの当事者能力というのもまた民法（実体法）上の権利能力をベースにしているものではあるが、個別の法律関係の準拠法によるとされる「自然人」の（実体法上の）権利能力とは異なる。従って、法人の「当事者能力」の問題については、同法4条1項を類推適用し、法人の従属法の問題として、通説の設立準拠法によらしめる余地はあると思われる[15]。このように考えていくと、通則法上の規定の欠缺を理由に条理によるよりは、同法4条1項に類推適用して、法人の本国法（設立準拠法）による方が、抵触法的処理として優れていると思われる[16]。

一方、渉外事案における当事者能力の問題は、手続問題と性質決定し、法廷地の実質法への具体的送致範囲がどこまでかをみて、最終的な判断は法廷地手続法が行うというのが、通説の立場である[17]。通説の立場から本件を見てみると、以下のようなものになるであろう。すなわち、渉外事案において当事者能力の問題は手続問題であるため、法廷地の手続法による。本件で法廷地の手続法は、日本の民事訴訟法であり、該当条文は、当事者能力に関する同法28条である。同法28条は、当事者能力の問題は、「民法その他の法令に従う」としており、その他の法令の中には、「通則法」も含まれる。すなわち、権利能力の準拠法

によることになる。本件の場合，通則法4条1項の類推適用または規定の欠缺による条理[18]により，本国法である北朝鮮の法律または当該団体と最密接関係地法として北朝鮮法が導かれる。そして，北朝鮮の民法上の権利能力に関する規定が適用解釈され，当該行政機関には当事者能力があると判断されることになる。その上で，通説では，北朝鮮の民法で権利能力が認められたとしても，最終的な判断は，実際に事案を処理する法廷地手続法が行うことになる[19]。本件の場合なら，未承認国家の行政機関が当事者能力を有するか否かの最終的な判断は，法廷地である日本の民事訴訟法の観点から判断されることになるのである。日本では，権利義務の主体足り得る社団としての実体を備えていれば，民訴法上の当事者能力を認めるというのが，一般的な見解であり[20]，未承認国家の当事者能力を肯定した事例[21]もあることから，法廷地である日本の民事訴訟法の観点からも，本件北朝鮮の行政機関に当事者能力を認めて問題はないように思われる。

本件裁判所は，日本の民事訴訟法28条により，当事者能力の有無は権利能力に関する民法その他の実体法の規定に基づいて判断するとしたうえで，本件は，外国の行政機関が問題となっている渉外性のある事案であるので，権利能力の準拠法を選択する必要があるとした。しかしながら，通説の立場から考えると，日本の民事訴訟法28条を考慮（適用）する前に，すでに事案の渉外性は判断されているはずである。そこで，当事者能力の準拠法について，手続の問題として性質決定が行われ，日本の民事訴訟法が適用されたわけである。その上で，日本の民事訴訟法28条上の，「その他の法令」には通則法（により導かれる準拠実質法）も含まれるので，権利能力の準拠法が問題となるのである。また，通説によると，最終的な判断は法廷地手続法が行うとされているが，本件判決は，特にその点については触れていない。一般的に，当事者能力の問題は，手続法上の問題として性質決定され，さらに，手続は法廷地法によるという一般原則があることからも，法廷地手続法側に最終的な判断を委ねる通説のような営為は，必要であったと思われる。

2　著作権侵害に基づく差止請求と損害賠償請求の準拠法

　本件１審及び控訴審判決は，本件の争点となっている北朝鮮の著作権侵害について，渉外的要素を含むものであるから，準拠法の決定が必要であるとし，準拠法について判断をしている。この点につき，本件裁判所も，最高裁平成14・9・26判決（いわゆるカードリーダー事件判決）以後の下級審判決でみられるように，知的財産権（本件の場合，著作権）に基づく差止請求の準拠法と損害賠償請求の準拠法をそれぞれ分けて準拠法を決めている。すなわち，著作権侵害に基づく差止請求については，ベルヌ条約5条2項の「著作者の権利を保全するため著作者に保障される救済の方法」であると性質決定し，同条約5条2項により「保護が要求される同盟国の法令の定めるところによる」とし，損害賠償請求の準拠法については，不法行為の問題と性質決定し，法例11条1項（通則法附則3条4項により，なお従前の例によるとして，法例の規定が適用される。）によるとした。その上で，差止請求については，「保護が要求される同盟国の法令」として日本の著作権法が，損害賠償請求については，法例11条1項の「原因タル事実ノ発生シタル地」は，原告らに対する権利侵害という結果が生じたと主張されている日本であるというべきであるから，日本の民法709条が適用されるとした。

　以上のように，本件裁判所は，知的財産権の侵害に関する従来の判例を踏襲して，著作権侵害に基づく差止請求と損害賠償請求とで準拠法を分けて判断しているが，このような準拠法分断ははたして妥当であるのか。

　以下，その妥当性について，条約の解釈の側面，そして，国際私法における法律関係の性質決定の本質という側面から検討してみる。最後に，本件の場合，どのように性質決定し，具体的な準拠法国を如何に決めればいいのか，私見の立場から説明する。

（1）　条約の解釈からのアプローチ

　まず，条約の解釈からのアプローチであるが，通常，著作権保護に関するべ

ルヌ条約5条2項の「保護が要求される同盟国の法令の定めるところによる」という文言からは，異論はあるものの[24]，著作権に関する抵触規定として保護国法が導かれるというのが，通説的な見解である[25]。その保護国法というのが何を意味するかについても，後でも触れるように，条約の解釈上，明確でないところはあるが[26]，それはさておき，ここでは準拠法分断と関連して，法律関係の性質決定の段階において，差止請求のみが，ベルヌ条約5条2項の「著作者の権利を保全するため著作者に保障される救済の方法」に該当するのか，という点を検討する。

本件裁判所は，著作権侵害に対する差止請求のみがベルヌ条約5条2項の単位法律関係に該当するという立場に立っているが，このような条約の解釈でいいのか。

ベルヌ条約は，著作者の権利保護がその目的であり，そのための「救済方法」が設けられている。そのように考えていくと，著作者に与えられる損害賠償請求が，著作者に保障される救済方法から外れることはないであろう。条約全体の趣旨を勘案した条約の解釈からは，上記のような「著作者の権利を保全するため」という文言のみに着目した準拠法の分断は妥当でない，ということになる。

著作者に与えられる「救済方法」は，条約全体の趣旨から考えるべきであり，実質法的概念区分による準拠法分断は行うべきではなく，差止請求も損害賠償請求も，1つの準拠法，すなわち，ベルヌ条約5条2項により保護国法に連結すべきことになる[27]。

(2) 国際私法上の法律関係の性質決定の本質からのアプローチ

国際私法における法律関係の性質決定というのは，問題となる法律関係が国際私法上のどの単位法律関係に属するかを決める，準拠法決定のための重要な出発点となる作業であり[28]，各国法の基本的平等を前提に，実質法的価値からかけ離れた形で抵触法的正義を実現することをその基本的目的とする伝統的国際

私法方法論においては，一番中核をなす部分であるといえる。[29]

　性質決定の基準となる概念については，いずれかの国の実質法上の概念に従うべきではなく，法廷地の国際私法独自の観点から，法選択規則の目的・趣旨を考慮して，相対的に判断すべきとされており，それが通説的な立場である。[30] しかしながら，明確な基準がないこともあって，実際の運用においては，法廷地実質法上の概念及び価値判断が介入した形で性質決定されている判例が多数ある。[31]

　本件のような，知的財産権侵害に関する差止請求と損害賠償請求の準拠法を分けて判断することも，実は，差止請求と損害賠償請求の実質法的な概念区分から根拠づけられているといえる。すなわち，論者によると，損害賠償請求は，被害者に生じた過去の損害の填補を図ろうとし，主観的事情を要件とするものであり，差止請求は，故意過失を問わず将来的に行為の停止を求めるものとして，その趣旨も性格も異なり，根拠条文も同一でない，とされる。そこで，準拠法を分断しているのである。しかしながら，差止請求と損害賠償請求に関する実質法上の概念区分の下で，準拠法を分断することは，すでに示したように，国際私法本来の立場からは妥当ではない。[32]

　実質法的価値から中立的に法廷地の国際私法の立場から法律関係の性質を決定しようとする通説の立場からは，著作権侵害の差止請求と損害賠償請求を分けて判断することなく，違法行為に対する法的効果として一体的にとらえ，統一的に性質決定すべきであると思われる。

(3) 本件の場合

　それでは，著作権侵害事案において，差止請求と損害賠償請求が同時になされた場合に，どのように性質決定し，具体的な準拠法を如何に決めればいいのか。この点につき，私見の立場から少し述べさせていただくと，まず，差止請求と損害賠償請求の準拠法を分けることなく，ベルヌ条約5条2項により保護国法によらしめることになるであろう。その場合，保護国がどこになるのかが

問題となるが，一般に，保護国法とは，知的財産権の属地主義の原則から導かれたもので，「その領域について保護が求められているところの法」を意味すると認識されてはいるものの，「その領域について保護が求められているところの法」であるといいながらも，それが具体的にどこなのかについて，条約から明確な答えを得ることはできず，見解も多岐に分かれているのが事実である。事案によってその概念が明確ではなく，保護国と主張される国が複数あったりもする。この場合は，法廷地の国際私法側から判断するしかない。すなわち，法廷地の国際私法側ルールが介入して，当該事案において具体的な保護国法を決めることになる。日本の場合，知的財産権の侵害については，通則法上，具体的な規定がないため，不法行為の問題として通則法17条により，当該事案における具体的な保護国が決定されることになるであろう。本件の場合なら，法例11条1項により，具体的な保護国は，侵害行為が行われた日本になるであろう。

　一方，法廷地の国際私法側ルールが介入するとしても，法廷地が条約に加盟している以上は，条約の枠の中で判断しなければならない。すなわち，条約上の抵触既定である「保護国法主義」の根拠ともなる，知的財産権の実質法上の属地主義の原則（「権利効力の属地的限定」という意味でのそれ）の影響を，準拠法決定の際に直接受けることになる。特に，憲法体制の下，条約が国内法より優先して適用される日本が法廷地となった場合は，条約から導かれる知的財産権の属地主義の原則は法廷地において直接適用されることになるのである。したがって，具体的な準拠法決定の場面では，知的財産法の属地的効力範囲を超える域外適用や当事者による準拠法変更（通則法21条）はできなくなるであろう。なお，本件の場合は，知的財産権の属地主義の原則の直接適用の問題はとくに生じていない。

3 ベルヌ条約上の保護の有無と条約上の抵触規定の適用

　本件控訴審は，北朝鮮の著作物は，ベルヌ条約上保護されないとしつつも，上記で示したように，差止請求の準拠法についてベルヌ条約上の抵触規則を適用している。すなわち，控訴審判決は，ベルヌ条約で保護されない著作物についても，ベルヌ条約上の抵触規則を適用ないし類推適用して保護が要求される国の法令を準拠法として指定することが相当であるとしているのである。その理由として挙げているのが，ⅰ）わが国とこれら多くの加盟国との間においては，著作権に基づく差止請求という法律関係については，同条約5条(2)の定める抵触規則が適用されること，ⅱ）この抵触規則は，世界の多くの加盟国において適用される国際私法の規則となっていること，ⅲ）著作権の属地的な性質からすれば，保護が要求される国の法令を準拠法とすることに合理性がある，ということである。すなわち，ベルヌ条約上の保護が要求される国の法令を準拠法とするという条約上の抵触規定は，加盟国において一般的に妥当とされていることを主な理由としつつ，著作権の属地的な性質からも保護国法を表す条約上の抵触規定は合理性を持つとした。

　しかしながら，このような理由づけで，ベルヌ条約上の権利義務がないとする著作物に，条約上の抵触規定を適用ないし類推適用するのは，はたして説得力があるのであろうか。

　判旨からは，未承認国家の北朝鮮も一応加盟国であるので，ベルヌ条約上の抵触規定は適用されるということを意味するものと読めるかもしれない。しかしながら，最高裁の判旨からは，そもそも未承認国家の北朝鮮を日本が「同盟国」としてみているのかあいまいなところがある。[39]このような判旨の態度は，条約上の他の規定による保護は受けないとしながらも，抵触規定のみは適用ないし類推適用されるということには論理の一貫性がないようにもみえる。北朝鮮の国民の著作物に対してはベルヌ条約上の保護義務がないとした本判決の結論からは，ベルヌ条約上の他の規定（それが抵触規定であるにしても）は，適用

ないし類推適用することはないと考える方が素直かもしれない。それとも，準拠法を選択する段階では，北朝鮮も一応加盟国であるので，同条約上の抵触規定を直接適用してもよいとした方が，上記のような理由づけよりは説得力があるかもしれない。

いずれにせよ，未承認国家との間には普遍的価値を有する条約でないかぎり，条約上の権利義務がないとする本判決の立場からは，条約上の他の規定を適用ないし類推適用することには判然としないところがある。

かりに本件が，北朝鮮との間には，ベルヌ条約上の権利義務がないので，ベルヌ条約上の抵触規定は適用しないという前提に立っているとした場合，準拠法は如何に決定されるのか。考え方としては，通常の法廷地である日本の国際私法ルールに従い，準拠法を決めることになろう。具体的には，著作権侵害は，不法行為の問題であるので，不法行為と性質決定し，法例11条1項によることになるであろう。または，他の事例でもみられるように，著作権侵害についても，通則法上，何の規定もないので，条理によるとすることもできるかもしれない[40]。その上で，条理の判断として，上記のⅲ）のような，著作権の属地的な性質から，保護が要求される国の法令を準拠法とすることに合理性があるということを理由に，保護が要求される国の法令（保護国法）を準拠法とすることも可能であるかもしれない[41]。いずれにせよ，ここで注意すべきことは，知的財産権の属地主義の原則との関係である。なぜなら，同原則が法廷地である日本において絶対的に適用されるものとして解されるならば，準拠法決定に直接影響する余地はあるからである[42]。ただ，同原則の法的根拠を条約から導く私見の立場からは[43]，条約上の権利義務が発生しないとする未承認国家との間にも同原則が適用されるかという問題は依然として残る。

Ⅳ　本判決の結論から生じ得る国際私法上の問題点

本件裁判所は，北朝鮮の国民の著作物は，ベルヌ条約への北朝鮮の加入にも

関わらず，未承認国家である北朝鮮との間には，ベルヌ条約上の権利義務関係は発生しないため，日本では保護しないと結論づけた。以下では，このような本判決の結論が，今後北朝鮮の著作物をめぐる渉外事案において，どのような国際私法上の問題を生じさせ得るのか，そして政府見解を重視した本判決の趣旨がどこまで貫徹できるのかについて，若干の問題提起をしたい。

1　外国判決の承認執行の問題

まず最初に，外国判決の承認執行と関連して，問題が生じ得るであろう。例えば，北朝鮮の著作物の韓国人相続人または権利者が，日本で当該著作物が侵害されたとして，日本の侵害者に対して，韓国で訴訟を起こし（韓国で国際裁判管轄が認められたと仮定する），韓国で勝訴判決を得た場合，日本で当該判決は承認執行されるのか。韓国では，北朝鮮の著作物にも著作物性を認めて，韓国の著作権法上の保護を与えており，実際，北朝鮮の著作物に韓国の著作権法を適用した判例もある。[44]このような状況の下では，韓国において下された北朝鮮の著作物を認める判決が，日本で承認執行されるのかという問題が生じてくるであろう。日本で承認執行されてしまうと，日本で北朝鮮の著作物が保護される結果となり，北朝鮮著作物は保護しないとする本判決の趣旨と意図とは相容れないことになってしまう。

この点，国家政策的な理由などから，このような判決の承認執行を防ぐことは可能なのか。承認執行の判断にあたって，民事訴訟法118条3号の「判決の内容が日本の公序に反する」場合にあてはまるとして，承認執行を拒絶することができるかもしれない。しかしながら，渉外事案において公序の発動をなるべく消極的に考える伝統的な立場に立つ場合，「北朝鮮の著作物は日本で保護しない」というのが，日本の（国際私法上の）公序であるとまでいえるのか，という問題はあるであろう。そして韓国では，北朝鮮の著作物にも韓国の著作権法が及ぼし，理論上は韓国の著作物として保護しているという現実があるので，

そのような裁判の内容にまで踏み込んで，実質は北朝鮮の著作物であるからということで，公序を発動するのは，実質的再審査禁止の原則に反する恐れもあるのではないかという疑問もある。

2 北朝鮮の国民の著作物であることの判定問題

本件最高裁判決は，北朝鮮の国民の著作物は日本で保護しないとしており，「北朝鮮の国民の著作物」という用語を使っている。しかしながら，本件でいう「北朝鮮の国民の著作物」が，北朝鮮で発行された著作物のみを意味するのか，それとも北朝鮮国籍の者の著作物を意味するのか，判旨からは明らかではない。

かりに著作物の発行場所を基準とするならば，例えば，中国において北朝鮮国籍の者が中国で発行した著作物は，日本でベルヌ条約上の保護を受けるのか，という問題がある。ベルヌ条約3条1項は，同盟国の国民の著作物と，同盟国の国民でなくても同盟国で最初に発行された著作物は保護するとする。また，同2項は，非同盟国の国民でもいずれかの同盟国に常居所地を有するときは同盟国の国民とみなすとする。本件最高裁の判旨からは，北朝鮮を「同盟国（Union）」とみているのか否か明確ではないものの，ベルヌ条約の解釈上は，中国で発行された北朝鮮の国民の著作物（特に当該北朝鮮の国民が中国に常居所を持っている場合）は，保護されることになる可能性が高い。しかしながら，未承認国家である北朝鮮の国民の著作物に対しては，ベルヌ条約上の権利義務は生じないとする日本政府の立場を重視した本件最高裁判決の趣旨からすれば，上記のような北朝鮮国民の著作物に，直ちにベルヌ条約3条を適用し，日本での保護を与えることが，日本政府の立場を貫徹させるという意味で，はたして妥当なのかは疑問である。

また，国籍を基準に「北朝鮮の国民の著作物」と判断するとした場合，韓国における北朝鮮住民の国籍の扱いと関連して問題が生じ得る。すなわち，韓国

では，北朝鮮離脱者の韓国国籍付与が問題となった大法院判決において，「朝鮮人を父親として出生した者は，南朝鮮過渡政府法律（1948年5月11日）第11号国籍に関する臨時条例の規定により朝鮮国籍を取得し，制憲憲法（1948年7月17日）の公布と同時に大韓民国の国籍を取得したといえる。」とし，北朝鮮住民も当然ながら韓国国籍があると判断している。この点と関連して，もし韓国国籍を有する北朝鮮離脱者の韓国国籍取得前に北朝鮮で発行した著作物は，日本で保護されるのか，あるいは，中国で居住する北朝鮮住民が北朝鮮で発行した著作物に対して，上記韓国大法院判決を引用し，韓国国籍をも持っていると主張する場合は，当該著作物は日本で保護されるのか，といった問題も生じ得る。いずれの問題も，当事者の国籍は，当事者が国籍を主張する国の国籍法，つまり，韓国の国籍法によって判断されることになるが，北朝鮮住民の国籍の判断に関する上記の韓国大法院の判断が，北朝鮮の国民の著作物と関連した上記のような設例にまで影響するのか，その射程範囲は明確ではない。

また，国籍を持って北朝鮮著作物を判断するならば，在日朝鮮人の著作物を日本で保護する理屈についても明確にする必要があろうが，この点については，最初に日本で発行された著作物を保護すると定めた著作権法6条により日本で保護されることになるという説明が可能であろう。しかしながら，「在日」朝鮮人についてのみ「発行場所」を基準とするという明確な基準がない限り，上記に示したような中国で発行した北朝鮮国民の著作物の保護をめぐる問題は，依然として残るであろう。

以上にように，発行場所が北朝鮮でなく他の同盟国である北朝鮮の国民の著作物，そして韓国における北朝鮮住民の国籍の判断を渉外事案において如何にとらえるかによって，北朝鮮の国民の著作物が日本で保護されてしまうことになり，日本政府の立場を重視した本件判決の結論の趣旨を損なうことになる場面が生じ得るであろう。

V おわりに

　本件最高裁判決は，日本政府の見解を重視し，未承認国家である北朝鮮の国民の著作物は，北朝鮮のベルヌ条約への加入にかかわらず，日本で保護する同条約上の義務はないとした。しかしながら，国際私法の観点からは，本稿で検討したように，未承認国家であることが，国際裁判管轄，準拠法決定問題などの国際私法上の処理にはとくに影響せず，他の外国著作権の侵害事案と何ら変わらない。すなわち，本稿で検討した国際裁判管轄の決定，外国行政機関の当事者能力，そして差止及び損害賠償請求に関する準拠法の分断問題は，本件だけの問題ではないのである。ただ，本件は，条約上の抵触規定を，未承認国家であるため条約上の権利義務が生じないとした国との間にも適用しており，条約上の抵触規定が条約上の権利義務のない未承認国家との間の問題にも直接適用ないし類推適用できるかという問題を提起したことには特徴があると思われる。

　最後に，日本政府の見解を重視した本件最高裁判決の趣旨をどこまで貫徹できるかという観点から，今後北朝鮮の国民の著作物をめぐる渉外事案において，どのような問題が生じ得るかを検討したが，それらの国際私法上の問題は言ってみれば，未承認国家の北朝鮮に対してベルヌ条約上の保護義務は生じないとした本件判決の結論から出てくる問題であって，結論が異なれば生じない争点でもある[47]。

　いずれにせよ，本件は，とくに北朝鮮著作物にも権利を与えている国との関係で，今後増えてくるであろう北朝鮮の著作物関連の渉外事案において，大いに影響を及ぼすものとして国際私法の観点からも注目に値する。

(1) 知的財産権侵害と関連して，国際裁判管轄について述べることなく本案審理に入った事例のほとんどは，被告の住所地が日本にあるケースである。例えば，東京地判昭和28・6・12下民集4巻6号847頁，最判平成14・9・26民集56巻7号1551頁，東京地判

平成23・3・2平成19年(ワ)大31965号などがある。
(2) 裁判実務でこれをどこまで追求できるか難しい面はあるものの，渉外事案の基本からすると，準拠法を決める前にまず国際裁判管轄を決める必要があり，それへの判断・言及は必要であろう。
(3) 実際，北朝鮮法が適用された事例としては，札幌家審昭和69年9月13日家月38巻6号39頁，東京家審昭和59・3・23家月37巻1号120頁など。本件も当事者能力の有無の準拠法については，北朝鮮の民法を適用している。後掲Ⅲ1参照。
(4) 新しい国際裁判管轄法制は，2012年4月1日から施行されている。
(5) このような判断枠組みは，財産関係事件の国際裁判管轄に関するリーディングケースである最判昭和56・10・16民集35巻5号1224頁（いわゆるマレーシア航空事件）とその後の下級審判決における「特段の事情論」，そしてそれを最高裁として採用した最判平成9・11・11日により形成された。
(6) 改正民事訴訟法3条の2，3条の3の8号，3条の9参照。特段の事情論は，改正民事訴訟法の新しい国際裁判管轄法制において，明文の規定として盛り込まれている（同法3条の9）。
(7) 東京地判平成19・12・14（平成18年(ワ)第5640号，第6062号）〈判例集未搭載〉。
(8) 抵触規定の欠缺を理由に条理によらしめようとする現象について，「諸外国の学説にはあまり見られぬ反面，日本の国際私法学の学説ではまことに有力に説かれているところなのであって，実は，その点が日本的特異事情の一つと断じてよい」とし，成文法規のほとんど空白であった明治初年における代用基準を，現代においても適用しようとする不当性，裁判官の過度な負担，条理と国内法の峻別という条理説の前提が，実定法の中には条理が体現されている事態を無視している点を指摘する三ヶ月章「外国法の適用と裁判所」『民事訴訟法研究（第10巻）』（有斐閣，1962年）84−85頁は，外国法不明の際の条理説への批判ではあったものの，注目に値する。
(9) 石黒一憲『国際私法（第2版）』（新世社，2007年）378-379頁。
(10) 設立中の会社の発起人が締結した契約の会社に対する効力に関連して，これを会社の行為能力の問題と解し，法例3条1項を類推適用して会社の従属法に準拠すべきであるとしたものとして，最判昭和50・7・15民集29巻6号1061頁がある。
(11) 石黒『前掲書』（注9）383頁，同『新版 国際私法』（有斐閣，1990年）352頁以下。
(12) 道垣内正人＝櫻田嘉章『注釈国際私法 第1巻』（有斐閣，2011年）106頁。
(13) 神前禎＝早川吉尚＝元永和彦『国際私法（第2版）』（有斐閣アルマ，2012年）105頁，同前106-107頁。
(14) 法例3条1項につき，行為能力のみならず，権利能力も規定しているものと解するものとして，澤木敬郎＝道垣内正人『国際私法入門（第5版）』（有斐閣，2004年）143頁。
(15) 本件について，法人の従属法に関する通説の立場に立っても同様な結論が導けたと指摘するものとして，横溝大「未承認国家の著作物とベルヌ条約上の保護義務――北朝鮮著作物事件――」知的財産法政策学研究21号(2008年)276頁。

⒃　なお，この点につき，外国国家の法人格の付与という行為の承認の効果の問題として説明するものとして，横溝大「法人に関する抵触法的考察——法人の従属法か外国法人格の承認か」民商135巻 6 号（2007年）1045頁，横溝・同上，277頁があり，注目される。
⒄　石黒『前掲書』（注10）228-229頁，横溝「前掲論文」（注15）276頁。
⒅　但し，渉外事案における条理の適用については，前掲（注 8 ）参照。
⒆　同じく訴訟法上の概念である訴訟能力について，本国法上，訴訟能力なしとされても，日本法上は訴訟能力を有すべきときは，訴訟能力者とみなすとした民事訴訟法33条の外国人の訴訟能力に関する特則や，本国法上能力ありとされても，日本でその者を訴訟能力者とみることが問題だとされる場合には，能力なしとして取り扱うべきだとした東京地判昭和43・12・20労民集19巻 6 号1610頁などは，法廷地の手続法による最終判断をその前提にしているものといえる。石黒『前掲書』（注 9 ）229頁参照。
⒇　横溝「前掲論文」（注15）276頁。
(21)　東京地判昭和29・6 ・9 下民集 5 巻 6 号836頁。
(22)　知財高判平成20・12・24(平成20年（ネ）第10011号，第10012号)〈判例集未搭載〉。
(23)　東京地判平成16・5 ・31判時1936号140頁，東京地判平成19・8 ・29判時2021号108頁，東京地判平成21・4 ・30（平成20年（ワ）第3036号），東京地判平成24・7 ・11（平成22年（ワ）44305号）。なお，このような日本の下級審判決が韓国の判例にも影響していることについて，金彦叔『国際知的財産権保護と法の抵触』（信山社，2011年）174頁注）534頁。
(24)　ベルヌ条約5条2項の解釈に関する諸説については，金彦叔『知的財産権と国際私法』（信山社，2006年）59-64頁。
(25)　このような通説の立場は，同条文が自己完結的な抵触規定であるとみているようだが（道垣内正人「著作権をめぐる準拠法及び国際裁判管轄」コピライト40巻472号（2000年）14頁，同「国境を越えた知的財産権の保護をめぐる諸問題」ジュリスト1227号（2002年）55頁，田村義之『著作権法概説（第 2 版）』（有斐閣，2001年）562頁），はたしてそうなのかは疑問である。保護国法の決定への法廷地国際私法ルールの介入については，後掲注35）以下の本文，金『前掲書』（注23）195頁以下。
(26)　後掲（注33）以下の本文参照。
(27)　著作権侵害に基づく損害賠償請求についても，条約の趣旨から解釈し，ベルヌ条約 5 条 2 項により保護国法が適用されると解するものとして，道垣内正人〔判批〕L＆T56号（2012年）62-63頁。ちなみに，同59頁注 5 は，ベルヌ条約上の抵触法ルールに関して，同稿によるところの，「ベルヌ条約 5 条 2 項の保護国法とは法廷地法であり，その法廷地法には国際私法が含まれるとする法廷地国際私法説」として，金『前掲書』（注24）を引用するが，正確には正しくない。金『前掲書』（注23）91-93頁，97-98頁，同『前掲書』（注24）104頁，120-121頁にもあるように，金『前掲書』（注23）の立場は，ベルヌ条約 5 条 2 項の保護国法とは，知的財産の属地主義の原則から導かれた，保護国法への連結を示す抵触法ルールであることを認めたうえで，具体的な保護国法について

は，一般にその領域について保護が要求される国または利用行為地の法として解されてはいるものの，条約は明確な規定を設けていないため，実際の事案における具体的な保護国の判断の際には，抵触規定として保護国法を導いた知的財産権の（実質法上の）属地主義の原則の影響を受けつつ，法廷地の国際私法ルールが介入することになる，というものである。

(28) 山田鐐一『国際私法（第3版）』（有斐閣，2004年）47頁。
(29) 石黒『前掲書』（注9）195頁。
(30) 同上，197頁。
(31) 例えば，最判昭和53・4・20民集32巻3号616頁，最判平成6・3・8民集48巻3号835頁。
(32) 例えば，齋藤彰「米国特許権に基づく製造禁止請求等の可否」ジュリスト1179号（2000年）301頁は，差止請求は，「特許権の排他性に基づく物権的請求権類似のものと捉え」，損害賠償請求は「不法行為に基づくものとする日本の実質法の発想からは，国際私法上，両者を区別することは不自然とは言えまい」とし，「現実問題として，両者の準拠法は一致する場合が多いであろう」とするが，抵触法上の概念構成は，法廷地の実質法上の概念区分を抵触法に直ちに導入するのではなく，法廷地国際私法の立場から，各国実質法上の多様な制度・法概念を取り込む形で，包括的かつ中立的でなければならない。
(33) マックスプランク研究所の所長で，当時の西ドイツ司法省から知的財産権に関する抵触法ルールの草案作成を依頼された E. Ulmer が，ベルヌ条約上の「the laws of the country where protection is claimed」を「the law of the state for whose territory protection is claimed」としたことから起因する（E. Ulmer, Intellectual Property Rights and the Conflict of Law (Kluwer 1978), at 11）。Fawcett/Torremans, Intellectual Property and Private international Law (Oxford 1998), at 467 は，保護国法の意味を知的財産権の利用行為が行われた国の法である（the law of the country in which the work is being used, in which the exploitation of the work takes place）とする。
(34) 金『前掲書』（注24）60頁以下，同『前掲書』（注23）189頁以下。
(35) 例えば，国内の特許に基づいて行った国内での行為が，外国特許法を侵害したとされている場合，「その領域」について，特許権に基づく「保護が要求」されているところは，厳密には国内外いずれも該当する。この場合，保護が要求されているところは，もっぱら当該外国だということになると，当該外国の特許法が国内での行為に適用されることになる。これは，知的財産法の域外適用を容認することであり，知的財産権の（実質法上の）属地主義の原則に反する。
(36) ただちに条理によることへの不当性については，前掲（注8）参照。
(37) 金『前掲書』（注23）123頁。
(38) 石黒一憲『国境を超える知的財産』（信山社，2005年）185-187頁。金『前掲書』（注

24) 76頁，同『前掲書』（注23）103－105頁。
(39) 最高裁は，「我が国について既に効力を生じている同条約に未承認国である北朝鮮が加入した際，同条約が北朝鮮について効力を生じた旨の告示は行われておらず，外務省や文部科学省は，我が国は，北朝鮮の国民の著作物について，<u>同条約の同盟国の国民の著作物として保護する義務を同条約により負うものではない</u>との見解を示しているというのであるから，我が国は，未承認国である北朝鮮の加入にかかわらず，同国との間における同条約に基づく権利義務関係は発生しないという立場を採っているものというべきである。」としている（下線は筆者）。
(40) 但し，前掲（注8）。
(41) 特許権侵害の場合，最判平成14・9・29のいわゆるカードリダー事件判決では，米国特許権に基づく差止請求につき，特許権の効力の問題と性質決定し，その準拠法に関しては，法例等に直接の定めがないから，条理に基づいて，当該特許権と最も密接な関係がある国は，特許権の属地的な性質から，当該特許権が登録された国の法律によるとした。
(42) 前掲（注37）の本文参照。
(43) 金『前掲書』（注23）110頁以下，同『前掲書』（注24）87頁以下参照。
(44) 北朝鮮住民の著作物にも著作物性を認めて，韓国の著作権法を適用した事例として，大法院1990.9.28宣告89ヌ6396，ソウル地方法院1989.7.26宣告89カ13692（いわゆる小説「豆満江」事件）がある。
(45) 大法院1996年11月12日宣告96ヌ1221判決（いわゆる李英順事件）。
(46) 1930年国籍法抵触条約2条は，国籍の準拠法について，「人がある国の国籍を有するかどうかに関するすべての問題は，その国の法令に従って定まる」としている。
(47) 北朝鮮国民の著作物に対して，ベルヌ条約上の権利義務関係が生じないとした本判決の結論については，筆者は基本的に反対の立場にある。北朝鮮国籍者によるPCT（特許協力条約）に基づく国際特許出願が問題となった事案で，未承認国家である北朝鮮との間には，PCT上の権利義務関係は生じないとした東京地判平成23・9・15（平成21年（行ウ）第417号）と関連して，金彦叔「北朝鮮国籍者の国際特許出願とPCTの適用」ジュリスト1441号（2012年）143頁を参照されたい。

(名古屋大学大学院法学研究科特任准教授)

論　説　北朝鮮著作物事件

北朝鮮著作物事件
── 知的財産法の観点から ──

青　木　大　也

I　はじめに
II　北朝鮮著作物事件最高裁判決
　1　事案の概要
　2　判　旨
III　著作権法6条3号の適用につき
　1　著作権法6条
　2　ベルヌ条約
　3　本件最高裁判決の内容
　4　結論の実質的妥当性
　5　残された問題
IV　補論──不法行為の成否につき──
　1　本件最高裁判決の内容
　2　射　程
V　おわりに

I　はじめに

　本稿は北朝鮮著作物事件最高裁判決を素材に，主に知的財産法の観点から，我が国のベルヌ条約に基づく著作物保護と，北朝鮮が未承認国であることの関係について，検討するものである。したがって，一般的な国際法上の問題点等については，他の報告者の論稿に譲り，必要な範囲で触れるに留める。
　また本件最高裁判決は，著作権法において保護を受けられない著作物の利用

行為について，不法行為が成立するか否かについても，重要な判断を行っている。しかしこの点についても，本稿や本誌の性質上，最後に若干触れるに留める。

II 北朝鮮著作物事件最高裁判決

1 事案の概要

本件で問題となった著作物は，北朝鮮で製作された映画（以下本件各映画と呼称，後述の本件映画も含む）である。X2は北朝鮮の法令に基づく本件各映画に係る著作権者であり，X1はX2との間で映画著作権基本契約（以下，本件契約）を締結し，日本国内における独占的な上映，放送，第三者に対する利用許諾等について，その許諾を受けた者である。

Yは放送法に基づくテレビジョン放送等を目的とする法人であり，ニュース番組の中で，北朝鮮における映画を利用した国民に対する洗脳教育の状況を報ずる目的で，本件映画の主演を務めた女優が本件映画の製作状況等についての思い出を語る場面と，2時間を超える本件映画の一部とを組み合わせた内容の約6分間の企画を放送した。この中で，2分8秒間にわたり，本件映画の一部を放送した。

X1，X2は，本件各映画が，ベルヌ条約上我が国が保護義務を負う著作物であることを前提に，著作権法6条3号により我が国において著作権法の保護を受けるとして，主位的請求として，本件各映画の放送についての差止請求，及び本件映画についての著作権侵害（X2），独占的利用に係る権利の侵害（X1）に基づく損害賠償請求を行った。

更に予備的請求として，仮に本件映画が著作権法における保護を受けられずとも，X1，X2の本件映画について有する法的保護に値する利益の侵害を根拠に，不法行為に基づく損害賠償請求を行った。[2]

なお，ベルヌ条約は，昭和50年4月24日に我が国について効力を生じた。ま

た，北朝鮮は，平成15年1月28日，世界知的所有権機関の事務局長に対し，同条約に加入する旨の加入書を寄託し，同事務局長は，同日，その事実を同条約の他の同盟国に通告し，これにより，同条約は，同年4月28日に北朝鮮について効力を生じた。

ベルヌ条約は，同条約が適用される国が文学的及び美術的著作物に関する著作者の権利の保護のための同盟を形成すると規定し（ベルヌ条約1条），いずれかの同盟国の国民である著作者は，その著作物について，同条約によって保護される旨を規定する（ベルヌ条約3条(1)(a)）。また同条約は，同盟に属しないいずれの国も，同条約に加入することができ，その加入により，同条約の締約国となり，同盟の構成国となることができる旨規定するが（ベルヌ条約29条(1)），条約への加入について，同盟国の承諾などの特段の要件を設けていない。

我が国は，北朝鮮を国家として承認しておらず，また，我が国は，北朝鮮以外の国がベルヌ条約に加入し，同条約が同国について効力を生じた場合には，その旨を告示しているが，同条約が北朝鮮について効力を生じた旨の告示をしていない。そして，外務省及び文部科学省は，我が国が，北朝鮮の国民の著作物について，ベルヌ条約の同盟国の国民の著作物として保護する義務を同条約により負うとは考えていない旨の見解を示している。

2 判　旨

判旨1（著作権法6条3号の適用につき）

「一般に，我が国について既に効力が生じている多数国間条約に未承認国が事後に加入した場合，当該条約に基づき締約国が負担する義務が普遍的価値を有する一般国際法上の義務であるときなどは格別，未承認国の加入により未承認国との間に当該条約上の権利義務関係が直ちに生ずると解することはできず，我が国は，当該未承認国との間における当該条約に基づく権利義務関係を発生させるか否かを選択することができるものと解するのが相当である。

これをベルヌ条約についてみると，同条約は，同盟国の国民を著作者とする著作物を保護する一方（3条(1)(a)），非同盟国の国民を著作者とする著作物については，同盟国において最初に発行されるか，非同盟国と同盟国において同時に発行された場合に保護するにとどまる（同(b)）など，非同盟国の国民の著作物を一般的に保護するものではない。従って，同条約は，同盟国という国家の枠組みを前提として著作権の保護を図るものであり，普遍的価値を有する一般国際法上の義務を締約国に負担させるものではない。

そして，前記事実関係等によれば，我が国について既に効力を生じている同条約に未承認国である北朝鮮が加入した際，同条約が北朝鮮について効力を生じた旨の告示は行われておらず，外務省や文部科学省は，我が国は，北朝鮮の国民の著作物について，同条約の同盟国の国民の著作物として保護する義務を同条約により負うものではないとの見解を示しているというのであるから，我が国は，未承認国である北朝鮮の加入にかかわらず，同国との間における同条約に基づく権利義務関係は発生しないという立場を採っているものというべきである。

以上の諸事情を考慮すれば，我が国は，同条約3条(1)(a)に基づき北朝鮮の国民の著作物を保護する義務を負うものではなく，本件各映画は，著作権法6条3号所定の著作物には当たらないと解するのが相当である。最高裁昭和49年（行ツ）第81号同52年2月14日第二小法廷判決・裁判集民事120号35頁は，事案を異にし，本件に適切ではない。」

（なお判旨2（不法行為の成否につき）は，後述の「Ⅳ　補論：不法行為の成否につき」にて必要な範囲で言及するに留める）

Ⅲ　著作権法6条3号の適用につき

1　著作権法6条

我が国の著作権法は，著作権法による保護を受ける著作物として，著作権法

6条において3つのカテゴリーを設けている。我が国の国民の著作物（1号），我が国で最初に発行された著作物（2号，30日以内の同時発行含む），そして条約により我が国が保護の義務を負う著作物（3号）である。従って，著作権法6条は，同じ知的財産法である特許法25条1号，2号のように，いわゆる相互主義を採用しているわけではない。著作権法6条1号，2号に該当しない著作物については，他国において日本国民（の著作物）につきどのように取り扱われるかに関わりなく，あくまで我が国が条約上保護義務を負う著作物か否かが問題とされる。この点で，旧特許法下の事例ではあるが，当時未承認国であった東ドイツの国民による我が国への商標登録出願について，旧商標法の準用する旧特許法（大正10年法律第96号）32条に規定された相互主義に則り，これを認めた判例とは，区別することが可能である。本件判旨でも明確にこれを区別している。

2　ベルヌ条約

1で述べたように，我が国の国民の著作物でも，我が国で最初に発行された著作物でもない場合には，条約上我が国が保護義務を負う著作物（著作権法6条3号）であるか否かが問題となる。その際たるものが，ベルヌ条約により規定された著作物の保護義務である。

ベルヌ条約は，著作権の属地性の結果，各国で保護の対象や程度が異なる状況を改善すべく，保護すべき著作物，権利内容及び保護期間についてミニマム・スタンダードを定めたものである。例えば具体的な権利としては，著作権として，複製権（ベルヌ条約9条）や翻訳権（ベルヌ条約8条）等，著作者人格権として，創作者であることを主張する権利，著作物の変更等であって名誉声望を害するおそれのあるものに対して異議を申し立てる権利（ベルヌ条約6条の2）が定められている。ベルヌ条約によって保護を受ける著作物の著作者は，その著作物の本国以外の同盟国において，内国民待遇原則（ベルヌ条約5条(1)

にしたがい,「その国の法令が自国民に現在与えており又は将来与えることがある権利及びこの条約が特に与える権利を享有する」[7]。

ベルヌ条約によって保護を受ける著作者・著作物について,その原則はベルヌ条約3条において規定されている。ここでは,著作者が同盟国の国民であれば,その著作物は発行の有無に関わらず保護を受けることができる(同盟国の常住所を有する者を含む。ベルヌ条約3条(1)(a),3条(2))。また著作者が非同盟国の国民であっても,その著作物は同盟国における第一発行を要件に保護される(同時発行,30日の例外ルールも含む。ベルヌ条約3条(1)(b),3条(4))。

従って,我が国は同盟国の国民であれば,ベルヌ条約3条(1)(a)に基づき,その著作物を我が国において保護する必要がある。この点,Ⅱ1で触れたように,北朝鮮は我が国より後ではあるが,ベルヌ条約に加盟している。しかし,我が国は北朝鮮を国家承認していない。本件で検討されたのは,我が国がベルヌ条約上,未承認国である北朝鮮の国民の著作物を保護する義務があるのか,という点である。

3 本件最高裁判決の内容

(1) 基準

この問題につき,最高裁は二段構えの基準を明らかにした。すなわち,まず基本的なルールとして,我が国に遅れて条約に加盟した未承認国との間では,原則として直ちに権利義務関係は生じず,我が国が選択することができるとしている[8]。

他方で,「当該条約に基づき締約国が負担する義務が普遍的価値を有する一般国際法上の義務であるときなど」の場合は,例外的な取扱いを認めるとしている。そのような義務については,未承認国との間でも負担するとの趣旨と理解される。ここでの「普遍的価値を有する一般国際法上の義務」という文言やその内容如何については,疑問を呈する見解もある[9]。原審ではジェノサイド条

約等を例に挙げつつ「国際社会全体に対する義務」という表現が用いられたが，これと対比すると，素直に見る限り，理論的には，普遍的価値を有しない一般国際法上の義務は負う必要がないという意味で，より制限的に理解され得る。また内容面としても，少なくとも同レベルのものと理解されよう[10]。

この一般論自体については，特にベルヌ条約に特有の事情は指摘されていないことから，ベルヌ条約に限らず，他の我が国と北朝鮮に関わる多数国間条約にも及ぶ判断であろう（もちろんあくまで基準が適用されるだけであるから，当てはめの結果結論が異なることはあり得る）。他の知的財産関係条約についても及ぶものと思われ，現に我が国と北朝鮮が（本件同様の順序で）加盟している特許協力条約（PCT）については，本件と並行して，北朝鮮の国民等の我が国におけるPCT出願の可否という形で争われており，知財高裁は本件最高裁判決の一般論を（「参照」を付すことなく直接に）引用している[11]。パリ条約に関しても同様の判断基準が採用されることとなろう。

また，北朝鮮に限定する判示でもないため，他の未承認国との関係でも同様に理解されると思われる[12]。

(2) 当てはめ

そして本件判旨では，①ベルヌ条約の課す義務が「普遍的価値を有する一般国際法上の義務」に該当しないという当てはめを示した上で，②北朝鮮加盟に関わる告示の無いことや，外務省及び文部科学省の否定的見解から，我が国と北朝鮮との間でベルヌ条約上の権利義務関係は発生していないと結論付けている。

②の当否を論ずる能力はないため，本稿では特に①の判断について注目してみたい。

ベルヌ条約が「普遍的価値を有する一般国際法上の義務」を締約国に負担させるものではないとする判断のために，最高裁によって指摘された事情は，①同盟国の国民の著作物は自動的に保護される（ベルヌ条約3条(1)(a)），②非同盟

国の国民の著作物は，同盟国において最初に発行されるか同時発行の例外の場合のみ保護される（ベルヌ条約3条(1)(b)），③「など」という3点であった。これにより，ベルヌ条約は「同盟国という国家の枠組みを前提として」いるものとされた。

もっとも，このような条約の仕組みから直接「普遍的価値を有する一般国際法上の義務」該当性を否定するのは，一見すると形式的に過ぎるようにも思われる。ともすると，単に形式的に，同盟国と非同盟国とで取扱いに違いがある条項の存在を指摘したに過ぎないように読めるためである。ここでは，ベルヌ条約上で，同盟国の国民の著作物と非同盟国の国民の著作物とを区別してよい（保護義務が普遍的価値を有しない）理由が反映された条文として指摘されたと見るべきであろう。したがって，ベルヌ条約で課される義務の中身について，実質的な検討が必要になる。

(a) 義務の本質——著作権の性質論——

第1に，保護義務の対象となっている著作権自体の性質から，「普遍的価値を有する一般国際法上の義務」該当性を導くことができないか，検討する。著作物の保護に関する趣旨については，大きな2つの流れが存在している。簡単に触れると，インセンティヴ論の立場は，原則自由利用可能な情報につき，排他的権利を与えることで，創作活動を活発化させるとする理解である。他方，自然権論の立場は，自らの思想・感情の表現として創作した著作物について，著作者は本来的に権利を有するとする理解である。

前者の立場によれば，まさに著作権は各国の政策に基づく権利であることとなり，少なくともその保護が「普遍的価値を有する一般国際法上の義務」とは言い難いであろう。

他方で，後者の立場によれば，政策的判断を待たずに当然に付与される権利として，一定の普遍性を見出すこともできよう。しかし，その保護が「普遍的価値を有する一般国際法上の義務」とまで言えるかは，疑問が指摘されている。

人命等と対比した場合の重要性はそこまで高くないであろうし、自然権と言えど、著作物の利用との関係で、その保護には政策的な考慮が働くこともありうるためである。[17]

このように考えると、いずれの立場に立っても、実質的に見て、著作物の保護が「普遍的価値を有する一般国際法上の義務」には該当しないという帰結を導くことができよう。

(b) 義務の範囲——非同盟国の国民の保護——

第2に、以上のような著作権の本質論自体から導けないとしても、条文構造からすると、同盟国の国民かそうでないかに関わらず、同盟国で第一発行される限りは、同盟国において保護されるという限度で、著作物の保護に一定の普遍的な性格が見受けられるようにも思える。これは実際の条文から見て、普遍性があり得るという、(a)とは逆の順序の検討と位置づけられる。

しかしこの点についても「普遍的価値を有する一般国際法上の義務」であることを肯定するには至らないであろう。そもそも非同盟国の国民についてもベルヌ条約による保護の余地を認めたのは、著作者の権利の性質（これについては先に触れた通り、普遍性を根拠づけるものとは言い難い）に加えて、非同盟国の同盟加入へのインセンティヴを与えるためだとされている。[18]従って、この限度でもある種の国家による政策的判断が介在した保護義務であるということができ、最高裁の判断は首肯できよう。

本件に係る上記(a)(b)と直接に対応するものではないが、このような実質的な検討を行った例として、先に紹介したPCTに係る知財高裁判決を挙げることができるであろう。ここでは本件の一般的基準を前提に、当てはめの段階においては、我が国と北朝鮮の加盟順序に加え、「PCTは、多数の国において特許出願を行うことの煩雑さ、非効率さや、特許庁が同一の発明について重複業務を行うことの非効率さを解決するために、国際出願制度を創設し、同盟国の間で特許出願、その出願に係る調査及び審査における協力を図ること、並びに同

盟国において特別の技術的業務の提供を行うことを主な目的とした条約であり，パリ条約19条における「特別の取極」に該当し……，したがって，PCTは，締約国における工業所有権の保護を図るものであり，これを超えて，普遍的価値を有する一般国際法上の義務を締約国に負担させるものではない」点を指摘した上で，行政府の否定的選択を支持している。「普遍的価値を有する一般国際法上の義務」該当性を判断するに際し，最高裁のように条文だけを摘示するのではなく，条約の具体的内容（締約国間の手続的・技術的な条約であること）を確認している点が注目される。

4 結論の実質的妥当性

(1) 批判

以上のように，最高裁の定立した一般論の理論的帰結からすれば，本件最高裁判決の結論は賛成できる。しかし，実質的な妥当性については，以下のように批判が提示されている。

第1に，著作物が保護されてないという状況自体が，好ましいものではないとする指摘がある[19]。特にベルヌ条約の本来の役割が著作物の保護であることからすれば，それを蔑ろにする帰結には，批判も考えられる。また，無方式主義や民事上の普遍性を強調して，その保護を認めるべきとする指摘もある[20]。

第2に，北朝鮮は著作物の保護に関する限り，為すべきことを為しているのではないかとの指摘があり得る。ベルヌ条約3条は，先ほど触れたように，非同盟国のベルヌ条約への加盟（と制度の改善）を期待している。北朝鮮としてはその要請に応えて，ベルヌ条約に加盟している。更に，著作権法6条の趣旨も，適切な保護を与えない他国の制度の改善にあるのならば，ベルヌ条約に加盟し，それに合致するような制度を構築したであろう北朝鮮の国民の著作物についても，保護を及ぼす方が適切ではないかとも考えられる[21]。

第3に，我が国が北朝鮮の国民の著作物を保護しないとすることで，我が国

の国民の著作物についても，北朝鮮で保護されなくなってしまうのではないかという疑問もある。一審での原告の主張として，判決文では「北朝鮮著作権法において，同国が加入した条約の加盟国の著作権を保護する旨を規定し，北朝鮮文化省が日本の著作物を保護するとの意思表明をしていること，北朝鮮の著作物が我が国において保護されないということになると，北朝鮮において我が国の著作物が保護されないといった事態が生じ得る」との言及があり，学説上も懸念されているところである[23]。

(2) 最高裁のスタンス

このように，結論の妥当性に関するベルヌ条約や著作権法から見た疑問はあるものの，裁判所は国際法上の未承認国と条約の取扱いに関する一般論を定立することで，結果として，実質的妥当性に関する判断を行わずに事案を処理したと評価できるであろう。その意味で，最高裁は（少なくとも判決文上では）実質的妥当性に関する問題を気にする必要がなかったとも言いうる。

そしてその判断は，行政府の権限と責任において行われることとなり，裁判所はこれを尊重することとなろう。もっとも，司法による法的観点に基づいた判断が行われるべきであったとの指摘もある[24]。

5　残された問題

ここまでは，本件最高裁判決の判旨にしたがって，その検証を行った。

以下では，本件では判断の対象となっていなかった点について，検討を試みる。

(1) 「など」の取扱い

本件最高裁判決は，「普遍的価値を有する一般国際法上の義務であるときなど」と言及するように，条約上の義務が普遍的価値を有する一般国際法上の義務でなくても，場合によっては行政府の選択を待たずに義務を肯定する余地を残している。

この点について,「条約の目的や趣旨に鑑みて,裁判所が独自に未承認国との間における条約上の権利義務関係の成立を認定する余地があり得る」との指摘もある。[25]もっとも本件に限っては,やはり義務の肯定は未承認国の産業・文化政策に寄与する側面もあることから,国家承認を待つべきとの結論に差はなく,やはり否定的に理解されようか。[26]

また事務局の経費負担や投票権の取扱いといった事項に関連する義務についても,「など」の文言で理解することになろう。[27]

加えて,多数国間条約において,未承認国との間でも効力を有する旨の明示的条文や黙示的文言等が存在する場合[28](例えば本件で言えば,未承認国である北朝鮮についても,ベルヌ条約の文言上,同盟「国(countries)」に該当するとの理解が考えられる)[29]も,最高裁の一般論を前提にする限り,この文言で処理することになろう。

理論的には以上のような整理となろうが,しかし本件最高裁判決は,特に「など」について検討を行っていない。この点に関わる判断は必要なかった,あるいはこの点に関わる十分な主張がなかったと評価された可能性もあるが,結果として,「など」の内容は現在のところ不明確なままとなっている。[30]

(2) 著作者人格権の場合

本件はいわゆる著作財産権が問題となった事案である。仮に本件で問題となったのが同一性保持権等の著作者人格権であった場合に,結論に差が生じたであろうか。

著作者人格権についても,既に述べた通りベルヌ条約6条の2に規定が存在している。この点について,著作者人格権に関してはベルヌ条約3条(1)(a)の適用を前提とせずとも,保護の余地がありうるとする見解も見受けられる。[31]

しかし実質的に見ると,著作者人格権は著作物の存在を前提としたものと理解される。この点で生命や身体といった普遍性にそれほど疑義のない人間の権利・利益を保護するといったものとは,性質が異なるように思われる。また,

著作者人格権は，一定の行為の結果「名誉又は声望」を害するおそれのある場合に機能することからしても，（必要条件に過ぎないとはいえ）同様の疑問が生じよう。また，ベルヌ条約を素直に読む限り，著作者人格権もベルヌ条約5条に言う「この条約によって保護される著作物に関し…この条約が特に与える権利」に該当すると読めるであろう。つまり，著作物の保護が前提の権利と考えられる。

このような理解からすると，著作者人格権が問題となった場合についても，本件同様の解決となろう。

(3) 他の北朝鮮の国民の著作物の取扱い

本件では北朝鮮で製作された北朝鮮の国民の著作物につき，ベルヌ条約3条(1)(a)による保護を受けることができないとされた。ではそれ以外の場合に本件の趣旨は及ぶのであろうか。例えば，北朝鮮の国民がベルヌ条約の同盟国である中国において，自己の著作物を第一発行した場合，どのように取り扱われるであろうか。

本件最高裁判決を含め，現在の法制度によれば，著作権法6条により我が国において保護される著作物について，条文の適用関係は以下のように整理できよう。

図表　6条の適用関係

	日本第一発行	中国第一発行	北朝鮮第一発行
日本国民	6条1号	6条1号	6条1号
中国国民	6条2号	ベルヌ条約3条(1)(a)→6条3号	ベルヌ条約3条(1)(a)→6条3号
北朝鮮国民	6条2号	？	保護されない

我が国の国民であれば，著作権法6条1号によって保護を受けることができる。発行の有無，発行地に関わらない。また，我が国で第一発行された著作物には，著作権法6条2号により，著作者の国籍に関わらず著作権法の保護を受けることができる。したがって，北朝鮮の国民であっても，その著作物を我が

国で第一発行すれば，我が国の著作権法によって保護を受けることができるであろう。

その上で，これらの要件を満たさないものであっても，我が国が条約上保護する義務のある著作物であれば，著作権法6条3号によって保護を受けることができる。例えば中国の国民については，ベルヌ条約の同盟国の国民であることから，ベルヌ条約3条(1)(a)によって保護を受けることができる。なお，著作権法6条3号は「前2号に掲げるもののほか」となっていることから，6条3号に対して1号，2号が優先的に適用されると理解される。(34) したがって，例えば中国の国民の著作物が我が国で第一発行された場合には，3号ではなく2号の適用を受けることになろう。

さて，北朝鮮の国民が中国において第一発行した著作物が，我が国で保護されるかどうかという点については，本件最高裁判決は直接には判断していない（本件最高裁判決は「我が国は，同条約3条(1)(a)に基づき北朝鮮の国民の著作物を保護する義務を負うものではなく」と言及するのみである）。もっとも，本件最高裁判決ではその一般論において，我が国は北朝鮮との関係で原則として条約上の義務を負わないとしていることから，その限度で趣旨は及ぶものと理解されよう。

しかし，北朝鮮の国民が中国で第一発行した場合に，その保護を我が国において認めないとすることは，以下の理由から，実質的に適切ではないとも考えられる。まず，同盟国での第一発行については，非同盟国の国民ですらその著作物の保護を受けうるものである（ベルヌ条約3条(1)(b)）。これを前提に実質的に見ると，バランスからして（未承認国ながらも同盟に加入している）北朝鮮の国民についてもこの限度で保護を認めるべきではないかと考えることもできよう。

また，ベルヌ条約が発行地基準を採用していたように，(35) 著作者の国籍ではなく，著作物の発行地に注目することも十分に考えられる。発行地を基準とする考え方は，著作者（の私権）に注目するのではなく，「商業的な収益に係る権利は第一発行地にのみ依存する」(36) ことから，発行地に注目するものである。この

ような考え方を敷衍すると，発行地である同盟国の（商業的）利益をも，ベルヌ条約上の保護を考える要素となるのではないか。つまり，我が国と北朝鮮との関係如何にかかわらず，同盟国であり発行地である中国との関係で，北朝鮮の国民の著作物につき保護の必要があるのではないか，という考えもありえよう。この場合，著作物を保護される国民の国籍と保護義務の相手方として考えるべき発行地たる相手国とが分離することとなろうか。

以上のような実質的な判断を肯定するために，最高裁の判断を前提に，理論的な根拠を提示するとすれば，以下のようになろう。

第1に，北朝鮮との関係に注目し，ベルヌ条約3条(1)(a)について検討すると，本件最高裁判決は北朝鮮との間ではその適用を原則として否定している。これは一般論としての判断であることは既に述べたとおりであり，「普遍的価値を有する一般国際法上の義務」該当性も期待できないであろう。しかし例外として，先述の「など」の文言によって，「未承認国の国民であってもその著作物を同盟国で第一発行する」限度において，条約の趣旨・目的から同盟国である我が国は保護義務を負う，と解釈することが考えられる。あるいはこの限りでベルヌ条約上の同盟国に該当するという文言解釈もありえるかもしれない。

第2に，中国との関係に注目し，ベルヌ条約3条(1)(a)や3条(1)(b)を根拠とすることも考えられる。この考え方からすると，国家承認された同盟国との関係なので，本件判旨で示されたような問題は生じない（行政府の選択の余地もない）。条文上我が国から見て北朝鮮の国民は同盟国の国民なのか非同盟国の国民なのかは明らかではない（特に後者は，同条項はあくまで非同盟国の国民に関する規定であり，未承認国とはいえ，同盟国の国民と言いうる北朝鮮の国民について，同条項の適用を認めてよいのか，文言上の疑義はある）が，いずれにしても，両条項からすれば，誰であれ同盟国での第一発行の限度では発行国との関係で保護すべきという趣旨が導けよう。

第3に，いずれの考え方も採用しない場合に，北朝鮮との関係で，行政府の

判断を待つことになろう。なお外務省・文科省の回答においては「北朝鮮の「国民」の著作物について、ベルヌ条約の同盟国の国民の著作物として保護する義務」を負わないとしているのみであり、同盟国での第一発行との関係については特に言及がない。

　　　　Ⅳ　補論──不法行為の成否につき──

以下では、判旨2に則りながら、一般不法行為の成否について検討する。もっとも、Ⅰで触れたように、本稿や本誌の性質上、概観するに留める。

1　本件最高裁判決の内容

本件では原審からX1による予備的請求として、Yの本件放送が一般不法行為を成立させるかが争われ、原審は不法行為の成立を肯定した。

従前より下級審において、原告作品が著作物ではない、あるいは原告作品のうち利用されている部分が著作物性を欠く場合等であっても、保護の必要性から不法行為の成立を認めてきた[37]。

最高裁は、判旨として、6条各号「所定の著作物に該当しない著作物の利用行為は、同法が規律の対象とする著作物の利用による利益とは異なる法的に保護された利益を侵害するなどの特段の事情がない限り、不法行為を構成するものではない」と述べた上で、①独占的利用に係る利益は著作権法の規律の対象たる利益であり、不法行為とならないこと、②営業上の利益侵害については、後述2(2)で述べる事情を指摘して、それには到底至らないことを指摘し、結論としては原審の判断を否定し、不法行為の成立を認めなかった[38]。

2　射　程

本件最高裁判決を前提に、以下の4点につき、若干の検討を行う。

(1)　6条3号に限定されるか

本件最高裁判決は著作権法6条3号不適用の著作物に関する判断であり，特に従前の著作物ではない場合の不法行為の成否とは違いがある。しかし「著作権法は，著作物の利用について，一定の範囲の者に対し，一定の要件の下に独占的な権利を認めるとともに，その独占的な権利と国民の文化的生活の自由との調和を図る趣旨で，著作権の発生原因，内容，範囲，消滅原因等を定め，独占的な権利の及ぶ範囲，限界を明らかにしている」ことが一般論の理由となっていることからすると，6条3号に限らず，他の規定（例えば2条1項1号の著作物性等）に関する場合にも及び得るものと理解されるであろう。[39]

(2) 具体的な営業上の利益侵害の成立余地

本件最高裁判決では，被告Yの本件放送につき，「テレビニュース番組において，北朝鮮の国家の現状等を紹介することを目的とする約6分間の企画の中で，同目的上正当な範囲内で，2時間を超える長さの本件映画のうちの合計2分8秒間分を放送したものにすぎ」ないことを前提としている。したがって，被告の態様如何によっては営業妨害による営業上の利益の侵害が成立する余地がある（例えば全編放映等）。[40]

他方，仮に本件映画につき，著作権法6条3号による保護を与えた場合であっても，以上の事情に鑑みれば，事案の処理としては，時事の事件の報道のための利用（著作権法41条）や，引用（著作権法32条1項）により著作権侵害を否定ことができたのではないかとの指摘がある。[41]

(3) 「異なる法的に保護された利益」

本件最高裁判決では営業上の利益が検討されたが，他にどのような利益が「異なる法的に保護された利益」として検討され得るのかは，明らかではない。[42]

(4) ベルヌ条約上の不保護との関係

原審のように不法行為の成立を認める場合，ベルヌ条約に係る不保護と矛盾はないか問題となりうるが，[43]著作権法の規律と「異なる法的に保護された利益」に基づく請求ならば，矛盾はないと言えるであろう。

V おわりに

　以上の通り，北朝鮮著作物事件最高裁判決を素材に，その理論構成や影響を，知的財産法の観点から検討してきた。

　知的財産法との関係では，判旨1については，我が国が国家承認していない未承認国の数が限られるなど，現実的なインパクトはともかくとして，理論的には興味深い問題点を含むものであった。判旨2については本稿では詳論しなかったが，今後ともホットな問題となろう。また本稿では検討の対象としなかったが，一審や原審も含め，国際法，国際私法との関係でも，意義のある事例であったと言えよう。

　しかし既に触れたとおり，明らかになっていない点も多い判断でもあった。特に知的財産法の観点からも，判旨1，判旨2共に検討すべき課題があることは既に述べた。今後はその判断の精緻化が進むこととなろう。その動向が注目される。

---

(1) 最判平成23・12・8民集65巻9号3275頁。なお一審は東京地判平成19・12・14平成18年（ワ）6062号，原審は知財高判平成20・12・24平成20年（ネ）10011号。

(2) なお，本文で紹介した本件対フジテレビの事件の他，同様の点が争われたものとして，対日本テレビの一連の事件がある。一審は東京地判平成19・12・14平成18年（ワ）5640号，控訴審は知財高判平成20・12・24平成20年（ネ）10012号，最高裁は最判平成23・12・8平成21年（受）604号，平成21年（受）605号。ほぼ本件同様の判断であることから，以下では民集登載判例である対フジテレビ事件を検討対象とし，対日本テレビ事件も含め，これらに関する判批等は特に区別せずに言及する。

(3) 特許法と同様の相互主義を規定しなかった理由として，①相互主義を採用した場合，今まで保護の対象とはなっていなかった著作物の著作者に新たな保護を与えることになり，その影響につき慎重な考慮が必要であったこと，②非同盟国の国民が同盟国に常居所を持つ場合の例外規定（ベルヌ条約3条(2)）との関係でも懸念があったことから，採用を見送ったとの指摘がある。国立国会図書館調査立法考査局『著作権法改正の諸問題──著作権法案を中心として──』（1970年）239-240頁。

(4) 最判昭和52・2・14集民120号35頁〔東ドイツ事件〕。

(5) 小泉直樹「判批」『ジュリスト』1437号（2012年）7頁。
(6) 土肥一史『知的財産法入門（第14版）』（中央経済社，2013年）365頁。
(7) ベルヌ条約の訳は著作権情報センターのウェブサイトで公開されているものによる（以下同様）。http://www.cric.or.jp/db/treaty/t1_index.html
(8) ここでの我が国の選択は，憲法上の外交関係を処理する権限（憲法73条2号，3号）に鑑み，原則として内閣において選択し得るものと理解される。山田真紀「判解」『Law & Technology』56号（2012年）85頁。
(9) 江藤淳一「判批」『法学セミナー増刊・速報判例解説　新・判例解説 Watch』11号（2012年）314頁，北村朋史「判批」『ジュリスト臨時増刊平成24年度重要判例解説』（2013年）280頁。
(10) 横山久芳「判批」『民商法雑誌』146巻6号（2012年）548頁は，「普遍的価値を有する一般国際法上の義務とは，集団殺害や拷問の禁止等，普遍的な国際公益の実現を目的とする義務を意味する」と指摘する。また上野達弘「判批」『AIPPI』57巻9号（2012年）566頁では，「義務の内容が「普遍的価値」に関わるか否かを問題としている」と指摘する。
(11) 知財高判平成24・12・25平成23年（行コ）10004号。なお一審は平成23・9・15平成21年（行ウ）417号であるが，こちらは本件最高裁判決以前の事案であり，本件原審判決を参照しつつ，主に政府見解を尊重する観点から，特許協力条約に係る権利義務関係の発生を原則どおり否定する立場を採ったと評価されている。金彦叔「判批」『ジュリスト』1441号（2012年）144頁。
(12) なお台湾については，ベルヌ条約に加盟しておらず，また北朝鮮と同じく我が国による国家承認を受けていない。しかし，台湾はWTO協定において，「独立の関税地域」（WTO協定12条1項）としてWTOに加盟しており，これを根拠にTRIPS協定が適用されるため，我が国との間でベルヌ条約上の保護関係が生じると理解することができる。この点は本件第一審において検討されている。なお山田「前掲判解」（注8）85頁。
(13) ここで触れられている「など」の内容は明らかではないが，例えば報復措置（ベルヌ条約6条）の存在等も挙げられよう。同盟国は，自国民の著作物に十分に（in adequate manner）保護を与えていない非同盟国の国民の著作物について，その保護を制限することが条約上認められている。これも同盟国の国民の著作物と非同盟国の国民の著作物とで取扱いに差異を肯定する一場面ということができよう。
(14) 極論すれば，形式上，条約は基本的に締約国と非締約国とで取扱いが異なるとも言いうる。
(15) 上野「前掲判批」（注10）567頁，張睿暎「原審判批」『著作権研究』36号190頁。この点，丁文杰「判批（上）」『知的財産法政策学研究』41号（2013年）347頁では，「著作権保護の本質論という大上段の議論まで行く必要はなかった」と指摘する。確かに，未承認国との間でも我が国がベルヌ条約上の保護義務を負うかどうかが明らかになればよいのであるが，最高裁の（ベルヌ条約に限られない条約一般に関する）判断基準を前提に，

ベルヌ条約で規定されている著作物保護義務の具体化としての著作権（そしてこれは加盟国である英米法諸国も大陸法諸国も是認しているものである）の性質論を検討することは，その保護義務の「普遍的価値を有する一般国際法上の義務」該当性を検討する1つのルートとしてあり得るものと思われる。

(16) 上野「前掲判批」（注10）567頁。
(17) 同上。
(18) Sam Ricketson & Jane C. Ginsburg, *International Copyright and Neighbouring Rights : The Berne Convention and Beyond* (2nd ed., vol.1, Oxford University Press, 2006), p.102.
(19) 茶園成樹「一審判批」『知財管理』58巻8号（2008年）1102頁（但し，行政府の外交政策の決定権限を重視し，保護義務を否定する一審判決の結論に賛成する），江藤淳一「一審判批」『法学セミナー増刊・速報判例解説』2号（2008年）254頁。
(20) 原審に対する批判であるが，木棚照一『国際知的財産法』（日本評論社，2009年）326頁。
(21) 茶園「前掲一審判批」（注19）1103頁。
(22) 北朝鮮文化省提出の意見書においても「我が国は，「ベルヌ条約」の同盟国である日本国の著作権について「ベルヌ条約」に従って保護する意思は有しているが，仮に日本国において相互順守が出来ない事が確定した場合には大変遺憾に思うと同時に，我々にとって日本国の著作権を保護する義務がなくなるであろうことを憂慮している」との言及がある。
(23) 髙部眞規子『実務詳説著作権訴訟』（金融財政事情研究会，2012年）398頁，西口博之「判批」『知財ぷりずむ』113号（2012年）7頁，木村栄介「判批」『ビジネス法務』2012年4月号67頁。
(24) 諏訪野大「判批」『判例評論』648号（2013年）146頁。もっとも，本稿の理解からすると，「普遍的価値を有する一般国際法上の義務」該当性や，後述する5(1)の「など」該当性の判断において，司法としての判断を一定程度は示す余地があると評価することができる。
(25) 横山「前掲判批」（注10）549頁。
(26) 同上，550頁。猪瀬貴道「一審判批」『ジュリスト』1366号（2008年）175頁は義務の発生を認めるべきとする。
(27) 田村善之「民法の一般不法行為法による著作権法の補完の可能性について」『コピライト』2011年11月号40頁。
(28) 丁「前掲判批（上）」（注15）347頁。
(29) 猪瀬「前掲一審判批」（注26）174-175頁，横溝大「原審判批」『著作権法判例百選（第4版）』（2009年）229頁。
(30) 先に触れたPCTに係る知財高裁判決においても，「など」に係る当てはめでの言及はなかった。
(31) 臼杵英一「原審判批」『ジュリスト臨時増刊平成20年度重要判例解説』（2009年）323頁。

(32) Ricketson and Ginsburg, *supra* note 18, p.237.
(33) なお本件では，ベルヌ条約3条(1)(a)を根拠に著作物の保護を求めていたことから，著作物の発行については認定がなされていない。しかし少なくとも同盟国の国民が当該同盟国において発行した場合については，ベルヌ条約3条(1)(a)以外に保護されるべきルートはないと考えられることから，表のように整理した。
(34) 加戸守行『著作権法逐条講義（5訂新版）』（著作権情報センター，2006年）95頁では，これを理由に，日本国民の著作物がフランスで第一発行された場合に，条約上の保護義務に基づく3号ではなく，1号を適用する旨言及している。
(35) かつてベルヌ条約の立て付けは，未発行著作物については同盟国の国民が保護され，発行後については，同盟国における第一発行が保護の条件であった。しかし，このルールにおいては，同盟国の国民において，未発行の段階ではその著作物が保護されていたにもかかわらず，非同盟国において第一発行を行った後は，ベルヌ条約による保護を受けられないというアンバランスな結果が生じかねなかった。そのため，改正により，現在のベルヌ条約3条のように，同盟国の国民については国籍を基準として保護を認め，非同盟国の国民については同盟国における第一発行を基準とすることとしたのである。『WIPOが管理する著作権及び隣接権諸条約の解説並びに著作権及び隣接権用語解説』（著作権情報センター，2007年）40頁参照。
(36) Ricketson & Ginsburg, *supra* note 18, p.244.
(37) 例えば東京高判平成3・12・17判時1418号121頁〔木目化粧紙事件〕等。
(38) この問題に関する詳細な分析等については，上野「前掲判批」（注10）569頁以下，横山「前掲判批」（注10）562頁以下等。また田村「前掲論文」（注27），島並良「一般不法行為法と知的財産法」『法学教室』380号（2012年）147頁等も参照。
(39) 横山「前掲判批」（注10）557頁。大阪地判平成25・4・18平成24年（ワ）9969号〔星座盤事件〕では，著作物性を欠く星座盤が問題となったが，裁判所は，本件判旨を引用した上で，「2条1号（ママ）及び10条の解釈に当たっても妥当する」と指摘している。
(40) 山田「前掲判解」（注8）86頁，小泉「前掲判批」（注5）7頁，張睿暎「判批」『法学セミナー増刊・速報判例解説　新・判例解説Watch』11号（2012年）240頁。
(41) 諏訪野「前掲判批」（注24）17頁等。
(42) 例えば，最判平成17・7・14民集59巻6号1569頁〔船橋市西図書館事件〕では，著作権法に規定されている著作者人格権ではなく，公立図書館での閲覧に供される著作物の著作者の有する「著作物によってその思想，意見等を公衆に伝達する利益」は，「法的保護に値する人格的利益」であるとして，その侵害が認められている。山田「前掲判解」（注8）86頁。
(43) 不法行為の成立を認めた原審に対するこの観点からの批判として，田村「前掲論文」（注27）41頁，張「前掲原審判批」（注15）194頁。なお窪田充見「不法行為法と知的財産法の交錯」『著作権研究』36号（2009年）45頁も参照。

（大阪大学大学院法学研究科准教授）

論　説　自由論題

TBT協定2条1項における「不利な待遇」の分析

石　川　義　道

　I　問題の所在
　II　GATT 3条4項における「不利な待遇」
　　1　対角線テストと差別的効果テスト
　　2　追加的要素
　III　パネルによる「不利な待遇」の分析
　　1　判断の概要
　　2　分　析
　IV　上級委員会による「不利な待遇」の分析
　　1　新たな基準
　　2　分　析
　　3　ドミニカ共和国・煙草事件の位置付け
　V　おわりに

I　問題の所在

　2011年から2012年の間に,「貿易の技術的障害に関する協定（以下，TBT)」の解釈及び適用が3つの案件──①米国・クローブ煙草事件，②米国・マグロ製品販売規制事件，③米国・原産国表示事件──で争われ，それぞれパネル及び上級委員会報告書が発出された。そこでは主要な論点の1つとして，産品の特性やその生産工程・方法に基づいて製品分類を行う原産地中立的な強制規格が輸入産品に対する「事実上の（*de facto*）差別」を構成することで，内国民待遇原則を定めるTBT 2条1項に違反するかが争われた。同条項は次のように規定される。

加盟国は，強制規格に関し，いずれの加盟国の領域から輸入される産品についても，同種の国内原産の及び他のいずれかの国を原産地とする産品に与えられる待遇よりも不利でない待遇を与えることを確保する。

上級委員会が述べるように，「1994年の関税及び貿易に関する一般協定（以下，GATT）」とは異なり，TBT では一般的例外を定める GATT20条に相当する条項が存在しない。[1]そこで，強制規格を実施することで輸入産品に不利となるように国内市場における競争関係が修正される場合，仮にそれが正当な政策目的（例：環境保護）の達成を目指して実施されるとしても，TBT においてかかる差別的な措置が正当化される余地は無いと結論付けられる可能性がある。特に強制規格はその定義上，「産品の特性やその生産工程・方法に応じて産品を区分すること」（TBT 附属書1パラグラフ1）が前提とされるが，そのような製品分類を行う原産地中立的な措置が事実上の差別を容易に構成することになれば，TBT 前文6節で認められる「正当な目的を追求する加盟国の規制権限」[2]を不当に狭める結果となりうる。

かかる問題意識を背景に，TBT 2条1項の文脈において加盟国の規制権限を確保するべく，以下の解釈アプローチが提案されてきた。

(i) TBT 2条1項違反に対する GATT20条の援用を認める。[3]
(ii) TBT 2条2項を同条1項の例外条項と位置付ける。[4]
(iii) TBT 2条1項では原産地別の措置が，また同条2項では原産地中立的な措置がそれぞれ規律されると解する。[5]
(iv) TBT 2条1項違反を構成する差別の範囲を狭く解する。

3つの TBT 案件で被申立国であった米国は，(i) TBT 2条1項違反に対して GATT20条を援用せず，[6]また(ii) TBT 2条2項が同条1項の例外を構成するとの主張を行わなかった。[7]結論を先取りすれば，3つの TBT 案件でパネル及び

上級委員会は，(iii) TBT 2 条 1 項が原産地別及び原産地中立的な措置のいずれにも適用されると解釈することで，結果的に(iv)のアプローチを採ってきた。

　そこで本稿は，3 つの TBT 案件で TBT 2 条 1 項の「不利な待遇（less favourable treatment）」を解釈・適用する際に，パネル及び上級委員会が強制規格を実施する加盟国の規制権限の確保をいかに試みてきたか，分析を行うことを主眼とする。第Ⅱ章では，GATT 3 条 4 項の「不利な待遇」の解釈を巡る先例の変遷が概観される。第Ⅲ章では，3 つの TBT 案件パネルによる TBT 2 条 1 項の「不利な待遇」を巡る判断が概観・分析される。第Ⅳ章では，同要件に関して上級委員会によって新たに提示された解釈及びそれに基づく適用が分析され，その特徴が論じられる。結論部では，TBT 案件における上級委員会による解釈アプローチと GATT 3 条 4 項の関係，及び右解釈アプローチと GATT20 条の関係がそれぞれ試論的に検討される。

Ⅱ　GATT 3 条 4 項における「不利な待遇」

　これまで GATT 3 条 4 項の「不利な待遇」については，問題となる措置が同種の輸入産品の不利となるように国内市場における競争関係を修正することについて，当該措置の設計，構造，期待される運用に基づいて立証することが求められてきたのであり，そこでは措置の実際の効果を示す実証的証拠の提出までは要求されてこなかった。特に製品分類を伴う措置による輸入産品に対する「不利な待遇」の有無を巡っては，輸入産品に対する「差別的効果（discriminatory effect）」の立証が求められるか，また当該措置における政策目的などの追加的要素についても立証が求められるかが問題とされてきた。

1　対角線テストと差別的効果テスト

　原産地中立的な措置が GATT 3 条 4 項の「不利な待遇」を構成することを立証する手段として，従来から主に 2 つのアプローチが存在してきた（図表 1

を参照)⁽¹²⁾)。

　第1に「対角線 (diagonal) テスト」と呼ばれる手法で，(b)有利な待遇を受ける国内産品と，(c)不利な待遇を受ける同種の輸入産品が対比され，(c)が僅かでも存在していれば「不利な待遇」を構成することになる。このため，当該テストは「Best Treatment アプローチ（すべての輸入産品に同種の国内産品に与えられる最良の取扱いを与える義務）」と表現される場合がある。他方で当該テストに対しては，不利な待遇を受ける同種の輸入産品が存在することさえ示させば自動的に「不利な待遇」が認定されるとの批判が行われる[13]。特に問題となるのが，有利な待遇を受ける国内産品の割合が全体の4％で，これに対して不利な待遇を受ける輸入産品の割合が全体の8％である場合（すなわち，国内産品の殆どが不利な待遇を受け，輸入産品の殆どが有利な待遇を受ける場合）であっても，対角線テストによれば引き続き「不利な待遇」と認定されてしまうことにある[14]。このように，当該テストでは原産地中立的な措置が「不利な待遇」を構成すると認定される範囲が不当に広くなり，結論に柔軟性を欠くことから，当該テストは原産地別の措置が「法律上の (de jure) 差別」を構成するかを判断する際に限定して使用されるべきと説明される。

　第2に「差別的効果テスト」と呼ばれる手法で，国内産品の全体（グループ）―(a)有利な待遇及び(c)不利な待遇を受ける国内産品―と，輸入産品の全体（グループ）―(b)有利な待遇及び(d)不利な待遇を受ける輸入産品―を対比し，有利な待遇を受ける国内産品の全体に対する割合と，不利な待遇を受ける輸入産品の全体に対する割合が共に「支配的」であるかが検討される[15]。例えば前述した事例では，有利な待遇を受ける国内産品が全体の4％，不利な待遇を受ける輸入産品が8％であり，それぞれ全体に対する割合が支配的とは考えにくいため当該テストでは「不利な待遇」を構成しないと考えられる。

　いずれのテストが採用されるべきかについては，協定の文言，文脈，目的，交渉の経緯から明確な回答は得られない。他方で，EC・アスベスト規制事件

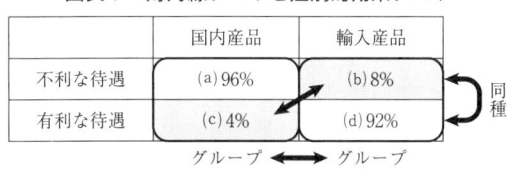

図表1　対角線テストと差別的効果テスト

	国内産品	輸入産品	
不利な待遇	(a) 96%	(b) 8%	同種
有利な待遇	(c) 4%	(d) 92%	

　　　　　　　グループ ⟷ グループ

において上級委員会は，対角線テストに依拠したパネル判断を否定した上で，「同種の国内産品『グループ（group）』よりも，輸入産品『グループ』に不利な待遇が与えられているかが問題となる」と述べたところ，それはGATT 3条4項において事実上の差別を認定するのに対角線テスト（Best Treatmentアプローチ）では不十分であり，差別的効果の立証の必要性を示したものと学説及び一部のパネルでは解されてきた。また次節で説明されるように，差別的効果が「過去に発生した，現在発生している，又は将来発生し得る」ことの立証のみでは不十分であり，かかる差別的効果が「問題とされる措置の構造的特徴に由来する」という因果関係の立証まで求められると考えられている。

2　追加的要素

続いて，輸入産品グループに対する差別的効果に加えて，更に措置の政策目的等の追加的要素の立証が求められるかが問題とされてきた。従来から，加盟国が(i)GATT20条で正当化され得る目的以外の政策目的を追求し，また(ii)生産工程方法に基づく規律を設けることを可能とするため，同種性（likeness）と同様に，「不利な待遇」においても問題とされる措置の目的を考慮するよう提案する見解があった。

上級委員会は，EC・バナナ事件において「GATT 3条4項違反の決定に際して，措置が『国内生産に保護を与える』かという別個の検討は求められない」と述べたが，続くEC・アスベスト規制事件では「『不利な待遇』という要件はGATT 3条1項の一般原則—国内規則は『国内生産に保護を与えるよ

うに適用されてはならない』─を表明するものである。……加盟国は，同種の国内産品グループよりも輸入産品グループに対して『不利な待遇』を与えることなく，同種の産品間で区別をすることが許容されている」と述べた[21]。そこでは，同種の産品間での規制区別が国内産業に保護を与えないものであれば，結果として輸入産品に不利な効果が発生する場合でも「不利な待遇」を構成しないことが確認されたと説明される[22]。

更にドミニカ共和国・煙草事件で上級委員会は以下の判断を行った。

> 措置の結果として，ある輸入産品に対して生じる不利な効果の存在は，仮に当該効果が産品の外国原産（foreign origin）とは無関係の要因や事情（本件輸入業者の市場シェア等）によって説明される場合，必ずしも当該措置が輸入産品に不利な待遇を与えることを意味するものではない。本件において，輸入煙草に対する保障制度の下における単位当たりコストが同種の国内産品よりも特定期間に高いことを示すのみでは，GATT 3条4項における「不利な待遇」を立証するのに不十分である[23]。

当該判断の意味内容を巡って，第1に，上級委員会は輸入産品に対する差別的効果が「産品の外国原産」によって説明されることの立証を追加的に求めており，その意味で上級委員会は自身の従来の立場を修正・変更したと解する立場がある。その場合，GATT 3条1項への言及と相まって，問題とされる措置が保護主義的な目的・意図を有するかについて検討が行われることになる[24]。第2に，上級委員会が，問題とされる措置と輸入産品に対する不利な効果との間に「因果関係」が存在することを追加的に求めたと解する立場がある[25]。第3に，上級委員会が「不可能性（impossibility）テスト」─輸入産品が何らかの事情で国内産品と同等の利益を得ることが不可能な場合にのみGATT 3条4項違反を構成する─を追加的に提示したと解する立場がある[26]。

また，その後のタイ・フィリピン産煙草事件で上級委員会は「不利な待遇の

分析は，措置の構造，設計，期待される運用を含む措置の慎重な検討によって行われるべきである。……輸入産品に対する不利な待遇を立証するには，問題とされる措置と，国内・輸入産品の競争機会に対する不利な効果の間に『真正な結合（genuine relationship）』が存在しなければならない」と判断した。ここで上級委員会はドミニカ共和国・煙草事件での自らの判断に言及せず，問題とされる措置と産品間の競争関係に対する不利な効果の間に因果関係が存在すること――すなわち，上述した第2の立場――を追加的に求めたと解される。

以上から，GATT 3条4項における「不利な待遇」について，輸入産品に対する差別的効果に加えて措置の政策目的等の追加的要素について立証が求められるかを巡って，上級委員会の立場は必ずしも一貫してこなかった。Ⅲ章3で説明されるように，3つのTBT案件のパネルはドミニカ共和国・煙草事件の上級委員会判断の意義についてそれぞれ異なる理解を示したが，その後の米国・クローブ煙草事件で上級委員会は，この点を巡る議論及び解釈について一定の整理を行ったと解される。

Ⅲ　パネルによる「不利な待遇」の分析

3つのTBT案件ではいずれも，産品の特性やその生産工程・方法に基づいて製品分類を行う強制規格が，TBT 2条1項における「不利な待遇」を事実上構成するかが争われた。パネルは，正当な政策目的を達成する加盟国の権限の確保，及びドミニカ共和国・煙草事件の上級委員会判断の解釈を巡ってそれぞれ異なる判断を行ってきた。

1　判断の概要

(1)　米国・クローブ煙草事件

米国はクローブ煙草を含む香料煙草の国内生産・販売を禁止したものの，メンソール煙草については右禁止から免除した。そこで米国産メンソール煙草と

同種の関係にあるインドネシア産クローブ煙草が，米国市場において事実上差別的な取扱いを受けているかが問題とされた。

ここでパネルは，「いくつかの（some）」輸入産品が「いくつかの」同種の国内産品よりも不利に扱われていることの立証のみでは不十分であり，その代わりに輸入産品「グループ」又は「大部分（vast majority）」が同種の国内産品「グループ」又は「大部分」に対して不利に扱われていることの立証が必要となると述べた。[29]

続いてパネルは米国の主張に加えて，EC・アスベスト規制事件での上級委員会判断[30]——問題となる条項の文脈及び目的，加えて当該条項を含む対象協定の目的を考慮して，同一文言は解釈されなければならない——を受けて，TBT前文6節で確認される「正当な目的を追求する加盟国の規制権限」を根拠に，問題とされる強制規格の目的を考慮に入れて「不利な待遇」の有無が判断されると述べた。[31] またパネルは，ドミニカ共和国・煙草事件の上級委員会判断を根拠に，輸入産品に対する不利な効果に加えて「不利な効果が産品の外国原産とは無関係の要因や事情によって説明されるか」が検討されなければならないと述べた。[32][33]

そこでパネルは，米国関連規則が若年層の喫煙減少を目的とするものの，クローブ煙草と同様に若年層にとって魅力的とされるメンソール煙草を国内生産・販売禁止から免除した根拠を「禁止に伴って発生し得るコスト（メンソール煙草の闇市場の発達，喫煙者の禁断症状に伴う医療制度への影響）をインドネシアのクローブ煙草生産者へ転嫁することにある」と認定した上で，潜在的コストを回避する目的でインドネシア産クローブ煙草に不利な待遇を与えることは許容できないと結論付けた。メンソール煙草免除の根拠をこのように認定することでパネルは，輸入産品による不利な効果が「産品の外国原産」によって説明されると暗示し，最終的に「不利な待遇」と判断した。[34]

（2）米国・マグロ製品販売規制事件

1990年に制定された米国関連規則は，米国市場で販売されるマグロ製品へのイルカ安全表示の貼付の許可を巡って，原料であるマグロの捕獲された海域及び漁法に応じて，それぞれ異なる条件を設定していた。そこでは東部熱帯太平洋（以下，ETP）の内外を問わず，「巾着網によるイルカに対する意図的な配備又は囲い込み（setting on dolphins）」によって捕獲されたマグロから製造されるマグロ製品にイルカ安全表示を貼付して米国市場で販売することは認められなかった。そこで，メキシコ産マグロ製品が米国産マグロ製品と比して米国市場において事実上差別的な取扱いを受けているかが問題とされた。

　パネルはTBT 2条1項における「不利な待遇」を立証するのに，国内産品「全体（as a whole）」又は「グループ」と輸入産品「全体」又は「グループ」について対比が行われなければならず，対角線テストでは不十分であると述べた。[35]

　続いてパネルは，前述したEC・アスベスト規制事件での上級委員会判断（II章2を参照）の論理がTBT 2条1項の文脈でも適用されると述べ，[36]またTBT前文6節を根拠に強制規格が「恣意的若しくは不当な差別の手段となるような態様で適用されてはならない」と述べることで，[37]同種の産品間で規制区分を行う場合でも一定の条件さえ満たせば「不利な待遇」を構成しないことを暗示した。

　パネルによれば，現在，メキシコ漁船が捕獲する大部分のマグロについてETP外でのsetting on dolphinsが使用されており（イルカ安全表示の対象外），他方で米国漁船が捕獲されるマグロの大部分がイルカ安全表示の対象とされている。[38]しかしながら関連規則が制定された1990年当初，両国共にETP内でsetting on dolphinsを使用していたものの，その後メキシコ漁船はsetting on dolphinsを継続しつつも1999年に施行された「国際的イルカ保全プログラムに関する協定（以下，AIDCP）」が定める条件に沿ったマグロ漁法に移行していったが，これに対して米国漁船は規則制定から4年後にはsetting on dolphinsの

使用を全面的に廃止するに至った。またAIDCP参加国は，米国関連規則の下ではイルカ安全表示を貼付してマグロ製品を米国市場で販売できなくなることを予測できた。以上からパネルは，現在の両国におけるマグロ漁法の相違は「企業による経営判断の結果」に由来するものであり，米国関連規則がメキシコ産マグロ製品に対する「不利な待遇」を構成しないと結論付けた。[39]

なおパネルは，ドミニカ共和国・煙草事件の上級委員会判断を引用し，メキシコ産マグロ製品に対する不利な効果が主に「産品の外国原産と無関係の要因や事情（漁業慣行，商業慣行，地理的位置，メキシコ業者自身による経営判断）の結果」であることを確認した。[40]

(3) 米国・原産国表示事件

2009年に制定・実施された原産国表示（以下，COOL）制度では，牛肉・豚肉等の食肉製品の小売業者は製品に「原産国情報（家畜の誕生，飼育，屠畜される場所）」の表示を義務付けられ，また川上の関連業者（家畜生産者，屠畜業者，食肉製造業者等）・供給業者は家畜・食肉の各製造過程が発生した場所情報を追跡・保持し，川下の購入者に伝達することが義務付けられた。そこでカナダ産及びメキシコ産家畜（牛・豚）が，米国市場で同種の米国産家畜よりも事実上差別的な取扱いを受けているかが問題とされた。[41]

パネルによれば，各事業体は情報保持義務を遵守するための「実際的な手段」として，家畜・食肉を原産国別に「分離（例：家畜を物理的に分離して囲い込む，耳標等の印を家畜に付ける，家畜・食肉の処理時間を調整する）」することが求められ，[42]それに伴うコストは「米国産家畜のみから食肉を製造する」経営様式で最小となり（家畜・食肉の分離不要），反対に「米国産家畜と輸入家畜を混合して食肉を製造する」経営様式で最大になる。そこでパネルは，COOL措置が米国の食肉製造業者に対して専ら国産家畜を処理するインセンティブを形成しており，[43]また具体的証拠に依拠することで輸入家畜が「不利な待遇」を受けていると暫定的に結論付けた。[44]

ここで米国は，ドミニカ共和国・煙草販売事件の上級委員会判断に依拠して「輸入家畜に対する不利な効果は『米国市場における輸入家畜の小規模な市場占有率』に起因するものであり，家畜の『外国原産』に基づくものではない」と主張した。これに対してパネルは，(i)食肉製造業者が米国産家畜を処理するインセンティブは家畜の「原産国（origin）」と関連する，(ii)右インセンティブの形成に「米国市場における輸入家畜の占有率の低さ」が部分的に寄与しているが，かかる要素は「実際の差別的効果」の有無を判断する際の「市場の状況（market circumstance）」の1つとして考慮されることになる，(iii)右インセンティブは「米国産家畜から製造される食肉製品に対して『米国，X国産』表示を禁止した2009年最終規則」に由来することを確認した。[45]

2　分　析

3つのTBT案件のパネルはいずれも，製品分類を行う原産地中立的な強制規格がTBT2条1項で「不利な待遇」を構成するには，輸入産品に対する差別的効果の立証が必要であり，対角線テストでは不十分であることを明示的に示したと考えられる。他方で，差別的効果に加えて強制規格の目的等を追加的に検討する必要があるかを巡って，紛争当事国の主張・立証方法にも影響を受け，パネルはそれぞれ若干異なる解釈アプローチを展開してきた。

米国・クローブ煙草事件パネルは，EC・アスベスト規制事件及びドミニカ共和国・煙草事件の上級委員会判断に依拠して，輸入産品に対する差別的効果とは別に，(i)強制規格の政策目的，及び(ii)不利な効果が「産品の外国原産」によって説明されるか，について追加的な検討が求められると述べた。(ii)の要素についてパネルは，メンソール煙草免除の根拠を「インドネシアのクローブ煙草生産者へのコスト転嫁」と認定した上で，インドネシア産クローブ煙草に対する不利な効果が「産品の外国原産」によって説明されていると述べていることから，「産品の外国原産」という要素では専ら「強制規格・規制区分の目的

が保護主義的であるか」という限定的な検討が行われたと考えられよう。ただし，かかる分析はIV章2で説明されるように，規制区分の「正当性」という広範な検討を行った上級委員会とはアプローチを異にしている。

米国・マグロ製品販売規制事件パネルは，同種の産品間の規制区分を行う場合でも「不利な待遇」を構成しない余地があることを暗示したものの，この点について掘り下げた検討を行わなかった。他方でパネルは，ドミニカ共和国・煙草事件の上級委員会判断と同時に韓国・牛肉流通規制事件の上級委員会判断（不利な効果が民間企業の経営判断に由来する場合はGATT 3条4項の規律の対象外）[46]を併せて引用した。また本件では「メキシコ産マグロ製品に対する不利な効果が，米国関連規則に起因するか」という因果関係が争点とされており，「産品の外国原産とは無関係の要因や事情」に「メキシコ業者自身による経営判断」を含めていることから，パネルはドミニカ共和国・煙草事件の上級委員会判断の枠内において「因果関係」について検討を行ったと考えられよう。

米国・原産国表示事件パネルは，TBT 2条1項がGATT 3条4項と同様に解釈されるとした上で[47]，「不利な待遇」の立証に必要な追加的要素については具体的な言及を行わなかった。またパネルはドミニカ共和国・煙草事件の上級委員会判断と本件との関係について，国産家畜を処理するインセンティブが(i)「家畜の原産国」と関連し，また(ii)市場の状況ではなく2009年最終規則に起因することから，当該パネルの結論が当該上級委員会判断とも整合的であると述べた。従ってパネルは，ドミニカ共和国・煙草事件の上級委員会判断の枠内において，(i)不利な効果と「産品の外国原産」の関連性，及び(ii)不利な効果と措置の間の「因果関係」について検討を行ったと考えられよう。

以上から，3つのTBT案件のパネルはいずれも，ドミニカ共和国・煙草事件で上級委員会が提示した「産品の外国原産」という基準の枠内で「不利な待遇」について判断を行ったと言えよう。もっとも，当該基準の内容については前述した通り様々な解釈が可能であり，米国・クローブ煙草事件パネルだけが

そこで「保護主義的目的の有無」を検討し，他方で残りの2つのパネルはそこで「因果関係の有無」について検討を行ったものと要約できよう。

Ⅳ　上級委員会による「不利な待遇」の分析

上級委員会によれば，TBT 2条1項は「法律上の差別」と「事実上の差別」の両方を規律対象としており[48]，またそこで産品間の「同種性」の有無は強制規格の規制目的ではなく，専ら産品間の競争関係の有無に基づいて判断される[49]。

また「不利な待遇」の内容を巡って上級委員会は，GATT 3条4項を巡る先例が示唆的であると明示した[50]。その上で，産品の特性やその生産工程・方法に基づいて製品分類を行う強制規格については，規制国市場において同種の国内産品「グループ」に対して輸入産品「グループ」の不利となるように競争条件が修正されたかで判断されると述べた[51]。従って，上級委員会は「不利な待遇」について差別的効果の立証が必要との立場を採ったと考えられる。これに加えて上級委員会は，「正当な目的を追求する加盟国の規制権限」を確保するために，TBT 2条1項の「不利な待遇」を巡る分析において，以下の要素について追加的検討が求められると述べた[52]。

1　新たな基準

上級委員会は新たな基準として，輸入産品グループに対する不利な効果に加え，TBT 前文6節を根拠に「輸入産品に対する事実上の不利な効果が，正当な規制区分に排他的に由来するか（stems exclusively from a legitimate regulatory distinction）」が追加的に検討されると説示した[53]。規制区分における正当性の有無は，「特に」又は「例えば」，問題とされる強制規格における「公平性（even-handedness）」の有無の問題と考えられ[54]，この点について上級委員会は米国・原産国表示事件で次のように述べた。

仮に規制区分が「公平な方法」で設計・適用されない場合——例えば，規制区分が恣意的又は不当な差別の手段となるような態様で設計又は適用される場合——，右規制区分は正当とは見なされず，事実上の不利な効果はTBT2条1項で禁止される差別を構成する。なお「公平性」を判断する際にパネルは，強制規格の設計，構造，隠れた意図，運用，適用を注意深く検討しなければならない。[55]

ここでの立証の順序として，まず申立国は「強制規格が輸入産品に不利な待遇を与えている」ことについて一応の立証を行う責任を負い，仮にそこで申立国が，例えば「強制規格が公平性を欠く」ことを示す証拠を提出する場合，これに対して被申立国が「不利な効果が正当な規制区分に排他的に由来する」ことを立証しない限りTBT2条1項違反を構成する。[56]なお，TBT2条2項では問題となる強制規格におけるあらゆる規制区分が問題となるのに対して，TBT2条1項では「輸入産品に対して不利な効果をもたらす規制区分」との関係でのみ正当性の有無が問題となる。[57]

そこで上級委員会は3つのTBT案件において，輸入産品に対する事実上の不利な効果が「正当な規制区分に排他的に由来するか」を巡って以下の判断を行った。

(1) 米国・クローブ煙草事件

メンソール煙草の生産・流通禁止からの除外について上級委員会は，(i)メンソール煙草についても「風味によって煙草の刺激を緩和させ，若年層にとって通常の煙草よりも喫煙を開始するのに好ましい」物理的特徴を備えているところ，強制規格における目的——若年層の喫煙減少——を考慮すればメンソール煙草についても禁止の対象とすべきであったこと，また(ii)メンソール煙草の禁止免除の根拠が「禁断症状から発生するリスク（医療制度への影響，闇市場の発生，密輸の促進）の回避」とされるも，同様に中毒物質であるニコチンを含む

通常の煙草については禁止の対象とされていないことから，メンソール煙草の禁止除外という規制区分は正当性を欠くと結論付けた。[58]

このように上級委員会は，メンソール煙草の禁止除外について，(i)若年層の喫煙減少という措置の目的から説明が付かないこと，また(ii)米国による「禁断症状から生じるリスク回避」という説明は根拠を欠くことを理由に，かかる規制区分が正当性を欠くと結論付けた。ここで上級委員会は，かかる規制区分が保護主義的な目的・意図を有するとは必ずしも認定しておらず，むしろ「強制規格及び規制区分が目的と合理的に関連するか（又は目的に資するか）」という観点から正当性の有無について結論を導いたと考えられる。

(2) 米国・マグロ製品販売規制事件

米国関連規則では，ETP外においてsetting on dolphins以外の漁法でマグロを捕獲する場合，そこではイルカに対する潜在的な危険性が確認されているものの，イルカ未殺傷を示す認定書を提出することなく，それから製造されるマグロ製品に対してイルカ安全表示の貼付が認められていた。これを受けて上級委員会は，かかる規制区分がマグロ漁に伴って発生するイルカに対する危険性に「調整（calibrate）」されておらず，この事はETP外においてsetting on dolphins以外の漁法を使用することで発生するイルカ致死率が十分に検討されていないことを意味しており（これに対して，ETP内でsetting on dolphinsから発生する危険性については十分検討されていた），結果として規制区分が正当性及び公平性を欠くと結論付けた。[59]

ここで上級委員会は，イルカへの悪影響の危険性が高い状況で捕獲されたマグロから製造されるマグロ製品について，イルカ未殺傷を示す認定書を提出せずにイルカ安全表示が認められる点について，当該規制区分が保護主義的な目的・意図を有するかではなく，「かかる規制区分が『イルカの保護』という目的と合理的に関連するか（又は目的に資するか）」という観点から結論を導いたと考えられる。

(3) 米国・原産国表示事件

　COOL 措置の構造によれば，小売業者が表示を通じて最終消費者に提供する情報については，そこでは原産国（家畜の誕生，飼育，屠畜される場所）を列挙するのみで（順序についても一定の柔軟性が確保されている），具体的な製造過程にまでそこで言及することは求められない。これに対して，川上の製造業者（家畜生産者や食肉製造業者）は，家畜及び肉片毎に原産国を把握するのに必要な情報を保持し，それを川下の購入者に伝達することが求められ，更に右情報を家畜・食肉の購入・販売時から１年間保持することが義務付けられる。また，食肉が加工される場合，また食肉が「食品サービス施設」で提供される場合に小売業者は原産国表示義務から免除されるのに対し，川上の製造業者はそのような場合であっても全家畜の原産国情報を識別・保持・伝達することが義務付けられる。以上を理由に上級委員会は，(ⅰ)小売業者と川上の製造業者の間に保持・伝達が求められる原産国情報の詳細さと精密さに関して「不均衡（disproportionate）」が存在しており，また(ⅱ)輸入家畜に対する不利な効果は「原産国情報の消費者への提供」によっても説明され得ないことから，問題とされる規制区分は「恣意的かつ不当な差別」を構成しており，公平に適用されていないと結論付けた[60]。

　ここで上級委員会は，輸入産品に対する不利な効果を引き起こす原因とされる情報保持義務について，そこで保持・伝達が求められる原産国情報の程度が小売業者と川上の製造業者の間で「不均衡」であることを根拠の１つとして，当該規制区分が正当性を欠くと判断した。この点，他の２つの TBT 案件とは異なり，かかる上級委員会のアプローチは必ずしも「目的と規制区分の合理的な関連性」によって説明できない。むしろここでは，規制区分における「均衡性」に基づいて正当性の有無が判断されたと考えられる。

2 分析

　上級委員会が提示した新たな基準の意味内容を巡って，規制区分における正当性の有無については GATT 3条1項と同様に，問題とされる強制規格が「保護主義的な意図・目的」を備えているか否かに基づいて判断されると説明される場合がある。実際に，規制区分の公平性の有無を判断する際に考慮されるとして上級委員会が列挙した要素は，GATT 3条1項の「国内生産に保護を与えるように」という要件が措置の「意図，設計，隠れた構造」を考慮して判断されるとした上級委員会判断とも酷似する。この場合，規制区分が「保護主義的」であると判断されない限り，その「正当性」は肯定されると考えられている。

　しかしながら，実際に上級委員会による判断を精査してみると，いずれの案件でも規制区分の「正当性」が否定されたのは，それが「保護主義的な意図・目的」を備えていると判断されたからではなく，より柔軟に(i)規制区分が目的と合理的に関連しているか又は目的に貢献するか（米国・クローブ煙草事件，米国・マグロ製品販売規制事件），又は(ii)規制区分が「均衡性」を備えているか（米国・原産国表示事件），という観点から結論が導かれたと評価できる。

　前述したように，米国・原産国表示事件で上級委員会は規制区分の「正当性」が否定される事例として，規制区分が「公平な方法」で設計・適用されない場合，すなわち「恣意的又は不当な差別の手段となるような態様で設計又は適用される場合」を挙げた。この点，GATT20条柱書では問題とされる措置を「恣意的若しくは不当な差別の手段となるような態様で適用しないこと」と規定されていることから，そこでは「問題とされる措置の内容ではなく，それが適用される方法」が審査の対象とされ，「適用プロセスの正当性」が問題とされてきた。他方で，ブラジル・再生タイヤ事件で上級委員会は「恣意的な若しくは不当な差別」という要件について，問題とされる措置の政策目的を考慮した上で，そこでは「差別が政策目的と合理的に関連しているか」が判断され

ると述べた。従って，TBT案件で上級委員会が言及する「公平性」の基準においては，GATT20条柱書の「恣意的若しくは不当な差別」と同様の検討——規制区分と目的の間の合理的関連性の有無——が行われると説明することができる。

以上から，TBT 2条1項の「不利な待遇」を巡って上級委員会が提示した新たな基準の意義を，従来から「同種性」の文脈で主張されてきた「目的・効果テスト」と同様に，GATT 3条1項を根拠に「規制区分が保護主義的であるか」の検討が行われるとの見解は，少なくともこれまでの上級委員会の立場とは必ずしも一貫しない。むしろそこでは「公平性」又は「均衡性」という概念を読み込むことで，加盟国の規制権限についてより柔軟な調整を可能とする解釈が導入されてきたと指摘できよう。

3 ドミニカ共和国・煙草事件の位置付け

TBT案件において上級委員会は，TBT 2条1項における「不利な待遇」を巡って新たな基準を提示する一方で，以下の2つの観点からドミニカ共和国・煙草事件における自らの判断の内容を明らかにした。

第1に米国・クローブ煙草事件において上級委員会は，ドミニカ共和国・煙草事件における自らの判断に関して「それだけを抜き出して読めば，不利な効果の『根拠（rationale）』について更なる検討が必要になることを示唆していると読めるかもしれない」と述べつつも，そこでは「輸入煙草に対する保証要求の単位当たりコストが高いのは，具体的な措置に帰責されるものではなく，煙草の販売量に基づく結果であることから，それだけでは不利な待遇を構成しない」ことが確認されたに止まると明示的に述べた。更に上級委員会は，タイ・フィリピン産煙草事件でも自らがGATT 3条4項の「不利な待遇」について不利な効果と措置の間の「因果関係」を問題とするのみで，「不利な効果が産品の外国原産に関連するか」という追加的要素については検討が行われなかっ

たことを確認する言及を敢えて行っている。[68]

　なお，ここで上級委員会が，(ⅰ)ドミニカ共和国・煙草事件での自らの判断について整理を行ったに止まり，GATT 3条4項における「不利な待遇」に関して，措置の目的等の追加的要素の立証が求められないことを一般的に示した訳ではないと解する立場と，(ⅱ)それを一般的に示したと解する立場が存在する。[69]いずれの解釈も可能であることから，これに対する回答は，製品分類を行う措置とGATT 3条4項との整合性が争われる将来の案件を待つより他無いであろう。

　第2に米国・マグロ製品販売規制事件において上級委員会は，「本件パネルが［ドミニカ共和国・煙草事件の上級委員会判断に基づいて］，『国内原産そのもの』以外の，異なる『漁法』や『地理的位置』に基づく規制区分が，TBT 2条1項との整合性を検討する上で無関係と想定したようであるが，かかる判断は不適切であり，『一見して原産地中立的な措置であってもTBT 2条1項に事実上違反する可能性がある』との前提と整合性を欠く」と判断した。[70]すなわち上級委員会は，ドミニカ共和国・煙草事件における自らの判断が，TBT 2条1項で規律の対象とされる「事実上の差別」という概念を無意味化するように解釈されてはならないと説示した。これと同様に，米国・クローブ煙草事件で米国は「輸入産品に対する不利な効果が『原産国』に基づく場合にのみGATT 3条4における不利な待遇を構成する」と主張したが，[71]これに対してインドネシアは「かかる主張は『事実上の差別』という概念を否定するに等しい」と反論を行った経緯がある。[72]

Ⅴ　おわりに

　本稿では，強制規格を通じて正当な政策目的を達成する加盟国の権限を確保するべく，TBT 2条1項の「不利な待遇」を巡ってパネル及び上級委員会によって採られてきた解釈アプローチについて分析が行われてきた。最後に，今

後に残された課題として，上級委員会が提示した新たな解釈基準，製品分類を行う原産地中立的な措置とGATT 3条4項の整合性が争われる将来の案件でも採用され得るか，また仮に採用されるのであればGATT20条との関係をいかに整理するかについて試論的な検討を行う[73]。

第1に，上級委員会が提示した新たな基準はGATT20条に相当する一般例外条項をTBTが欠くことを前提としたものであり，かかる前提を共有しないGATT 3条4項の文脈においても同様の基準が採用されるかは疑問である。第2に，本稿の冒頭で言及したように，上級委員会がTBT 2条1項違反を構成する差別の範囲を狭く解釈するアプローチを採用したのは，被申立国であった米国の主張・立証方法に依るところが大きく，この事はその他の解釈アプローチが上級委員会によって否定されたことを必ずしも意味しない。このような事情を背景に導かれた上級委員会による新たな基準が，GATT 3条4項を巡る将来の紛争においても採用されるかは明らかではない。第3に，上級委員会はTBT 2条1項の文脈で新たな基準を提示する一方で，敢えてドミニカ共和国・煙草事件での自らの判断について「GATT 3条4項の『不利な待遇』において追加的要素の立証を求めるものではない」と述べ，続いてタイ・フィリピン産煙草事件でも自らが追加的要素の立証を求めなかったことを確認した。更に上級委員会は「しかしながら（However）」という書き出しで新たな基準に言及していることから[74]，当該基準がTBT 2条1項に特有のものであることを暗示している[75]。以上から「不利な待遇」という要件を巡って，GATT 3条4項とTBT 2条1項では別個の検討が行われると考えるのが妥当であろう。

なお，仮に上級委員会が提示した新たな解釈アプローチがGATT 3条4項の文脈でも適用されるのであれば，特にGATT20条との関係が問題となるところ，これに対しては以下の2つの説明が考えられる。第1に，GATT20条の規律範囲を限定する考え方である。製品分類を行う原産地中立的な措置が問題とされる場合は，GATT 3条4項の枠内で――すなわち，GATT20条の分

析に進むことなく——,上級委員会によって提示された新たな基準に依拠して処理され,GATT20条の適用範囲を原産地別の措置やGATT11条で規律される輸入制限等の措置が問題とされる場合に限定する立場がある[76]。第2に,例えばGATT3条2項2文との整合性が争われる場合,「国内生産に保護を与えるように」という要件で措置の目的が,また「同様に課税されていない(not similarly taxed)」という要件において差別的効果が考慮されると考えられるが,そこでも引き続きGATT20条による正当化が問題となり得るところ[77],同様にGATT3条4項の文脈で上級委員会による新たな基準が適用されるとしても,その後にGATT20条による正当化が更に問題となり得ると解する立場がある[78]。

以上から,TBT2条1項の「不利な待遇」を巡って上級委員会が新たに提示した基準が,製品分類を行う原産地中立的な措置とGATT3条4項の整合性が争われる将来の案件で同様に採用されるかは,GATT20条の適用範囲の検討を抜きにしては語れない。この点については,今後のパネル及び上級委員会判断を待つより他無い。

(1) Appellate Body Report, *United States — Measures Affecting the Production and Sale of Clove Cigarettes*, ¶101, WT/DS406/AB/R (Apr. 4, 2012).
(2) *Id.*, ¶¶92–95.
(3) EC・地理的表示事件においてECは,TBT2条1項において加盟国の「規制目的 (regulatory objective)」が考慮されなければならず,そうでなければGATT20条の援用可能性が考慮されるべきとの主張を行った。Panel Report, *European Communities — Protection of Trademarks and Geographical Indications for Agricultural Products and Foodstuffs, Complaint by Australia*, ¶7.440, WT/DS174/R (Mar. 15, 2005). なおパネルはこの点について判断を行わなかった。*Id.*, ¶7.476.
(4) ERICH VRANES, TRADE AND THE ENVIRONMENT: FUNDAMENTAL ISSUES IN INTERNATIONAL LAW, WTO LAW, AND LEGAL THEORY 303–305 (2009).
(5) GAETAN VERHOOSEL, NATIONAL TREATMENT AND WTO DISPUTE SETTLEMENT: ADJUDICATING THE BOUNDARIES OF REGULATORY AUTONOMY 99 (2002).
(6) 米国がGATT20条を援用しなかった理由については「GATT20条のTBTにおける適用可能性について明らかにすることを避けた」と説明される場合がある。*Mexico*

Prevails in Tuna-Dolphin Fight, But Extent of Victory Is Limited, INSIDE U.S. TRADE, May. 20, 2011, at 21.

(7) 米国・マグロ製品販売規制事件において米国は，パネル質問に対して「TBT 2条1項と2条2項は別個の規定であり，前者の違反を後者が『正当化する』という関係にない」と述べている。Answers of the United States of America to the Second Set of Questions from the Panel to the Parties, *US-Tuna II (Mexico),* ¶¶36-39, DS381 (Jan. 19, 2011).

(8) *US—Clove Cigarettes* (AB), *supra* note 1, ¶175.

(9) 換言すれば，(i)及び(ii)のアプローチについて上級委員会は肯定も否定もされていないことから，今後紛争当事国がそのような抗弁を主張する場合に，パネル及び上級委員会がいかなる解釈アプローチを採るかは問題として残る。これに対して「2.1条の違反を2.2条またはGATT20条で正当化することはできない」との立場を採るものとして，小寺智史「米国―輸入畜産物に係るラベリング措置」『WTOパネル・上級委員会報告書に関する調査研究報告書 (2012年度版)』1頁以下所収13頁 (公正貿易センター編，2012年)。

(10) Appellate Body Report, *Thailand—Customs and Fiscal Measures on Cigarettes from the Philippines,* ¶¶128-130, WT/DS371/AB/R (Jun. 17, 2011).

(11) この点については，川瀬剛志「メキシコの飲料に関する措置」『ガット・WTOの紛争処理に関する調査研究報告書ⅩⅤⅡ』79頁以下所収103-106頁 (公正貿易センター編，2007年) を参照ありたい。

(12) Lothar Ehring, *De Facto Discrimination in World Trade Law: National and Most-Favoured-Nation Treatment—or Equal Treatment?,* 36 J. WORLD TRADE, 921, 924-925 (2002).

(13) Vranes, *supra* note 4, at 233-234.

(14) Ehring, *supra* note 12, at 927.

(15) その他にも当該テストは，「非対称効果 (asymmetric impact) テスト」，「不利な効果 (disparate impact) テスト」，「総合比較 (aggregate comparison) アプローチ」とも呼ばれる。

(16) Appellate Body Report, *European Communities—Measures Affecting Asbestos and Asbestos Containing Products,* ¶100, WT/DS135/AB/R (Mar. 12, 2001).

(17) Ehring, *supra* note 12, at 942-946; Vranes, *supra* note 4, at 236-240. See also Panel Report, *United States—Measures Affecting the Production and Sale of Clove Cigarettes,* ¶¶7.271-7.274, WT/DS406/R (Sep. 2, 2011).

(18) 生産工程方法を異にする産品間であっても，その物理的特徴を根拠に「同種性」が認定される可能性が高いものの，「不利な待遇」において当該規律の目的を考慮に入れることで，当該措置が協定整合的との結論が導かれる可能性がある。Donald H. Regan, *Regulatory Purpose and "Like Products" in Article III: 4 of the GATT (With*

Additional Remarks on Article III:2), 36 J. WORLD TRADE, 443, 444, n.7 (2002).

(19) Weihuan Zhou, *The Role of Regulatory Purpose under Article III: 2 and 4 — Toward Consistency Between Negotiating History and WTO Jurisprudence*, 11 WORLD TRADE REVIEW, 81, 109-112 (2012).

(20) Appellate Body Report, *European Communities — Regime for the Importation, Sale and Distribution of Bananas*, ¶216, WT/DS27/AB/R (Sep. 9, 1997).

(21) *EC-Asbestos* (AB), *supra* note 16, para. 100.

(22) Robert Howse & Elisabeth Tuek, *The WTO Impact on Internal Regulations — A Case Study of the Canada-EC Asbestos Dispute*, in THE EU AND THE WTO: LEGAL AND CONSTITUTIONAL ASPECTS 283, 297-298 (Grainne de Burca & Joanne Scott eds., 2001).

(23) Appellate Body Report, *Dominican Republic — Measures Affecting the Importation and Internal Sale of Cigarettes*, ¶96, WT/DS302/AB/R (Apr. 25, 2005).

(24) Weihuan Zhou, *US — Clove Cigarettes and US — Tuna II (Mexico): Implications for the Role of Regulatory Purpose under Article III: 4 of the GATT*, 15 J. INT'L ECON. L. 1075, 1087 (2012). See also Joost Pauwelyn, *The Unbearable Lightness of Likeness*, in GATS AND THE REGULATION OF INTERNATIONAL TRADE IN SERVICES 358, 365-367 (Marion Panizzon, Nicole Pohl & Pierre Sauve eds., 2008).

(25) Zhou, *supra* note 24, at 1087-1088. See also Comment by Hu Jianguo to *The Cloves AB Report: Distinguishing Cloves and Menthol*, INT'L ECON. L. & POL'Y BLOG (Apr. 5, 2012, 8:05 AM).

(26) Zhou, *supra* note 24, at 1088. この点については, 川島富士雄「ドミニカ共和国のタバコの輸入及び国内販売に関する措置」『ガット・WTO の紛争処理に関する調査研究報告ⅩⅤⅡ』25頁以下所収45-49頁（公正貿易センター編, 2007年）を参照。

(27) *Thailand — Cigarettes (Philippines)* (AB), *supra* note 10, ¶134.

(28) Zhou, *supra* note 24, at 1087-1088.

(29) *US — Clove Cigarettes* (Panel), *supra* note 17, ¶¶7.273-7.276.

(30) *Id.*, ¶¶7.115-7.116.

(31) *EC — Asbestos* (AB), *supra* note 16, ¶¶88-89.

(32) *US — Clove Cigarettes* (Panel), *supra* note 17, ¶7.255.

(33) *Id.*, ¶¶7.268-7.269.

(34) *Id.*, ¶¶7.289-7.291.

(35) Panel Report, *United States - Measures Concerning the Importation, Marketing and Sale of Tuna and Tuna Products*, ¶¶7.292-7.295, 7.375, WT/DS381/R (Sep. 15, 2011).

(36) *EC — Asbestos* (AB), *supra* note 16, ¶100.

(37) *US — Tuna (Mexico)* (Panel), *supra* note 35, ¶¶7.275-7.276.

(38) *Id.*, ¶7.317.

(39) *Id.*, ¶¶7.320-7.334.

(40) *Id.*, ¶¶7.345-7.346, 7.375-7.378.
(41) 本件の詳細な事実関係については，拙稿「米国・原産国表示事件の分析――TBT 協定 2 条 2 項の必要性要件の検討を中心に――（上）」『国際商事法務』第41巻 4 号499頁以下所収500-504頁（2013年）を参照。
(42) Panel Reports, *United States — Certain Country of Origin Labelling (COOL) Requirements*, ¶¶7.315-7.320, 7.327, WT/DS384/R/, WT/DS386/R (Nov. 18, 2011).
(43) *Id.*, ¶7.372.
(44) *Id.* ¶¶7.375-7.381. 例えば，輸入家畜を処理する食肉製造業者の減少に伴い，輸入家畜の長距離輸送，引渡し時の混雑，輸送用トラックの確保困難，引渡し時の待ち時間の増加，輸入家畜供給者に不利な条件での契約締結など。
(45) *Id.*, ¶¶7.393-7.404.
(46) Appellate Body Report, *Korea — Measures Affecting Imports of Fresh, Chilled and Frozen Beef*, ¶149, WT/DS161/AB/R, WT/DS169/AB/R (Dec. 11, 2000).
(47) *US — COOL* (Panel), *supra* note 42, ¶¶7.228-7.234.
(48) *US — Clove Cigarettes* (AB), *supra* note 1, ¶¶175, 181. Appellate Body Reports, *United States — Certain Country of Origin Labelling (COOL) Requirements*, ¶269, WT/DS384/AB/R, WT/DS386/AB/R (Jun. 29, 2012).
(49) *US — Clove Cigarettes* (AB), *supra* note 1, ¶112.
(50) *Id.*, ¶ 180; *US — COOL* (AB), *supra* note 48, ¶269. Appellate Body Report, *United States — Measures Concerning the Importation, Marketing and Sale of Tuna and Tuna Products*, ¶214, WT/DS381/AB/R (May 16, 2012).
(51) *US — Clove Cigarettes* (AB), *supra* note 1, ¶180; *US — Tuna II (Mexico)* (AB), *supra* note 50, ¶215; *US — COOL* (AB), *supra* note 48, ¶268.
(52) この点に言及するものとして例えば，内記香子「WTO 法と加盟国の非経済規制主権――GATT，SPS 協定，TBT 協定による新秩序――」『国際法経済講座Ⅰ通商・投資・競争』（日本国際経済法学会編，2012年）65頁以下所収74-75頁を参照。
(53) *US — Clove Cigarettes* (AB), *supra* note 1, ¶¶174-175; *US — Tuna II (Mexico)* (AB), *supra* note 50, ¶215; *US — COOL* (AB), *supra* note 48, ¶271.
(54) *US — Clove Cigarettes* (AB), *supra* note 1, ¶182; *US — Tuna II (Mexico)* (AB), *supra* note 50, ¶216.
(55) *US — COOL* (AB), *supra* note 48, ¶271.
(56) *Id.*, ¶272. See also *US — Tuna II (Mexico)* (AB), *supra* note 50, ¶216.
(57) *Id.*, ¶286.
(58) *US — Clove Cigarettes* (AB), *supra* note 1, ¶225.
(59) *US — Tuna II (Mexico)* (AB), *supra* note 50, ¶¶289-297.
(60) *US — COOL* (AB), *supra* note 48, ¶¶341-349.
(61) Zhou, *supra* note 24, at 1111.

(62) Appellate Body Report, *Japan — Taxes on Alcoholic Beverages*, ¶¶27, 29, WT/DS8/AB/R, WT/DS10/AB/R, WT/DS11/AB/R (Oct. 4, 1996), WTO D.S.R. 1996:I, 97, at 120.

(63) See Comment by Robert Howse to COOL and TBT Article 2.1 Discrimination, INT'L ECON. L. & POL'Y BLOG (Jun. 30, 2012, 8:37 AM).

(64) Appellate Body Report, *United States — Standards for Reformulated and Conventional Gasoline*, ¶22, WT/DS2/AB/R (Apr. 29, 1996), WTO D.S.R. 1996:I, 3, at 20.

(65) 小林献一「信義誠実則の表象としてのGATT XX条柱書——ブラジル・再生タイヤの輸入事件を素材に——」『日本国際経済法学会年報』第18号（2009年）127頁以下所収 130-131頁。

(66) Appellate Body Report, *Brazil — Measures Affecting Imports of Retreaded Tyres*, ¶227, WT/DS332/AB/R (Dec. 3, 2007).

(67) *US — Clove Cigarettes* (AB), *supra* note 1, ¶179, n.372.

(68) *Id.*, ¶179, n.372.

(69) Comment by Robert Howse to *Questions on Impact of Cloves on GATT National Treatment*, INT'L ECON. L. & POL'Y BLOG (Apr. 6, 2012, 1:24 PM).

(70) *US — Tuna II (Mexico)* (AB), *supra* note 50, ¶225.

(71) *US — Clove Cigarettes* (Panel), *supra* note 17, ¶7.283. 米国による同様の主張として、*US — Tuna II (Mexico)* (AB), *supra* note 50, ¶119 を参照。

(72) *US — Clove Cigarettes* (Panel), *supra* note 17, ¶7.285. メキシコによる同様の反論として、*US — Tuna II (Mexico)* (AB), *supra* note 50, ¶119 を参照。

(73) この論点は、本学会第22回研究大会での筆者の研究報告に対して米谷三以教授からいただいた質問から着想を得ている。両者が一貫した基準を有するべきとの立場を上級委員会が採用したと解するものとして、James Flett, *WTO Space for National Regulation: Requiem for a Diagonal Vector Test*, 16 J. INT'L ECON. L. 37, 64 (2013).

(74) *US — Clove Cigarettes* (AB), *supra* note 1, ¶181.

(75) 同様の結論として、Zhou, *supra* note 24, at 1113-114.

(76) Joost Pauwelyn, *Questions on Impact of Cloves on GATT National Treatment*, INT'L ECON. L. & POL'Y BLOG (Apr. 6, 2012, 1:08 PM).

(77) 拙稿「国境調整措置とWTO協定——米国の地球温暖化対策法案の検討——」『地球温暖化対策と国際貿易——排出量取引と国境調整措置を巡る経済学・法学的分析——』225頁所収249-252頁（有村俊秀、蓬田守弘、川瀬剛志編、2012年）。

(78) WorldTradeLaw.net, *Implications of the Clove Cigarettes Appellate Body Report for GATT Article III: 4*, DISPUTE SETTLEMENT COMMENTARY BLOG (Apr. 27, 2012).

【注記】
本稿は、筆者の「TBT協定における『事実上の差別』の取扱い」と題した本学会第22回

研究大会（2012年11月24日(土)，大阪市立大学）での研究報告に加筆・修正したものである。本稿に述べられている見解は執筆者個人の見解であり，筆者が属する組織の意見を代表するものではない。

【付記】
なお，本稿の脱稿後に，以下の重要な文献に接した。内記香子「WTO・パネル上級委員会報告書解説⑤ 米国・クローブ入りタバコ規制事件（インドネシア）（DS406）——TBT協定2.1条と GATT 3条4項の関係を中心に——」（RIETI PDP13-P-013, 2013年6月）。

（外務省経済局 WTO 紛争処理室　外務事務官）

論　説　自由論題

RCEP 協定における紛争解決制度に関する考察

福　永　佳　史

I　はじめに
II　東アジア経済連携を巡る議論の経緯及び紛争解決制度の扱い
III　RCEP 交渉の特徴と紛争解決制度への示唆
　1　ASEAN+1 FTA 紛争解決制度と RCEP 紛争解決制度
　2　ASEAN 紛争解決制度と RCEP 紛争解決制度
　3　RCEP 基本指針における主な基本原則と RCEP 紛争解決制度
IV　RCEP 協定の紛争解決制度における潜在的課題
　1　実効性・迅速性の担保
　2　RCEP 協定と ASEAN+1 FTA との関係
V　RCEP 交渉に向けた「途上国への配慮」の検討
VI　おわりに

I　はじめに

　2012年11月，東アジア地域包括的経済連携（以下，「RCEP」）協定の交渉入りが合意された。関係国首脳に承認された「RCEP 交渉の基本指針及び目的」[(1)]（以下，「RCEP 基本指針」）では，物品貿易，サービス貿易，投資，知的財産，競争，経済協力と並び，RCEP 協定に盛り込むべき要素として「紛争解決」（Dispute Settlement）を挙げる。しかし，既に政府間の作業部会において議論を積み重ねてきた物品貿易等の分野と異なり，紛争解決制度については，何ら政府間の議論が進展していない。本稿は，RCEP 協定における紛争解決制度に関する考察を試みるものである。[(2)]

　まず，第 II 節において，RCEP 構想に至る東アジア経済連携を巡る議論の経

緯と紛争解決制度の扱いについて紹介する。第Ⅲ節では，前章の議論を踏まえた上で，ASEAN＋1 FTA 紛争解決制度，ASEAN 紛争解決制度，RCEP 基本指針を頼りに，RCEP 交渉において紛争解決制度がどのように扱われるかを論じる。第Ⅳ節では，主に紛争解決の実効性・迅速性の確保の観点から，RCEP 紛争解決制度の潜在的課題を検討する。特に，RCEP に独自の事情として，RCEP 協定と ASEAN＋1 FTA との関係に言及する。第Ⅴ節では，交渉に向けて事前に検討すべき課題として，「途上国への配慮」について論じる。第Ⅵ節は結語である。

Ⅱ　東アジア経済連携を巡る議論の経緯及び紛争解決制度の扱い

　RCEP は，ASEAN＋3 を加盟国とする東アジア自由貿易圏（以下，「EAFTA」）構想[3]，ASEAN＋6 を加盟国とする東アジア包括的経済連携（以下，「CEPEA」）構想[4]に原点を有する地域 FTA 構想である。2000年に中国が提案した EAFTA 構想，2006年に日本が提案した CEPEA 構想とも，二次にわたる民間専門家による研究（トラック2）を実施し，2009年にはフェーズ2研究会報告書がそれぞれ ASEAN＋3 首脳会議及び東アジア首脳会議に提出された。2009年から2011年には政府間の議論に進み，「ASEAN プラス」と呼ばれる4つの作業部会が設置され，両構想の具体的な内容に関する検討が行われた[5]。この間，2007年に物品協定を締結した ASEAN 中国 FTA（ACFTA）を皮切りに，日本，韓国，インド，豪州，ニュージーランド各国が ASEAN との FTA を締結し，2010年までに「ASEAN＋1」と呼ばれる FTA ネットワークが完成した[6]。RCEP 交渉は，こうした民間専門家・政府関係者による研究・検討，そして，ASEAN＋1 FTA（発効済）の上に組み立てられている。

　それでは，2004年以来の各種の検討の場で，紛争解決規定はどのように扱われてきたのだろうか。まず，EAFTA 民間研究報告書，CEPEA 民間研究報告書は，いずれも紛争解決制度の必要性に言及している。しかし，経済学者を中

心とした場であり，議論の具体化の度合いは低い。第 2 に，EAFTA 民間研究会2009年報告書（フェーズ 2）は，紛争解決について，東アジア域内に78の二国間自由貿易協定が成立する状況との比較において，「共通のモダリティとひとつの紛争解決機関（a dispute settlement body）」を擁する地域大の自由貿易協定（すなわち，EAFTA）が成立することが望ましいとしている。第 3 に，CEPEA 民間研究会2009年報告書（フェーズ 2）では，ニュージーランド専門家意見が紛争解決制度について，CEPEA 国際事務局が担うべき機能として言及する。具体的には，①協議，②仲裁パネル又は仲裁廷の指名，③仲裁廷の判断による譲許の撤回又は修正，という 3 段階を想定している。また，①紛争解決制度が WTO の各種義務と整合的であること，WTO と CEPEA のいずれが最終的な管轄権を有するのかを明確化すべきこと，②二国間の公式・非公式の協議により，公式の紛争解決手続を回避しうること，③発展途上国が紛争解決制度に効果的に参画する上で技術協力が必要である可能性があること，を指摘している。

　EAFTA/CEPEA 民間研究会に続く，ASEAN プラス作業部会（2009年～2011年）では，紛争解決規定は検討対象とされず，2011年11月の「RCEP に関する ASEAN 枠組み」（ASEAN 首脳会議採択文書）においても，何らの言及もなされなかった。しかし，2012年 2 月，ASEAN 経済大臣会合にて，紛争解決章が重要な構成要素であることが合意され，結果として，同年11月に公表された RCEP 基本指針において，紛争解決章を主要な 8 要素のひとつとして，「効果的，有効かつ透明な協議及び紛争解決」が RCEP 協定に含まれることが盛り込まれた。同基本指針は全体として抽象度が高く，紛争解決の形についても，たとえば仲裁パネルを導入するのかといった点については一切言及していない。また，ASEAN 内部の議論でも，紛争解決手続が必要であるとの合意はあるものの，その具体的な内容の検討は進んでいない。

　RCEP 協定は，2013年 5 月に正式に交渉入りした。2015年の交渉妥結目標に

向け,物品貿易,サービス貿易,投資等の実体規定の交渉が進むに連れ,紛争解決規定に関する議論も進むことになる。RCEP協定の紛争解決規定について検討を深める際,以下の4つの視点が重要となる。第1に,RCEP交渉を巡る議論の特徴は何か。第2に,上記特徴を前提とした場合,RCEP協定の紛争解決手続はどのようなものとなると想定されるのか。第3に,仮に,上記の紛争解決制度が導入された場合,どのような問題を生じるのか。最後に,上記問題を解決する上で有用な制度は何か。以下,次節(第Ⅲ節)で先の2点を論じ,第Ⅳ節で最後の1点を検討する。

Ⅲ　RCEP交渉の特徴と紛争解決制度への示唆

1　ASEAN+1 FTA紛争解決制度とRCEP紛争解決制度

RCEP協定は,既存のASEAN+1 FTAの「統合」(Consolidate)のプロセスとして広く認識されている。EAFTA民間研究会2006年報告書(フェーズ1)では,全く新規の交渉を13カ国で行うことも検討されていたが[15],既に同2009年報告書(フェーズ2)では,既存のASEAN+1 FTA(ここでは,ACFTA,AJCEP,AKFTA)を統合するアプローチを提言している[16]。このため,RCEP協定の検討に当たっては,主にASEAN+1 FTAの規定が参照される[17]。

現行の5本のASEAN+1 FTAでは,それぞれ,本協定又は独立文書において紛争解決規定が置かれている[18]。各紛争解決制度は,アドホック・パネル仲裁型であり,多くの共通項目が存在する。従って,「RCEPはASEAN+1 FTAの統合である」との理解に立てば,RCEP協定の紛争解決規定には,当該共通項目が盛り込まれることとなる。本節では,『2013年版不公正貿易報告書』の地域貿易協定・経済連携協定の国家間紛争解決に関する手続の形態とその類型に基づき,ASEAN+1 FTAにおける典型的な共通項を提示する(一部の要素を追加)[19]。その際,AJCEPの条文を例示する[20]。

第1に,拘束力を有する紛争解決手続に訴える前に,当事国間で協議の場を

持つことが義務付けられている（64条1項等）。第2に，紛争解決手続に適用される手続ルールについて，協定に規定する他，パネル仲裁廷が定めることとされている（68条）。第3に，WTOなど，他の協定上の紛争解決手続との優先劣後については，いずれも選択可能とした上で，先行フォーラムの優先を規定する（60条4項）。第4に，パネリストの選考方法について，両紛争当事国が1名ずつ選考した上で，双方の合意により3人目（議長）を選考することとされている（65条2項）。議長について合意が得られない場合，または，一方当事国が一定期間内にパネリストを指名しない場合には，不足するパネリストについてWTO事務局長が指名を行う（65条3項）。第5に，紛争解決機関の決定方法について，コンセンサスを原則としつつ，合意が得られない場合には，過半数による決定を認めている（69条7項）。第6に，上訴手続は規定されていない（69条8項）。第7に，仲裁判断の履行担保手段について，履行期間についての事前の規定はなく，一定の期間内に，履行応報及び期限等に関する当事国間の合意が成立しない場合には，元の紛争解決手続を遂行したパネルに履行期限を定めるよう要請できる（71条2項）。また，履行監視に関する明確な規定はない。パネルは履行方法について勧告することができる（67条）。第8に，対抗措置として，代償及び譲許その他の義務の停止が規定されている（72条）。譲許その他の義務の停止は，一時的なものであり，裁定が実施されないことによる無効化又は侵害の程度と同等の程度に限定される（同条4項）。申立国は，譲許その他の義務の適用の停止の妥当な程度を決定するため，問題をパネルに付託することができる（71条4項）。最後に，いずれのASEAN＋1 FTAも常設事務局は設置しておらず，紛争解決においても事務局の支援機能は想定されていない。

　このように，既存のASEAN＋1 FTAの紛争解決規定は，基本構造及び主要規定の類似点が多い。細部における差異は，交渉過程で調整可能と考えられる。このため，ASEAN＋1 FTAsの統合を志向するRCEP交渉において，実

質的な議論がなされずに(または交渉プロセスの最終局面に議論が開始され),同様の規定が定められる可能性が高い。日本の立場から見ても,ASEAN+1 FTA の共通項目は,従来,日本が締結してきた FTA の紛争解決規定の典型例にも近いため,これを受け容れることに問題はないようにも思われるが,後に述べるとおり,様々な課題が存在する。

2 ASEAN 紛争解決制度と RCEP 紛争解決制度

2015年に ASEAN 経済共同体の実現を目指す ASEAN10カ国間の経済統合[22]は,ASEAN+1 FTA に共通する基盤であり,内容的にも ASEAN+1 FTA よりも先行していることから,ASEAN 内の FTA(ASEAN 物品貿易協定,ASEAN サービス枠組み協定等)も RCEP 協定の議論の参考にされている。特に ASEAN プラス作業部会(税関手続)では,ASEAN 物品貿易協定を中心としつつ,ASEAN+1 FTA の関連規定が比較参照された[23]。したがって,RCEP の紛争解決章についても,既存の ASEAN+1 FTA に加え,ASEAN の紛争解決規定を参照する形で検討が進むものと予想される。

ASEAN 内部の紛争解決制度は,ASEAN+1 FTA とは大きく異なる。従来は,1996年紛争解決制度議定書に基づく[24],比較的緩やかな制度を擁していたが,2004年 ASEAN 紛争解決制度議定書[25]により,「Enhanced Dispute Settlement Mechanism」(EDSM)と呼ばれる,WTO 型の紛争解決制度が導入された。ASEAN 紛争解決規定には,ASEAN+1 FTA との対比において,以下のような特色ある項目が含まれている(以下に記す条文は2004年議定書による)。

第1に,紛争解決手続の適用対象には,ASEAN 物品貿易協定,ASEAN サービス貿易協定,ASEAN 包括的投資協定といった典型的な FTA 項目のみならず,幅広い ASEAN 経済協定が含まれる。具体的には,別表において適用対象協定が列挙されているほか,将来締結される ASEAN 経済協定にも適用される(1条1項)。第2に,協議段階において,ASEAN 事務総長の職権に

よる斡旋, 調停, 仲介が規定されている（3条, 4条）。第3に, WTOの紛争解決機関（DSB）と同様の機能を果たす政府間協議体として, 高級経済事務レベル会合（Senior Officials Meeting: SEOM）が規定されている（2条）。SEOMは, 各国経済省（貿易省に相当）の高官が代表を務める会合であり, 通常は経済大臣会合に向けた調整を担うが, これに紛争解決に係る役割を与えたものである。WTOと同様に, パネルの設置, パネル報告書の採択, 上級委員会報告書の採択等に関するSEOMの決定について, ネガティブ・コンセンサス方式が規定されている（5条1項, 9条1項, 12条13項等）。第4に, 紛争解決手続に適用される手続ルールについて, 協定別表2（Appendix II）に規定する他, パネルが規定する（8条1項）。但し, 実際には, 事前に追加的な手続を定めるべく, 政府間での検討が進められている。[26] 第5に, パネリストの選考方法について, 事前にロースターを作成することとされている（Appendix II, I.4条）。また, 紛争当事国がパネリストを提案するのではなく, ASEAN事務局がロースターに基づき, パネリストを提案することとされている（Appendix II, I.6条）。第6に, 上級委員会に関する規定が存在し, 上訴手続が前提されている（12条）。第7に, 仲裁判断の履行担保手段として, 明確な履行期限（15条1項）, またSEOMによる履行監視（15条4項）が規定されている。第8に, ASEANを支える組織としてジャカルタに常設事務局（ASEAN事務局）が設置されており, 紛争解決手続においても, 仲裁パネル・上級委員会を支援すること, また履行監視においてSEOMを支援すること, さらに, 関連文書の授受において中心的な役割を果たすことが規定されている（19条）。最後に, 事前にASEAN紛争解決ファンド（DSMファンド）を設立し, 仲裁パネル等に必要な費用を支弁することとされている。但し, 実際の経費は, 事後に紛争当事国間で負担することが予定されている（17条）。

このように, WTO紛争解決手続をモデルとするASEAN紛争解決手続は, 非常に強い司法制度として設計されており, 他のFTAと比較した場合,

ASEANが有する特異な制度であるといえる。他方，このような強度の司法制度を早期に導入したものの，実際の運用は順調に進んでいないようである。特に，紛争解決規定が機能するための前提条件（例えば，パネリスト選定の前提となるロースターの整備，DSMファンドの設立）が整うまでに長期間を要した点は特筆に価する。[27]現時点でも上級委員会委員は指名されていない。[28] ASEAN諸国が非法的な紛争解決手段を好む背景として，しばしば，文化的要因が挙げられる。[29]途上国一般の問題として，法的な能力制約，財政資源制約，政治経済的プレッシャーに対する恐れが指摘される。[30]しかし，ASEAN諸国の間で紛争が生じないわけでも，（少なくとも一部の国については）その能力が欠如するわけでもないのは，WTO紛争解決手続の活用実績を見れば明らかである。[31] EDSMの運用の遅れは，寧ろ，「2015年のASEAN経済共同体実現を控え，課題が山積する中，具体的な紛争が生じていない以上，優先課題ではない」との理解を反映したものと捉えるべきであろう。[32]

いずれにしても，こうした諸要因の結果として，ASEAN紛争解決手続が実際に活用された事例はない。仲裁手続に達したものがないだけでなく，前置されている協議手続が活用された事例もない。[33]潜在的な紛争案件が生じた場合，紛争解決手続に基づく正式の協議ではなく，各種事務方会合（SEOM, ASEAN物品貿易協定調整委員会等）における非公式の協議及び二国間協議による解決が図られている。[34]したがって，紛争解決制度はASEANの成功例ではなく，大国であるFTAパートナー諸国による「縛り」への懸念も根強い現状を勘案すれば，紛争解決規定の議論において，ASEAN型の制度の適用を主張する可能性は低いものと考えられる。

3 RCEP基本指針における主な基本原則とRCEP紛争解決制度

RCEP基本指針では，8つの基本原則（principles）を提示しており，紛争解決制度との関係でも重要な示唆を得ることができる。

第1に，RCEPは，単にASEAN＋1 FTAの最大公約数的なFTAではなく，ASEAN＋1 FTAをさらに深掘りする内容となる（原則2）。実体規定上，ASEAN＋1 FTAではカバーされていない内容（典型的には，例えばサービス約束表の深掘り）がRCEPに盛り込まれることとなるため，当該約束に係る紛争解決は，RCEP紛争解決制度によって図られることとなる。第2に，しかしながら，現在存在するASEAN＋1 FTA及び二国間FTAは，RCEP協定発効後も引き続き存在し続ける（原則5）。このため，RCEP紛争解決制度とASEAN＋1 FTA紛争解決制度との関係性が問題となりうる（Ⅳ節2参照）。第3に，将来の新規加盟への途が開かれている（いわゆる，Open Accession）（原則6）。このことは，RCEP紛争解決制度が利用される蓋然性を高めることとなる。第四に，RCEP加盟国間に開発格差が存在することが認識されており，ASEAN＋1 FTAと整合的な特別のかつ異なる待遇の規定，さらには後発開発途上国向けの追加的な柔軟性の規定が盛り込まれる（原則4）。最後に，開発途上国及び後発開発途上国向けの技術協力が提供される（原則7）。特に最後の2点は，RCEP紛争解決制度に盛り込まれうる内容を直接示唆する。

まず，特別のかつ異なる待遇が紛争解決規定にも盛り込まれる可能性が高い。現行のASEAN＋1 FTAの紛争解決規定の多くには，紛争解決に関する特別のかつ異なる待遇は盛り込まれていない。よって，「ASEAN＋1 FTAの統合」との理解に立てば，同待遇がRCEP紛争解決章に盛り込まれる可能性は低い。しかし，RCEP基本指針において原則として謳われた以上，紛争解決規定が例外となるとは限らない。実際，最も新しく締結されたAANZFTA（17章・協議及び紛争解決）では，ASEAN新規加盟国（CLMV諸国）に対する特別のかつ異なる待遇を規定する（1718条）。具体的には，同条1項において，ASEAN新規加盟国に対して紛争解決規定を用いる際に，「妥当な自制」を講じる義務を規定する。同条2項は，一方当事者又は双方がASEAN新規加盟国である場合，パネル報告書において，どのような配慮がなされたのか，明記すると規定する。

このように，特別のかつ異なる待遇を規定しているという点において，AANZFTA は特徴的であるが，規定の内容は，それぞれ WTO 紛争解決了解に類似の規定があるという点において，必ずしも目新しいものではない（1 項の規定は WTO 紛争解決了解（DSU）24条1 項，2 項は DSU12条11項に類似した規定が存在する）。他の ASEAN＋1 FTA の起草時に，どの程度，特別のかつ異なる待遇規定が検討されたか定かでないが，AANZFTA が最も新しい協定であること，また，RCEP 交渉の基本原則として特別のかつ異なる待遇が合意されたことを勘案すれば，紛争解決規定においても，AANZFTA1718条と同様の条文を導入することが提案される可能性が高いといえる。

次に，紛争解決規定に関連して，途上国及び後発途上国への技術協力に関する措置が盛り込まれる可能性がある。現行の ASEAN＋1 FTA では，紛争解決手続に関する技術協力は行われていない[35]。これに対し，WTO の DSU では，DSU27条2 項など，国際事務局の存在を前提とした援助措置が規定されている。しかし，現時点では RCEP 事務局を設置するとの合意はなく，同様の措置が利用可能であるか否か不明である[36]。このような中，紛争解決手続に関連するどのような技術協力が盛り込まれるのか，見込みが立たない。

これらの規定が盛り込まれる可能性を踏まえ，日本としてどのように対応するべきかについては，第V節においてさらに，論じる。

Ⅳ　RCEP 協定の紛争解決制度における潜在的課題

これまで，ASEAN＋1 FTA を含め，アジアの FTA 紛争解決制度が利用された事例はない[37]。しかし，RCEP においては，WTO 紛争解決手続における主要プレイヤーである日本，中国，韓国，インドが含まれており，従来の ASEAN＋1 FTA 以上に，紛争解決手続が利用される可能性が高いものと考えられる[38]。例えば，日本の立場からすれば，中国との貿易紛争において，RCEP 紛争解決手続を活用する必要に直面する可能性がある（RCEP において WTO 以上の譲許

が行われている場合など)。さらに，RCEP 基本指針（原則 6）はオープン・アクセッションを規定しており，新規加盟により，中期的には加盟国がさらに拡大する可能性がある[39]。したがって，現行の ASEAN＋1 FTAs の紛争解決制度が十分に実効的かつ迅速に紛争解決が可能か，より実効性を高めるために導入すべき方策がないか，改めて検討しておく必要がある。

本節では，まず，一般的な観点から紛争解決の実効性・迅速性について扱い，次に RCEP に特有の課題として，RCEP 協定と ASEAN＋1 FTA との関係に着目した分析を行う。

1 実効性・迅速性の担保

FTA 紛争解決制度が実効的にかつ迅速に紛争を解決できるかという観点では，いくつかの潜在的課題が存在する。

第 1 に，FTA 紛争解決手続において，紛争当事国が実質的に仲裁手続を妨害できる場合があることが指摘されている[40]。特に，NAFTA 紛争解決規定に基づく米国シュガーシロップ事案において，米国がパネルの指名を遅らせる形で，実質的に仲裁プロセスを妨害したことが知られている[41]。この点，RCEP 交渉参加国間の二国間 FTA についても同様の制度設計上の制約があるが[42]，現行の ASEAN＋1 FTA では，一方当事国がパネル構成員を一定期間以内に指名しない場合には，①他方当事国が指名したパネル構成員を唯一の仲裁人（sole arbitrator）とする，又は② WTO 事務局長等による指名を認める[43]，といった方策を講じているため，問題が生じないものと考えられる[44]。他方，仮に RCEP 国際事務局が設置される場合には，ASEAN 紛争解決手続と同様，RCEP 国際事務局長による指名や，ロースターの整備といった方策を検討する余地が生じる。

第 2 に，加盟国が増加する中（RCEP の原加盟国が16ヵ国となることが見込まれる），RCEP 協定では多数申立国，第三国参加等が実際に利用される可能性が

高まる。現行の ASEAN+1 FTAs では、いずれも、多数申立国（multiple complainants）、第三国参加（third parties）の規定が置かれているが[45]、これまで活用されたことはない。これらの規定について、実際に案件が生じた場合、円滑な問題解決が可能かという観点で見直す余地があるのではないか。たとえば、複数の仲裁パネルが同時並行する場合でも、パネリストを同一にするよう努力規定がある中[46]、仲裁人選考プロセスにおいて、多数申立国が、申立国側パネリストの選考に速やかに合意できるか。また、第三国参加が増加した場合、紛争当事国（申立国・被申立国）にのみ費用負担を求め、第三国への費用負担を認めない ASEAN+1 FTA の制度設計が適当か[47]。寧ろ、2004年 ASEAN 紛争解決制度議定書14条3項が定めるように第三国にも費用負担を認める道を開くべきではないか[48]。又は、RCEP 国際事務局が設立される場合、WTO と同様、国際事務局予算が経費を負担するべきではないか。こうした論点について検討を深めていく必要があろう。

第3に、履行監視制度についても検討を要する。ASEAN EDSM では、WTO と同様に、SEOM が履行監視を行うこととなっている（2004年 ASEAN 紛争解決制度議定書15条6項）。いずれの加盟国もパネル報告書または上級委員会報告書の履行に関する問題を提起することができる（同項第2文）。また、SEOM が異なる合意をする場合を除き、パネル報告書、上級委員会報告書の履行に関する問題は、SEOM の議題に盛り込まれる（同項第3文）。これに対し、ASEAN+1 FTA は同様の履行監視制度を持たない。当該紛争が純粋に二国間問題に留まらず、第三国も関心を持つ場合には、ASEAN SEOM や WTO DSB に相当する全加盟国が参加する会議体によるモニタリングは、透明性の維持及び履行に向けたプレッシャーの負荷という点で大きな役割を果たす。加盟国が増加し、紛争案件や利害が複雑化する中、従来の ASEAN+1 FTA とは異なる履行監視の制度設計を検討するべきである。この場合、ASEAN SEOM の役割に鑑みれば、ASEAN 及び FTA パートナー諸国による SEOM

会合に同様の役割を与えることが，最も自然な選択肢であろう。

最後に，WTO 及び ASEAN とは異なり，ASEAN+1 FTAs ではパネルを支援する事務局機能が想定されていないが，RCEP 国際事務局設置が提案される場合には，紛争解決の迅速な解決が確保するため，国際事務局に紛争解決に関する権能を与えることを検討する余地が生じる。[49]

2　RCEP 協定と ASEAN+1 FTA との関係

RCEP 基本指針は，RCEP 協定の発効後においても，現行の ASEAN+1 FTA 及び二国間 FTA を存続させることを定めている（原則5）。この結果，RCEP 協定と ASEAN+1 FTA の関係について，以下の2つの潜在的課題が発生する。

第1に，紛争解決制度間の調整規定が問題となり得る。[50] WTO 紛争解決規定と FTA 紛争解決規定との競合が生じる問題は広く知られている。[51] 第1に，WTO との関係において，WTO 手続進行の抑止不能という問題がある。WTO パネル・上級委員会は，適用法規が WTO 協定に限定される。このため，仮に FTA にフォーラム選択条項が規定されたとしても，当該条項に拘束されない。[52] この点，加盟国が重複する複数の FTA が存在する場合（例えば，RCEP と AJCEP）で，双方の規定で「先行フォーラム優先型」の調整規定が盛り込まれている場合，パネルは同規定を参照することが可能であり，WTO とは問題状況が異なる。第2に，WTO と FTA の関係において，「同一紛争」の定義の不明確及び困難等の問題が存在することが指摘されている。[53] 複数の FTA が並存する場合，それぞれ別個の条約であり，常に請求原因の同一性を欠くため，それぞれ独立の異なる紛争解決手続が存在すること自体は，理論的には問題とならない。[54] このため，実質的に「同一」の紛争について，WTO に加え，複数の FTA における紛争解決が進行し，紛争解決の長期化，複雑化を引き起こす可能性がある。結果として，国際通商法秩序の「断片化」が進行する危険性が[55]

高い。加盟国が重複する複数のFTAが存在する場合で，全ての関連FTAにおいて「先行フォーラム優先型」の規定が盛り込まれている場合でも，この問題は解決しない。RCEPの場合，RCEP紛争解決規定とWTO紛争解決規定との競合に加え，ASEAN+1 FTA，二国間FTA等の紛争解決規定の競合が問題となりうるため，状況はより複雑である。例えば，日タイ二国間貿易関係については，内容によっては，WTO，RCEP，AJCEP，日タイFTAの4つの紛争解決規定が競合することとなる。更に，例えば，日マレーシア二国間FTAについては，WTO，RCEP，AJCEP，日マレーシアFTA，そしてTPPの5つの規定が競合することとなる。この結果，フォーラムショッピングの余地が大幅に拡大し，紛争解決の長期化，複雑化の度が増す懸念がある。

　このようなフォーラムショッピングが引き起こす問題について，「国際法の多元的構造に由来していることであって不可避」との考え方もある。しかし，問題を事前に回避し，最小化するための制度設計の工夫は必要である。例えば，1つの理想的な制度設計として，WTOがすべてのFTAを含む紛争解決を行うような制度設計が考えられる。しかし，DDA交渉が停滞する中，DSUの改定だけが先行して妥結する見込みは立っていない。他方，RCEP協定は，まさに制度設計段階にあることから，域内に存在するFTAとの関係について整理する余地がある。例えば，RCEP紛争解決機関が，域内に包含する他のFTA（ASEAN+1 FTA及び二国間FTA）専属的に管轄することを規定することが考えられる。RCEP紛争解決機関による専属管轄を認めた場合，フォーラムショッピング可能性は，多くの国にとって，WTO及びRCEPの二者択一，又はWTO，RCEP及びTPPの三者択一となるため，問題の根本的な解決にはならないものの，問題の程度を縮小することができる。但し，現行のASEAN+1 FTAの多くは，各FTAに基づくパネル判断が最終的かつ拘束力のある判断である旨を規定しており，当該規定の改正（及び各国における批准）を要するとすれば，実際には非常に困難な制度設計であると言わざるを得ない。

第2に、既存のASEAN＋1 FTAパネルが用いられた場合のRCEPパネルへの実質的な影響が潜在的な課題となりうる。既に述べたとおり、RCEP協定の内容の検討に当たり、既存のASEAN＋1 FTAが大きな役割を果たしている。実務上も、RCEP協定に先んじる形でASEAN＋1 FTAが運用されているため、短期的にはRCEPよりもASEAN＋1 FTAに基づく紛争が先行するものと考えられる。交渉時においてASEAN＋1 FTAが参照されたとしても、法的にはRCEPと別個の協定である以上、RCEPパネルがASEAN＋1 FTAパネルに拘束されるわけではないし、参照する義務もない。しかし、RCEP協定とASEAN＋1 FTAとの関係は、一般的な独立のFTA間の関係とは異なり、実体規定が類似するものとなる可能性が高いことに加え、加盟国の重複度合いが高い。WTOとFTAの関係性について、Buschは、WTO紛争解決機関が「FTAパネルの判断に拘束されない」との理解をしている点を指摘する。特に、WTOパネル・上級委員会の判断が「正当な期待」を形成する旨を指摘した、Japan―Taxes on Alcoholic Beverages (DS11)の上級委員会報告書において、全加盟国によって「承認された」(endorsed)との文言が用いられている点、逆に、NAFTA等のパネルがこうした状況からほど遠いという点を指摘する。それでは、ASEAN＋1 FTAパネルにより、過半数の国によって「承認された」場合の影響はどうであろうか。仮に、ACFTAに基づく紛争解決が開始された場合、RCEP協定加盟16カ国中、11カ国（ASEAN及び中国）が意見提出、第三国参加等の機会を得るのに対し、その他の5カ国はこうした機会を得ない。過半数の加盟国（16カ国中11カ国）が参加する形で形成された解釈は、実質的にRCEP協定の解釈に影響を与える潜在的なリスクがあるのではないか。こうしたリスクを勘案すれば、ASEAN＋1 FTAに基づく紛争解決について、他のRCEP加盟国への透明性の確保（紛争案件の存在・進捗状況や、パネル報告書の共有）、RCEP加盟国からの参加の機会（例えば意見提出の機会の確保や第三国参加の機会の付与）を確保することが望ましい。これらの点は、現行規定の

改定を伴わずとも，例えば，「ASEAN+1 FTA 紛争解決制度の運用に関する共通ガイドライン」を設定するといった対応をすることも考えられることから，実現可能性のある選択肢であろう。

V　RCEP 交渉に向けた「途上国への配慮」の検討

前節では，ASEAN+1 FTA 紛争解決制度の共通項が，そのまま RCEP 紛争解決制度として導入された場合の潜在的課題について論じた。こうした課題を解決するために，日本を含む先進国が，紛争解決制度の強化（ASEAN+1 FTA との比較において）を提案する場合，途上国からの反対，又は消極的な対応が予想される。既に述べたとおり，RCEP 協定では，AANZFTA に規定された特別のかつ異なる待遇が盛り込まれる可能性が高い。さらに，技術協力の枠組みが導入される可能性がある。こうした状況を踏まえ，日本としては RCEP 交渉に備え，「途上国への配慮」を如何に実現するのか，事前に検討しておく必要がある。

第1に，特別のかつ異なる待遇の適用対象国の範囲は，「ASEAN 新規加盟国」ではなく，後発途上国とする必要がある。AANZFTA では，特別のかつ異なる待遇の適用対象国は「ASEAN 新規加盟国」（いわゆる CLMV 諸国）とされている。このため，WTO の定義では既に後発途上国から外れているベトナムが含まれている。「ASEAN 新規加盟国」の定義は時代を追うとともに追加される可能性があるものの（例えば，東チモールが ASEAN に加盟した場合），CLMV 諸国が当該概念からの「卒業」を法的に規定する議論は行われていない。さらに，仮に「卒業」が規定されるとすれば，ASEAN 諸国の内部的な意思決定によるものであり，その他の RCEP 加盟国が意思決定に関与する可能性は低い。最後に，仮に「ASEAN 新規加盟国」との概念を用いた場合，オープン・アクセッション（基本指針 6）により，将来的に ASEAN 以外の後発途上国（例えば，バングラデッシュ）が RCEP 協定に加盟する場合の不公平さの問

題が生じる。従って，特別のかつ異なる待遇を規定する場合には，WTO が規定する後発途上国の定義に従うことが適当である。

　第 2 に，ASEAN が AANZFTA の特別のかつ異なる待遇以外に，追加的な規定を提案してくる可能性がある。RCEP 基本指針（原則 4）は，途上国に対する特別のかつ異なる待遇に加え，ASEAN 加盟国の後発途上国に対する追加的な柔軟性を与える旨，規定する。この文言は，紛争解決規定にかかる特別のかつ異なる待遇の適用対象範囲が後発途上国に留まらない可能性があることを示唆する。現時点では ASEAN 内部の議論は全く進んでいないが，WTO-DSU 改定交渉の過程では中国やインド等が，特別のかつ異なる待遇の適用拡大を提案してきた。特に，勧告履行期限の延長については，2004年 ASEAN 紛争解決議定書に取り込まれている。同議定書では，SEOM がパネル・上級委員会の報告書等を採択した後，60日以内の履行を求めている（15条 1 項）。紛争当事国の一方が履行のためにより長い期限の設定を要請した場合，他方当事国は，当該案件に係る特定の状況を勘案し，好意的な検討（favorable consideration）をしなければならない（同 2 項第 1 文）。期限延長の要請は，理由なく（unreasonably）否定されてはならない（同項第 2 文）。履行のために国内法の立法を要する場合には，より長い期限が認められる（shall be allowed）（同項第 3 文）。なお，WTO の定義において全ての ASEAN 諸国は途上国であり，上記の条文は全ての加盟国に適用される。このように，特別のかつ異なる待遇の要素は，既に ASEAN 紛争解決規定の一部に見られ，RCEP 交渉の中でも類似の提案がなされる可能性がある点に留意する必要がある。

　第 3 に，ASEAN 諸国が，RCEP 基本指針（原則 7）に基づき，紛争解決規定にかかる技術協力を要請してきた場合に備え，対応策を検討しておく必要がある。技術協力が一般的なキャパシティ・ビルディング・セミナー等に留まる範囲においては問題とならないが，具体的な紛争に関与する形での技術援助を行う場合には，当該技術供与国が紛争当事国となる可能性があるため，何らか

の中立化措置が必要となる。この点で特に留意する必要があるのは、ASEAN諸国による Advisory Center on WTO Law（ACWL）の活用頻度の高さである。ACWL は、WTO 法及び紛争解決に関し、途上国（特に後発途上国）に対して法的訓練、支援及び助言を行うことを目的として2001年に設立された国際機関である[67]。現時点で途上国30カ国、先進国11カ国が加盟する（日本は加盟していない）。RCEP 交渉参加国では、インドネシア、フィリピン、タイ、ベトナム、豪州、インドの6カ国が加盟している[68]。ACWL は、WTO 紛争解決手続に関する研修等を実施することに加え、実際の紛争事案について、協議前段階での事案の評価からパネル会合における Advocacy まで、深く関与している。これまでに41件の WTO 紛争事案に対して支援を行っているが、そのうち、15件が ASEAN 諸国（タイ9件、フィリピン3件、インドネシア3件）、3件がインドに対する支援であった[69]。ACWL の権限は WTO 法及び紛争解決であって、FTA に基づく紛争解決に対する支援は行っていない。こうした状況に鑑みれば、RCEP 協定交渉を契機として、ACWL の権限に FTA に基づく紛争を加える可能性、又は「アジア版 ACWL」を設立する可能性も検討に値する[70]。

　最後に、以上の視点に横断的な課題として、紛争解決制度の財政面の設計が途上国に与える影響が指摘されている[71]。WTO ではパネル・上級委員会自体に係る必要経費が WTO の一般予算から支払われていることに加え[72]、途上国は ACWL を活用することによって、弁護士費用等を抑えることができる。これに対し、ASEAN EDSM では、紛争解決に係る費用を負担するために ASEAN DSM ファンドが設立されているが、実際には紛争解決制度が利用される度に、紛争当事国が必要経費を補充することとされている[73]。この結果、より開発レベルの低い途上国は、自国の財政制約により、ASEAN EDSM を積極的に活用できない（場合によっては、被申立国としての積極的な活動すらできない）危険性がある[74]。ASEAN+1 FTA では、単に訴訟費用は当事国が負担することとされており[75]、同じく、途上国の利用可能性において課題を孕んでいる。RCEP 紛争解

決制度の設計にあたり，途上国側から問題提起される可能性に留意する必要があろう。

VI おわりに

RCEP 交渉は，2013年に開始された。紛争解決制度の導入は既に合意されているが，その具体的な内容に関する検討は始まっていない。これまでの RCEP 協定に至る議論の経緯及び特徴に鑑みれば，RCEP 協定の紛争解決規定は，ASEAN＋1 FTA 紛争解決規定の共通項であるアドホック・パネル型を基礎としつつ，特別のかつ異なる待遇及び技術協力に関する規定を盛り込んだものとなる可能性が高い。その上で，潜在的課題として，①紛争解決の迅速性・実効性確保，また，② RCEP に特有の問題として，ASEAN＋1 FTA との関係性について検討し，制度設計を改善する余地がある点を指摘した。また，日本としては，途上国による特別のかつ異なる待遇及び技術協力の要求に対する回答を事前に検討しておく必要がある。今後，本格化する RCEP 紛争解決規定交渉に備え，事前に課題を抽出し，特に WTO や ASEAN の紛争解決規定や，指摘されている問題点を参照しながら，積極的に制度設計していくべきである。

(1) Guiding Principles and Objectives for Negotiating the Regional Comprehensive Economic Partnership (hereafter, "RCEP Guiding Principles"), adopted at the First ASEAN Economic Ministers Plus ASAEN FTA Partners Consultations, Aug. 30, 2012. 仮訳については，経済産業省，「東アジア地域包括的経済連携（RCEP）交渉の基本指針及び目的」, at http://www.meti.go.jp/policy/trade_policy/east_asia/dl/RCEP_GP_JP.pdf (as of May 29, 2013).
(2) 協定の履行確保に向けては，紛争解決制度のみならず，合同委員会，国際事務局等の議論を要するが，本稿では紛争解決のみを対象とする。また，国家間紛争解決を対象とし，投資仲裁については本稿における「紛争解決」の対象に含めない。
(3) ASEAN10カ国に加え，日本，中国，韓国を加盟国として想定。
(4) EAFTA の13カ国に加え，豪州，ニュージーランド，インドの合計16カ国を加盟国として想定。
(5) 4作業部会は，それぞれ，原産地規則，税関手続き，関税分類，経済協力を扱った。

紛争解決を含む,その他の分野の検討はなされていない。
(6) ACFTA の他,ASEAN 豪州ニュージーランド FTA (AANZFTA), ASEAN インド FTA (AIFTA), 日 ASEAN 経済連携協定 (AJCEP), ASEAN 韓国 FTA (AKFTA)。
(7) Joint Expert Group on EAFTA Phase II Study, *Desirable and Feasible Option for an East Asia FTA* (2009), at http://www.thaiFTA.com/ThaiFTA/Portals/0/EAFTA_phase2.pdf (as of May 29, 2013), p. 4.
(8) Track Two Study Group on Comprehensive Economic Partnership in East Asia, *Phase II Report of the Track Two Study Group on Comprehensive Economic Partnership in East Asia* (2009), at www.dfat.gov.au/asean/eas/cepea-phase-2-report.pdf (as of May 29, 2013), p. 143.
(9) *Ibid*.
(10) *Ibid*.
(11) 4作業部会の報告書は,2011年に ASEAN+3 経済大臣会合及び東アジア経済大臣会合に報告されたが,その内容は公表されていない。極めて簡単な概要については,経済産業省,「ASEAN プラス 4WG の進捗」,at http://www.meti.go.jp/policy/trade_policy/east_asia/dl/4WG.pdf (as of May 29, 2013).
(12) ASEAN Framework for Regional Comprehensive Economic Partnership, adopted at the Nineteenth ASEAN Summit, Bali, Indonesia, Nov. 17, 2011.
(13) RCEP Guiding Principles, *supra* note 1.
(14) ASEAN 事務局担当者との意見交換。2012年7月16日。
(15) Joint Expert Group for Feasibility Study on East Asia Free Trade Area, *Towards an East Asia FTA: Modality and Roadmap* (2006), at http://www.thaiFTA.com/thaiFTA/Portals/0/EAFTA_report.pdf (as of May 29, 2013), pp. 29-31.
(16) Joint Expert Group on EAFTA Phase II Study, *supra* note 7, p. 22.
(17) 逆に言えば,RCEP 交渉参加国間の FTA であっても,二国間 FTA が参照される頻度が低いことを示唆する。このような考え方は,2006年時点で既に示されている。Joint Expert Group for Feasibility Study on East Asia Free Trade Area, *supra* note 15, p. 33.
(18) 本節での分析の対象としたのは,AJCEP (59条~73条), AANZFTA (1701条~1721条) の他,ACFTA, AIFTA 及び AKFTA に係る紛争解決協定である。Agreement on Dispute Settlement Mechanism of the Framework Agreement on Comprehensive Economic Co-Operation between the Association of Southeast Asian Nations and the People's Republic of China, signed on Nov. 29, 2004; Agreement on Dispute Settlement Mechanism under the Framework Agreement on Comprehensive Economic Cooperation Between the Association of Southeast Asian Nations and the Republic of India, signed on Aug. 13, 2009; Agreement on Dispute Settlement Mechanism under the Framework Agreement on Comprehensive Economic Coopera-

tion Among the Governments of the Member Countries of the Association of Southeast Asian Nations and the Republic of Korea, signed on Dec. 13, 2005.
(19) 経済産業省『2013年版不公正貿易報告書』（経済産業省，2013年），784-789頁。
(20) Agreement on Comprehensive Economic Partnership among Japan and Member States of the Association of Southeast Asian Nations, signed on Dec. 1, 2008.
(21) 一方当事国によるパネリストの指名の遅延があった場合について，ACFTA（7条2項），AIFTA（7条2項）は，WTO事務局長の指名による補充を認めず，他方当事国が指名したパネリストが「唯一の仲裁人」(sole arbitrator) となる旨，規定する。
(22) ASEAN経済共同体の概要については，ASEAN, *ASEAN Economic Community Blueprint* (ASEAN Secretariat, 2008)，石川幸一，清水一史，助川成也編『ASEAN経済共同体』（ジェトロ，2009年）参照。
(23) 原産地規則作業部会及び関税分類作業部会では，ASEAN＋1 FTAが比較対照されている。経済産業省，前掲資料（注11）。また，ASEAN事務局の依頼により，東アジア・アセアン経済研究センター（ERIA）が実施したFTAマッピング研究においても，ASEAN＋1 FTAに加え，ASEAN内のFTAの内容を比較対照することで，RCEP協定における妥結点が模索された。同研究の概要については，Fukunaga, Y. and Isono, I. "Taking ASEAN＋1 FTAs towards the RCEP: A Mapping Study," *ERIA Discussion Paper* No. 2013-02 (2013) を参照。
(24) Protocol on Dispute Settlement Mechanism, signed on Nov. 20, 1996.
(25) ASEAN Protocol on Enhanced Dispute Settlement Mechanism ("ASEAN EDSM Protocol"), signed on Nov. 29, 2004.
(26) 2012年6月13日，ドイツ国際協力公社（GIZ）担当者からのヒアリング。ASEAN事務局の要請を受け，GIZがドラフトを作成し，ASEAN事務局に提出済。
(27) 2011年時点では，いずれも滞っていたが（同年12月16日時点でのASEAN事務局担当者からのヒアリング），2012年中にロースターの整備及び紛争解決ファンドの設立は2012年中に解決した（2013年3月25日時点での同担当者からのヒアリング）。
(28) *Ibid.*
(29) Vergano, P.R., "The ASEAN Dispute Settlement Mechanism and its Role in a Rules-Based Community: Overview and Critical Comparison," presentation at Asian International Economic Law Network, Nov. 16, 2011, at http://aieln1.web.fc2.com/Vergano_panel4.pdf (as of May 29, 2013).
(30) Shaffer, G., "The challenges of WTO law: strategies for developing country adaptation," *World Trade Review*, Vol. 5, No. 2 (2006), pp. 171-198.
(31) ASEAN諸国間の紛争がWTOに持ち込まれた事案として，Malaysia － Prohibition of Imports of Polyethylene and Polypropylene (DS1), Thailand － Customs and Fiscal Measures on Cigarettes from the Philippines (DS371) がある。前者が提起された時点（1995年）では，ASEAN EDSMが設立されておらず，WTOが紛争解決に適したと考

えられる。後者が提起された時点（2008年）で ASEAN EDSM が設立されていたが，本文に記載するとおり，実効的な状況にはなかったことに加え，当時の AFTA 協定では，論点となった関税評価に関する規定がなかったことから，EDSM を活用できる可能性はなかった。前者は手続規定の不十分さ，後者は実体規定の欠如により WTO が選択されたと合理的に考えることができる。しかし，2004年議定書により，手続規定が整備され，2010年には ASEAN 物品貿易協定によって実体規定が整備された現在，ASEAN 諸国がどのようなフォーラム選択を行うのか，明らかではない。

(32) 2011年12月16日，ASEAN 事務局担当者からのヒアリングによる。

(33) 2013年3月25日，ASEAN 事務局担当者からのヒアリング。但し，EDSM 導入前に，マレーシアが AFTA に基づく自動車関税引き下げ期限を延期した際に，代償が交渉されたことがある。Suzuki, S., "Linkage between Malaysia's FTA Policy and ASEAN Diplomacy," *in* Okamoto, J., (ed) *Whither Free Trade Agreements?: Proliferation, Evaluation and Multilateralization* (IDE-JETRO, 2003), pp. 285-314.

(34) 2012年6月21日，カンボジア商業省担当者との意見交換。

(35) ASEAN に対する紛争解決手続分野での協力としては，ドイツ国際協力公社（GIZ）による協力がある。注26参照。

(36) 理論的には，ASEAN EDSM において，ASEAN 事務局が WTO 事務局と同様の機能を果たすことも考えられるが，このような規定も置かれていない。

(37) 注33参照。

(38) 例えば，Nakagawa も東アジア地域における経済紛争の増加を予見する。Nakagawa, J., "No More Negotiated Deals?: Settlement of Trade and Investment Disputes in East Asia," *Journal of International Economic Law,* Vol.10, pp. 861-866.

(39) 香港については，2013年4月の ASEAN 首脳会議において，新たな ASEAN+1 FTA を追求することが合意された。Chairman's Statement of The 22nd ASEAN Summit, "Our People, Our Future Together", Bandar Seri Begawan April 24-25, 2013. 香港の RCEP 加盟は，日本を含む RCEP 諸国の主要貿易投資相手である台湾（Chinese Taipei）の将来的な RCEP 加盟の可能性を示唆する点において，特に重要である。

(40) Fink, C., and Molinuevo, M., "East Asian Free Trade Agreements in Services: Key Architectural Elements," Journal of International Economic Law, Vol. 11, No.2 (2008), pp. 297-298, quoting Panel Report, *Mexico — Tax Measures on Soft Drinks and Other Beverages,* WT/DS/308/R, adopted Mar. 24, 2006, Annex C, p. C-5 and p. C-87.

(41) *Ibid,* p. 298.

(42) *Ibid,* p. 297.

(43) 注21参照。

(44) ASEAN 紛争解決手続において，パネルの設立等におけるネガティブ・コンセンサス規定にも関わらず，実際にはポジティブ・コンセンサスが要求されているとの指摘もある。Sim, E. W., "Improving Governance in the ASEAN Economic Community," pre-

sentation at the Asian International Economic Law Network Inaugural Meeting, Jun. 9, 2009, at http://aieln1.web.fc2.com/Sim_panel4.pdf (as of May 29, 2013), p. 8.
(45) 例えば、AJCEP64条3項（多数申立国）、66条（第三国参加）。
(46) 例えば、AJCEP64条5項。
(47) 例えば、AJCEP73条。
(48) この点、Vergano は、第三国参加の場合の費用負担が明確になっていないことが、却って第三国参加を阻害する危険性があることを指摘する。Vergano, *supra* note 29, p. 10.
(49) 注8参照。
(50) 当該論点は、WTO、TPP、米豪 FTA などの域内の二国間 FTA との間でも、発生するが、本稿執筆時点では、フォーラムショッピングについてどのような扱いがなされているのか、明らかになっていない。TPP の紛争解決制度については、中川淳司「TPP で日本はどう変わるか？ TPP の内容（7）協定運用メカニズム」『貿易と関税』（2012年7月号）6-8頁を参照。
(51) 川瀬剛志「WTO と地域経済統合体の紛争解決手続きの統合と調整：フォーラム選択条項の比較・検討を中心として」『上智法學論集』第52巻第1号第2号合併号（2008年）149-183頁、同第3号（2009年）1-109頁。
(52) 川瀬「前掲論文」（2009年）（注51）29頁。
(53) 川瀬「前掲論文」（2009年）（注51）16-23頁。
(54) 川瀬「前掲論文」（2008年）（注51）174頁。Suami, T., "Regional integration and its legalization," *in* Nakamura, T. (ed.), *East Asian Regionalism from a Legal Perspective* (Routledge, 2009), pp. 178-180.
(55) 例えば、長期化の事例として、米国・カナダ間の軟材に関する事例が知られる。Carmody, C., "Softwood Lumber Dispute (2001-2006)", *American Society of International Law*, Vol. 100, No. 3 (Jul., 2006), pp. 664-674.
(56) 川瀬「前掲論文」（2008年）（注51）151-157頁。Suami, *supra* note 54, p. 180. 但し、RCEP と ASEAN＋1 FTA、二国間 FTA の関係性の場合、WTO が規律する国際通商法制度全体に対するシステミックなリスクとはならない。
(57) 更に、ASEAN 加盟国同士の場合、理論的には、ASEAN、5本の ASEAN＋1 FTA、RCEP、WTO、国の組み合わせによっては TPP が選択肢となるため、9つの紛争解決手続が共存することとなる。
(58) 経済産業省、『前掲書』（注19）790頁。
(59) Hammond, F., "A Balancing Act: Using WTO Dispute Settlement to Resolve Regional Trade Agreement Disputes," *Trade, Law and Development*, Vol. 4, No. 2 (2012), pp. 421-450.
(60) RCEP 紛争解決手続に上級委員会が置かれる場合には、パネル段階での ASEAN＋1 FTA の存在を認めつつ、RCEP 紛争解決手続への上訴を認める可能性も考えられる。

(61) 例えば，AJCEP69条8項。
(62) 厳密に言えば，同一のFTA（例えば，AJCEP）パネルの間ですら，先例拘束性は認められないものと考えられるが，WTOと同様に，「正当な期待」が形成されると考えることは可能である。
(63) Busch, M. L., "Overlapping Institutions, Forum Shopping, and Dispute Settlement in International Trade," International Organization, Vol. 61, No.4 (2007), pp.741-742.
(64) *Ibid.*
(65) WTO, Special Session of the Dispute Settlement Body, TN/DS/25.
(66) Vergano, *supra* note 29, p. 6. 同提案については，現行の運用を法規化するだけとの意見もある一方，懸念を有する国もある。WTO, *Ibid*, p. A-41.
(67) Agreement establishing the Advisory Centre on WTO Law, signed on Nov. 30, 1999, Art. 2.1.
(68) Advisory Center on WTO Law, *Report on Operations 2012* (ACWL, 2012), p. 41.
(69) *Ibid*, pp. 37-38.
(70) Kawashima, F., "Judicialization of the Dispute Settlement Mechanisms in Asian Economic Integrations?: Expectation, Reality and Ways Forward" (presentation at the 3rd Academic Network for Development in Asia International Seminar, Mar. 5, 2011), p. 17.
(71) Vergano, *supra* note 29, pp. 9-10.
(72) WTOにおいても，一般予算とは独立した「DSM Fund」を設立するべきとの意見もある。WTO, *supra* note 65, pp. A-19-A-20.
(73) ASEAN EDSM Protocol, Art. 17.1.
(74) *Ibid.*
(75) 例えば，AJCEP73条1項及び2項。

(東アジア・アセアン経済研究センター（ERIA）上級政策調整官)

論　説　自由論題

投資仲裁における課税紛争
―― 投資受入国の裁量権の保護を中心に ――

ウミリデノブ　アリシェル

I　はじめに――課税権と国際投資に関する国際的義務の対立――
II　課税と投資法との関係
　1　課税と国際直接投資
　2　天然資源投資に対する課税
　3　課税紛争の仲裁適格性（arbitrability）
III　国家の裁量権を縮小し得る IIA 規定
　1　IIA における課税管轄条項の類型
　2　IIA の実体規定
IV　課税に関する仲裁判断の動向
　1　収用と課税に関する仲裁判断
　2　公正待遇と課税に関する仲裁判断
　3　内国民待遇と課税に関する仲裁判断
V　おわりに

I　はじめに――課税権と国際投資に関する国際的義務の対立――

　1990年代以降に国際投資協定（International Investment Agreement. 以下「IIA」とする）及びそれに基づく仲裁が活発になったことに伴い，伝統的に国家の *domaine réservé* とみなされてきた課税は投資仲裁の対象となった。この現象は，21世紀初頭に石油と天然ガスの価格が急騰したことをきっかけとして先進国をも含む大半の資源保有国が課税措置を同分野に適用したこと（この現象を，以下「資源ナショナリズム」とする）によってさらに活性化された。資源ナショナリズム時代においては，投資受入国による課税措置を問題とする紛争が投資

仲裁に付託されるようになり，課税措置につき IIA 違反を認める判断が相次いで下されるようになった。これらの紛争においては，資源保有国である投資受入国の天然資源分野における様々な課税措置が問題となっている。投資受入国の課税主権がこのように幅広く国際仲裁において問題とされるのはこれまでになかった現象である。その結果，天然資源投資を巡る課税紛争に関する投資仲裁の判断が投資受入国の課税主権を制限するという新たな問題が生じることとなった。投資仲裁と課税主権との間にこのような緊張関係が生じた結果，資源保有国である南米諸国において脱 IIA 政策が登場している。

　従来，課税紛争は投資家保護の観点から盛んに研究されて来た。だが，投資受入国の課税主権，特に租税立法及び租税行政に関する投資受入国の裁量権の保護という観点からは，これまで十分な検討がなされているとは言い難い。以下で示すように，IIA において課税は特別な扱いを受けており，IIA 当事国はできるだけ課税事項に関し政策的裁量を維持しようとしている。それに対して，IIA に基づく仲裁判断は，課税事項，とりわけ投資受入国にとって重要な天然資源投資に関する課税紛争において，投資受入国の裁量権に十分な敬意を払っているのだろうか。

　このような問題意識の下，本稿はまず，課税と投資法との関係につき，課税と直接投資の関係，天然資源投資に関する課税，及び課税の仲裁適格性を取り上げ，課税問題を投資仲裁で扱うことの限界を指摘する（Ⅱ）。次に，IIA における課税管轄条項の類型化を行い，各国が IIA において課税問題を如何に扱っているかを明らかにし，投資受入国の課税に関する裁量権を大幅に縮小し得る IIA 実体規定を紹介する（Ⅲ）。さらに，課税に関する仲裁判断の傾向を分析し（Ⅳ），各仲裁判断の評価を行う。以上を踏まえ，最後に，とりわけ投資受入国の今後の IIA モデルに関して政策的なインプリケーションを提示する（Ⅴ）。

Ⅱ　課税と投資法との関係

1　課税と国際直接投資

国家の安寧及び権威にとって，税の賦課と徴収ほど基本的な権限はない。[8] 国家は，その主権を維持し必要な公共サービスを提供するために，税を賦課及び徴収する必要があるからである。近時各国が福祉国家となるにつれ，国家機能の範囲の拡大が見られるが，このことは当該国家が租税に一段と依拠するようになったことを意味する。[9] そこで，投資受入国は租税に関する問題を非常に敏感に取扱ってきた。[10]

自らの財政主権に対し外的な規制を受けたくないという各国の強い態度は，課税の特徴によっても説明できる。すなわち，国家は課税を通じて直接的に自らの国家予算の規模を拡大することができるのであって，国によっては企業の利益がほとんど国家予算に吸収されるような立法さえ行われている。[11] また手続的には，租税が複雑な事実関係の検討を伴う専門家の介入を必要とすることや，租税分野では租税回避或いは脱税が多く，柔軟で迅速に対応できる行政機関を要することが指摘できる。[12] 租税のこのような特徴が認識された結果，例えば，エネルギー憲章条約（Energy Charter Treaty. 以下「ECT」とする）において税の徴収は，条約の実体的義務の適用から除外されているのである。[13]

もうひとつの特徴は，租税が国内において国際投資を効果的に規制するための政治的な手段だということである。[14] すなわち，投資受入国は，自国民による産業を発展させるため，又は，特別な産業若しくは地域を発展させるため，[15] さらには他国と経済的な関係を深め，円滑な取引を行うためにも租税を利用する。このような特徴を踏まえ，後述のように，IIA においては内国民待遇又は最恵国待遇が排除され，租税政策における内外人の区別が認められている例がみられるのである。

2 天然資源投資に対する課税

それでは，なぜ天然資源投資に対する課税をとりわけ問題にすべきなのだろうか。それは，特に天然資源の場合に上述した課税の特徴がより明らかとなり，国家の課税徴収に対する態度が一層敏感になるからに他ならない。すなわち，天然資源は次のような特徴を持つ。第1に，天然資源，とりわけ石油と天然ガスは非常に価値が高く，国家経済にとって大きな推進力となる[16]。第2に，従来大型投資紛争の多くが天然資源投資に関わる問題であった。例えば，2011年末までに ICSID に登録された331の事件の中25％は石油・天然ガス・鉱物資源に関わるものであり，他の分野に比較して圧倒的に多い[17]。第3に，天然資源投資は，それに必要な資本，参加する企業の規模，事業の継続期間において，ほかの種類の投資と大きな違いを有する。すなわち，天然資源産業には大手企業が進出する傾向があり，投資に対する課税を法的観点から検討する際この事実を無視することはできない[18]。第4に，天然資源の世界市場での価格は安定しておらず，常に変動する[19]。これは，疑いなく投資受入国の租税政策に大きな影響を与える[20]。

最後に，重要な点として，天然資源投資に関しては，投資受入国と投資家の目的が通常は一致せず，継続的な緊張関係が存在することも挙げられる。すなわち，当該国の天然資源に投資を行う国際石油会社は通常企業の利益を重視するが，投資受入国は様々な社会的目的（例えば，経済開発）を達成するための政策を考え，その一環として租税を課す[21]。民営化されていない天然資源分野に外国投資家が進出する際，このような緊張関係がとりわけ顕著なものとなる。

上述のような特徴を持つ天然資源投資に対する課税は，国家による他の規制とは異なり[22]，特別な扱いを要すると思われる。このような特徴を持つ課税が，国家の裁判所による裁判ではなく私的な投資仲裁によって処理されることは適切だろうか。次にこの問題を扱う。

3　課税紛争の仲裁適格性（arbitrability）

　課税紛争の仲裁適格性という問題は、従来国際商事仲裁の文脈で論じられて来たが、商事仲裁のモデルを採用している投資仲裁においても同様であり、ここでも学説上議論が激しく対立している。この点が問題となるのは、社会的・政治的な目的にとって重要な課税政策を、選挙で選ばれていない、また説明責任を負わない仲裁廷による審査の下に置くことが、国家主権を害し、租税政策に関する国家の裁量権を縮小するのではないかという懸念があるからである。[23]

　当然ながら、多くの実務家、また国際商事仲裁に関する一部の研究者は、租税事項の仲裁付託可能性を強く主張する。最初に挙げられるのは、途上国の司法制度が公正に判断を下すことができない程未成熟であり中立的なフォーラムが必要であるといった、現状の投資仲裁制度の正当性を支えている一般的な根拠である。[24]また、仲裁の中立性、柔軟性、終局性、秘密性も、租税紛争の解決の民営化のための根拠として強く主張される。[25]さらに、パークは、課税紛争の仲裁付託可能性の問題は理論的問題に過ぎず、実際には仲裁廷は租税事項を問題なく解決していると述べている。[26]課税事項の仲裁適格性を肯定する見解によれば、仲裁廷は課税事項に関する自らの判断が社会に与える影響を認識しながら仲裁判断を下しており、[27]課税事項の仲裁適格性が否定されたのは、コンセッションの安定化条項に関する事例1件に過ぎない。[28]このように、課税問題を仲裁で処理すべきであるという見解の主たる根拠は、投資受入国における司法制度の未成熟、仲裁の効率性、及び、仲裁が公的事項の解決に対応できる制度であること、の3点である。

　課税問題の仲裁適格性に関する最も強力な反対論は、おそらくカーボンネとシェルドリークの研究であろう。[29]彼らによれば、規制的紛争の解決は法的及び商業的な専門知識だけでなく、政治的な判断と価値観の選択をも含むが、国際仲裁人は当該国の政治文化を知らず、自らが下す判断に関して責任を負うことができない。[30]また、課税問題は公法的問題であり、その影響は第三者また広く

社会に及ぶが，仲裁人にはこのような問題を処理する権限もなく，下した判断には責任を負いもしない。さらに，租税法規は独特な性格 (*sui generis* character) を持っており，その内容は当該国の租税行政によって解釈される必要がある。最後に，投資仲裁においては仲裁人が IIA の実体的規定の解釈によって一貫性のある判例を構成しようと試みているが，各国の裁判所毎に租税立法と租税行政に対する敬意が異なることは，課税において一貫した判例の形成を困難にすると思われる。

　以上のように，一方では実務的観点から課税問題の仲裁適格性につき機能的可能性 (functional possibility) を主張する見解が，他方では理論的観点から仲裁廷という機関に課税のような公的事項を付託するべきではないとする見解とが対立しており，議論は未だ決着していない状況にある。以上の議論は主として商事仲裁の場合を念頭になされたものであるが，投資仲裁においてさらにその対立は先鋭化する。すなわち，投資仲裁は IIA に基づいて投資家と投資受入国間における公的紛争を解決する制度であり，国家による公的規制につき IIA との整合性を検討するために仲裁人に幅広い裁量が与えられている。この点から，投資仲裁は商事仲裁に比しより頻繁に課税問題を扱う可能性があり，仲裁判断が与える影響の幅も非常に広範に及ぶことになる。そのため，反対論の指摘する，仲裁人の説明責任の欠如，仲裁プロセスと仲裁判断の非公開性，仲裁判断の一貫性のなさ及び仲裁人の独立性への疑問といった点が，投資仲裁の正統性に対する疑問を一段と深刻なものにするのである。

　従来商事仲裁において，租税に関する紛争が仲裁に付託されても，大抵の場合最終的な判断が下されることはなかった。では，上述のような重大な問題を孕んでいる現在の投資仲裁制度は，実際の課税問題を如何に処理しているのだろうか。仲裁人は公的事項をも考慮に入れながら判断できるという主張を，公共性の強い天然資源への課税に関する投資仲裁事例を題材に検討することによって，この点を明らかにしたい。

Ⅲ 国家の裁量権を縮小し得る IIA 規定

投資仲裁事例の検討に入る前に，課税紛争に対する投資仲裁の管轄権と国家の課税権を縮小し得る IIA 実体規定をここで扱っておこう。課税管轄条項の規定ぶりは投資家に対する投資受入国の保護義務の範囲の決定において重要であり，大抵の国々がこの点において慎重な態度を取っていることが分かる。各国がなぜ慎重な態度を取っているかを理解するためには，当然，IIA 実体規定が投資受入国の課税裁量権をどこまで制限しうるかを検討することが必要である。そこで，まず，IIA において投資受入国が課税事件についてどこまで投資仲裁に管轄権を与えているのかを示すために，課税管轄条項の類型化を行い，次に，国家の課税権を縮小し得る IIA 実体規定とその投資受入国の課税主権への影響を明らかにする。

1 IIA における課税管轄条項の類型

IIA 当事国は租税事項について様々な政策を取っており，また，課税条項は各国の交渉の結果によるものであるため，各 IIA に一貫した傾向はみられない。にもかかわらず，一般的には，課税事項に関して管轄権を完全に否定している IIA と，これを肯定している IIA とに区別することができる。[38]

課税事項に関して管轄権を完全に否定している IIA を課税事項除外モデルという。以下のデンマーク・ロシア IIA11条はその典型例であろう。

"Application of this Agreement……
(3) The provisions of this Agreement shall not apply to taxation."

課税事項に関して一部でも管轄権を認定している IIA を条件付き除外モデルという。例えば，ECT は必ずしも課税事項を協定から排除しておらず，以下のように21条1項に規定されたものにしか協定当事者に課税に関する義務を

賦課することができないとしている。[39]

"Except as otherwise provided in this Article, nothing in this Treaty shall create rights or impose obligations with respect to Taxation Measures of the Contracting Parties"

　さらに，条件付き除外モデルは，投資家保護方式と投資受入国裁量権保護方式とに区別することができよう。投資家保護方式においては，収用・投資契約・資金の移転に限定して投資受入国の課税措置に関し管轄権を認める国もある一方で[40]，日本が締結したIIAのように幅広い範囲で管轄権を認めているものもある[41]。

　他方，投資受入国裁量権維持方式において最も普及している方式は，内国民待遇及び最恵国待遇に関する除外モデルである[42]。これらのIIAにおいて当事国が無差別待遇以外の実体規定に関し課税につき何ら言及しない場合もあるが，このことは，紛争が生じた際には他の規定，とりわけ公正及び衡平な待遇（以下「公正待遇」とする）に関し，簡単に投資仲裁の管轄権が肯定されることになりかねないことを意味する。

　課税管轄条項の類型は，上述の単純な除外モデルと条件付きモデルとに限られない。例えば，課税措置に関する管轄権を収用に限定する場合にも，条約当事国は慎重な態度をとり，課税条項は直接仲裁に付託することができないとするいわゆる"Tax-veto"条項を定めるのが通常である[43]。

　このような，IIA当事国の課税規定に関する様々な政策の正当化根拠はどこに求められるのだろうか。上述した課税紛争の仲裁非適格性という根拠に加え，課税に関する法的関係はIIAではなく寧ろ特別な租税条約において定めるほうが便宜であるという考えが挙げられる[44]。また，課税条項をIIAの草案に入れることによって，IIAの交渉が複雑化し，交渉が成功する可能性が低下することに対する懸念も挙げられるだろう[45]。

2　IIA の実体規定

本節では，課税措置と関わりの強い IIA の実体規定，すなわち収用，内国民待遇及び公正待遇に関する規定の本質的な問題点を明らかにし，国家による課税措置との関係でどのような問題が生じ得るかを考える。

(1) 収　用

ここでの問題は，投資受入国の課税措置がいかなる段階で収用的な課税となるのかである。[46]国際法上国家の課税措置がどの段階で没収的な課税とみなされるのかは明らかにされていないが，[47]正統に行われる課税であれば収用とはみなされないと従来から考えられてきた。[48]というのも，課税は国家主権に関するものであり，その執行によって納税者に一定程度の損害が発生することは当然だからである。[49]しかし他方で，過度の課税によって納税者が破産に直面することも否定できない。[50]さらに，Ⅲ1で述べた通り，条件付きモデルを採用しているほとんどの IIA は，収用規定の課税措置への適用を定めており，これは協定当事国が収用的課税の可能性を認めていることを表していると言えよう。

とはいえ，いくつかの課税及び税務当局の行動はそもそも収用に当たらないとされる。例えば，統一的な増税（uniform increase in taxation）はそれ自体収用とはならない。[51]また，課税の回避や脱税を防止することを目的とする課税措置も通常収用とはみなされない。[52]さらに，天然資源分野独特の超過利潤税は，天然資源の価格高騰に対するものであるから，投資家への経済的影響はなく収用に当たらないと考えられている。[53]

(2) 公正待遇

投資受入国の恣意的，差別的若しくは不当な行動から投資家を保証する公正待遇は，国家の課税に関する法律の制定，解釈，適用プロセスに大きくかかわってくる。[54]租税法令は毎年変更され，また租税行政は複雑であり，投資家は租税立法及びその解釈適用によって損害を受けることが多いため，公正待遇はこのようなリスクから安定した法制度と投資家の正当な期待を保護する。しかし，

条件付きモデルにおいては、公正待遇が課税措置に関して除外されている例もかなりみられるところである。この点につき、パークは、受入国の観点からすれば、「公正」と「衡平」の概念はどのようにも解釈でき国家のどのような措置に対しても利用できる便利な概念であり、投資家の利益のために広く解釈され投資受入国にとって悪影響を与える義務として利用されうるという興味深い指摘をしている[55]。

しかしながら、公正待遇が課税措置について除外されていないIIAもある。ここで指摘すべきは、収用と異なり、公正待遇は課税立法よりも租税行政と対立する可能性があるということである。とりわけ投資家の投資活動に大きな悪影響を与えるものとして、租税法令がその公布の日より前に遡って適用される、いわゆる遡及的な課税は、公正待遇違反が問題となる典型例である[56]。また、投資家の正当な期待の保護のための線引きの基準となるのは、投資が行われた時に有効であった法律であり、それを大きく変更する租税法制度の改正は容易に投資仲裁人の検討対象になる[57]。

(3) 内国民待遇

課税による規制はIIAの無差別原則、その中でも内国民待遇義務と密接な関係を有する。差別的課税、それには課税立法である場合または課税行政である場合があるが、投資家の経済状況に悪影響を与え、最終的には破産に至らせる可能性を有する。内国民待遇の課税事項への適用が多くのIIAで除外されている。その理由としては、投資家と投資受入国間の課税率の低下に関する特別な相互的(quid-pro-quo)交渉による恩恵を、それに参加していない第三投資家に利用させるのを防止すること、変化する経済状況に対応すべく租税政策の柔軟性を保つという意味での課税主権の維持、さらに、外国投資家と競争状況にある国内投資家の保護という産業政策が挙げられる[58]。

他方では、課税は、ツロニが正当に指摘するように、区別することがつきものの分野であると言える[59]。すなわち、様々な政策的理由により課税対象の間に

差を設け,異なる課税制度を導入することが合理的とみなされる分野なのである。

例えば,Feldman 仲裁判断は,この点に関し次のように述べる。

> 「大抵の租税制度のように,租税法は財政政策や公共政策の手段として用いられ,特定の納税者が必然的に優遇される一方で,他の納税者は優遇されず或いは不利な立場に置かれる」(para.113)。

しかし,後述するように,IIA を解釈する仲裁廷は必ずしもこのような政策目的を考えず,寧ろ租税政策に関する裁量の範囲をより狭く考えて判断する場合がある。

Ⅳ 課税に関する仲裁判断の動向

前節で紹介した課税事項に関する投資受入国の IIA に関する政策(Ⅲ1)を念頭に,IIA 仲裁が天然資源投資に関わる課税に関して下したいくつかの重要な判断を分析し,これらの仲裁判断が国家の課税主権にどのような影響を与えているのかを明らかにすることを試みる。検討事項としては,仲裁判断のうちの,収用(Ⅳ1),公正待遇(Ⅳ2),内国民待遇(Ⅳ3)に関する部分に焦点を当てる。

1 収用と課税に関する仲裁判断

投資家の財産権を剥奪する収用と投資受入国の正当な規制との区別という根本的な問題を提起する間接収用と課税との関係は,国家の裁量権の保護という観点からは如何に判断されていると評価できるのか。これまで IIA によって収用的な課税が認定された公表事例は2件に過ぎない。

Goetz 仲裁判断(1999)においては,投資家に与えられた自由地域証の2年後の撤回とそれによる投資家の営業停止を理由に,簡単に間接収用が認定され

ている (para.29)。だが、次のロシアの Yukos 石油会社に関する RosInvestCo 仲裁判断 (2010) はもっと複雑である。すなわち、仲裁廷は、ロシアの広範な裁量を認めつつも、本件では、租税法令の適用、課税評価、財産の競売等において Yukos が他の納税者と相当に異なる待遇を受けた点を指摘し、租税措置と他の措置との組み合わせによってロシアの没収的な措置がなされたことを認めている。

収用と課税の関係は、天然資源に関する他の仲裁判断においても議論されている。総受領高の10%に当たる付加価値税の還付が問題となった EnCana 仲裁 (2006) は、「国際投資は他の活動のように投資受入国によって課される租税の対象になる。投資受入国による特別な約束 (commitment) がない場合には、投資家は投資が行われた期間内に、自らに不利な租税法の変更を禁止する権利も、正当な期待をも持たない。性質上、全ての課税は企業の経済的な利益を減少させる。しかし、極端な場合にのみ課税は課税された企業の収用と効果において同等と判断されうる」と述べ、エクアドル政府の行為が収用を構成しないとしている (para.173)。

また、超過利潤税の賦課によって一時的な利益の停止が問題となった Paushok 仲裁判断 (2011) では、長期にわたり申立人が毎年相当な利益を得ていること、近年の金価格の上昇、さらに2008年11月と2009年8月に超過利潤税法が投資家にとって有利に改正されていることを考慮に入れると、申立人に生じた1年間の赤字は企業を倒産させるのに十分ではないとして、申立人による間接収用の主張を退けた (paras.331-334)。

さらに、4.76％から16.67％の原油に対する輸出課税は、El Paso 仲裁廷 (2011) によれば合理的な課税であり (para.297)、収用を構成しない。

そして、最近出された Burlington 仲裁判断 (2012) は、課税による収用が構成されるためには、投資家は商業的利益 (commercial return) が消滅したことを立証する必要があり、エクアドル政府が投資家の生産物分与契約に対し国内

法により99％の超過利潤税を課したことは収用に当たらないと判断した（paras.397-399, 456-457）[67]。すなわち、このような高率の超過利潤税が課されても、Burlingtonは利益を得ることができるというわけである。

　これらの事件については、以下のようないくつかの傾向を指摘することができる。第1に、収用的な課税の認定において課税措置の効果が支配的基準になっていることである。収用に関する投資仲裁判断を分析する限り、全ての事件において投資財産に対する課税の効果をまず満たされるべき第1の条件として捉えていることが分かる。

　第2に、天然資源に関する投資仲裁判断の多くは、課税を特別なカテゴリーとして捉え、それに関して投資受入国に広範な裁量があることを認めていることが指摘できる。RosInvestCo, EnCana 及び El Paso 仲裁判断においてこのことが明確に指摘されている。

　第3に、仲裁廷が、IIA の規定いかんにより、今後収用的な課税の存在を否定しつつも公正待遇違反を認定するという判断を下す可能性が指摘できよう。すなわち、検討した仲裁判断のうち、EnCana, El Paso 及び Burlington 仲裁判断は、課税措置の収用との関係に限定した判断を行っている。これは、これらの仲裁判断が依拠した IIA の規定ぶりによるものであるが、重要なのは当該課税措置の公正待遇義務違反が認められる可能性が高いという点である[68]。これらの仲裁判断は、課税主権に敬意を払う一方で、条件付きモデルで公正待遇が投資仲裁の管轄権から除外されていなければ、投資受入国による課税措置の IIA 違反が認定されやすいことを示唆している[69]。

2　公正待遇と課税に関する仲裁判断

　次に、投資受入国の状況とは無関係に条約自体によって設定される公正待遇と課税との関係が、いくつかの投資紛争で議論されている。代表的な事例として、Occidental, Total 及び Paushok 仲裁判断が挙げられる。

まず，総受領高の10％に当たる付加価値税の還付が拒否された Occidental 仲裁判断（2004）においては，租税行政の行動が公正待遇違反とされた[70]。すなわち，投資が行われかつ実施されている枠組みが，税務当局の行動によって重要な範囲で変更されたが，それについて Occidental に対する十分な説明が行われなかったのである。そこで仲裁廷は，安定性と透明性に関する Tecmed 仲裁判断における dicta に依拠し（para.154）[71]，法制度の安定性と透明性は，投資受入国が誠実に行動したか否かに関わらない客観的な必要条件であるとした（paras. 185-186）。

次に，原油に対する輸出税の遡及的な適用が問題となった Total 仲裁判断においては，原油に対する超過利潤税は現在一般的なものであり，工業先進国を含め多くの原油生産国において賦課されていることなどが指摘され，公正待遇違反を構成しないと判断されている（paras. 434-436）[72]。問題は，アルゼンチンが Total の要求に応じて，2002年及び2004年に原油輸出税が Total に対し4年間適用されないことを確認していたことであり，アルゼンチンの税務当局が2006年に下位法令の違法な解釈を通してその特別な約束を守らなかったことが公正待遇違反を構成すると判断されたのである。

超過利潤税法の一時的な制定が問題となった Paushok 仲裁判断は，モンゴルが移行経済国であることや，増税が当然には IIA 違反にならないこと，最近の経済危機の影響を受け先進国の立法府も早急の法政策をとったこと，金の採掘がモンゴルの国家予算の重要な源泉であり，その市場価格が大きく上昇したために超過利潤税を課すのは驚くべきではないこと等を指摘しており（paras. 301-305），国家の租税に関する裁量権を広く認めたものと評価されている[73]。

公正待遇に関しては，以下の点を指摘できる。

第1に，Occidental 仲裁判断が頼った Tecmed 仲裁判断の dicta 及びその「客観的な要件」の問題性である。すなわち，この事件において仲裁廷は，客

観的な要件として，税務当局に対し投資家との関係において Tecmed 仲裁判断における「一貫した方法による，曖昧さがない，完全に透明な行動」をとることを求めている(74)。だが，Tecmed 仲裁判断は課税とは関係がなく，租税行政の専門性や複雑性，また脱税に関する政策の必要性等を考慮すると，Tecmed 仲裁判断による公正待遇の当該基準の租税関係への適用は難しいように思われる。

第2に，安定化条項を認めていない投資受入国は，課税主権の執行においてかなりの裁量を維持できることである。このことは，Paushok，EnCana 及び Total 仲裁判断において確認することができる。ただし，条約によるものであれ，国内行政による約束であれ，一旦投資家に安定化条項による保護が付与されると，投資家には正当な期待が生じ，その約束違反は公正待遇違反を構成しうる。

第3に，過去に遡って請求される遡及的な課税についてである。公正待遇違反が認められている Occidental 仲裁判断では，付加価値税の還付に関する契約及び国内法の解釈適用と租税行政の不透明な行動を理由に違法性が認定されているのに対し，Total 仲裁判断では，税務当局による安定化保証の存在と国内法の解釈適用における違反の問題を理由に遡及的な課税が公正待遇違反を構成すると判断されている。これら2つの事件から分かることは，遡及的な課税は基本的には許されているが，それには，安定化条項の付与，国内法の合法的な解釈適用及び租税法令の一貫した解釈等，一定の基準を満たさなければならないということである。

上述した限られた課税に関する仲裁判断から導くことができるのは，公正待遇には，投資受入国のよる法律の適法な解釈や行政による安定化保証の維持，また税務当局の投資家との関係における透明な待遇を求めて，投資家の正当な期待を保護する側面がある，ということである。ただし，Occidental 仲裁判断において租税行政に対して求められた安定性及び透明性についての「客観的な

要件」は，途上国の税務当局に対して大きな負担になる可能性があり，IIA における課税措置への公正待遇の適用において慎重な態度を要すると思われる。

3　内国民待遇と課税に関する仲裁判断

外国投資家と投資受入国の投資家，あるいは投資財産の比較において「同様な状況」をどのように決定するかという本質的な問題を提起する内国民待遇は，課税の場合においてどのように扱われているのだろうか。

Occidental 仲裁判断では，内国民待遇は，国内輸出事業者と比較して外国投資家を保護することを目的としていること等を指摘し，「同様の状況の下」にあるか否かの判断は，事業活動が行われている特定分野のみを比較するだけでは十分でなく，「状況」はすべての輸出事業者が享有する「状況」と解釈しうる，と述べて内国民待遇違反を認めた (paras.171-178)[75]。すなわち，「同様の状況」の内容は投資協定には定められておらず，仲裁はこのことを考慮に入れ，投資家にとって有利になるよう広く解釈したのである。だが，内国民待遇がこのように拡大解釈されると，投資受入国の公益に関する政策自由度が極めて制限される恐れがある。というのも，天然資源課税からの利益は他の産業からの利益よりもはるかに大きいからである。Occidental 仲裁判断に対しては，このような産業別の特徴を考慮に入れていない点が問題点として指摘できるだろう[76]。また，この文脈で重要なのは，投資受入国が，区別の正当な理由を説明できない場合には内国民待遇違反が認められるとされた点である[77]。

ただし，Paushok 仲裁判断は，Sempra 仲裁判断を引用し，産業横断的な比較による差別性の認定方法を否定している。すなわち，「影響を受ける様々な分野の間にはごく当然に重要な相違があるのであり，従って，分野毎に異なる解決策が追求されてきており，今も追求されていることは驚くべきことではない」[78]ため，産業横断的な（cross-industry）相違に基づき超過利潤税が賦課されていることは差別的な待遇を受けていることを意味しない，と述べたのである

(paras.309-315)。具体的判断において仲裁廷は，銅と金の間の差別については，銅に関してモンゴルの国内産業政策があり，また金に関しては脱税行為に対応するために超過利潤税が課されていることを指摘しており，投資受入国の産業政策や国内立法政策等の公益を幅広く視野に入れて判断しているように思われる。このように，2004年の Occidental 仲裁判断後の2011年に下された Paushok 仲裁判断は，投資受入国の租税裁量権に敬意を払った形で，Occidental 仲裁判断の解釈では IIA 違反となり得るような事情でも内国民待遇違反を認めなかった。天然資源課税に伴う公益性を考慮すれば，今後はこのように課税主権を重視した投資仲裁判断が待たれる。

V　お わ り に

ここでは，Ⅱ 3 において設定した課題，すなわち，重大な手続的問題を孕んでいる現在の投資仲裁制度が，実際の課税問題を如何に処理しているのか，という課題をこれまでに得た結論に照らして考える。重複になるが，投資家が収用を主張した天然資源投資に伴う課税紛争においては，仲裁廷の解釈手法により投資受入国の課税主権が制限され，投資受入国の租税に関する裁量権が不当に制限されているとは言い難い。にもかかわらず，EnCana 仲裁判断で著名なノア・ルービン仲裁人，Burlington 仲裁判断においてはフランシスコ・ヴィクナ仲裁人他により，学説上も，投資仲裁の実務上も支持されていない部分的な収用（partial expropriation）を肯定するような強力な反対意見が出されていることに鑑みると[79]，将来，投資受入国の課税に関する裁量権を厳しく制限するような投資家に有利な判断が出される可能性が大いにあると考えられる。内国民待遇に関しても同様のことが言える。IIA 実体規定の課税措置への適用において，投資家に有利な偏った解釈から国内立法政策等の公益を広く視野に入れた解釈への大きな転換が見られるものの，その転換の持続可能性は将来の仲裁判断によって実証される必要があり，やはり不安定性が残る。さらに，公正待遇は，

これまでの課税事件でみたように，投資受入国の行動を投資仲裁の厳しい審査の下に置き，柔軟性を要する租税政策に関する国家の裁量権を大きく制限するおそれがある。

　従って，ここでは3つの実体規定に関しても，一部の締結国が採用しているIIAにおける投資受入国裁量権保護方式の条件付きモデル（収用に関してはTax-veto条項を置き，公正待遇と内国民待遇に関しては課税措置をその適用範囲から除外するもの）の合理性が証明されることになる。ただし，このモデルを採用しているのは一部の国々に過ぎず，大半の国々によって支持されているとは言い難い。また，この方式が採用されていたとしも，その内容がもっと明確にされない限り，投資仲裁による不当な解釈の余地が残る。そこで，仲裁判断がIIAの様々な実体規定に基づいて下されており，時にはそれらが内容上相互に矛盾し，現段階では理論的整理が困難な状況を考慮すると，判例の形成に全てを委ねることは危険であり，「立法的な対応」が必要であると考える。

　立法的な対応について，まず，投資協定の締結を停止させ，その代わりに各プロジェクトに関して投資契約を結ぶべきであるという見解がある[80]。ただし，このような極端な政策は，国際直接投資を必要としている途上国にとっては大きな評価コスト（reputational cost）であり，現実的には考えられない[81]。

　次に，収用はIIAの課税管轄条項の中から除外されるべきではない。なぜならば，RosInvestCo仲裁判断で明らかになったように，収用的課税措置は理論上だけではなく，実際上もありうることだからである。ただし，補償を要しない正当な規制と，補償を要する収用的な規制との間の明確な区別が難しいという根本的な問題を抱える収用条項においては，できる限りその内容を明確にしておく必要がある[82]。また，内国民待遇については，Occidental仲裁判断に対し立法的な歯止めを設ける必要があろう。この点に関し，持続可能な発展の観点から，2005年に提案されたIISDモデルのIIAにおける内国民待遇規定の導入が適切だと考える[83]。なぜならばIISDモデルは，その第5条(E)において内国

民待遇における「同様な状況の下」の内容が明確化され，投資受入国の公的目的（pubic purpose）が大きく重視されているからである。最後に，公正待遇については，そもそもこの規定を IIA から排除するか，または Tax-veto のように一定の行政的な歯止めを課すことが最も適切な選択ではないだろうか。これに対しては，行政機関により問題が処理され，中立的な審判によって解決されていないため衡平及び公正ではない，という批判があるが，NAFTA において実際に Tax-veto の問題が起きた際には，米国国務省と税務当局が共同協議を行う場合があることが指摘されており，必ずしも税務当局が問題を一方的に解決するわけではない。さらに，OECD モデル条約や多くの国の国内法においては，租税問題について申立てがなされた場合には当該税務当局が「適当な回答」をする義務が挿入されており，このような規定を今後投資家保護のために Tax-veto 条項にも設けることで，投資家保護についても適当なバランスを保つことができると考える。

　課税は法・政治・経済に関する伝統の影響を受け，各国毎に異なるのであり，行政的歯止めをかけることによってこのような独自性が配慮され，当該国の公益が最も保護できると思われる。天然資源に伴う課税に関する投資仲裁判断は未だ発展段階にあり，今後の仲裁判断において公正待遇や内国民待遇など課税にとって「危険な」規定の内容が明確になっていくことであろう。

(1) 2011年末の時点で，2833の二国間投資協定（BIT）及び331のその他の協定（自由貿易協定（FTAs），経済連携協定（EPAs）及び枠組み協定（framework agreements）等）が締結されている。本稿では，これらの協定を合わせて「国際投資協定（IIA）」と呼ぶ。UNCTAD, *World Investment Report 2012: Towards a New Generation of Investment Policies*, p.84.
(2) Cameron, Peter, *International Energy Investment Law: The Pursuit of Stability* (Oxford University Press, 2010), pp.7-14.
(3) UNCTAD Report, *Recent Developments in Investor—State* Dispute Settlement, March 2013, p.1 によると，2012年には過去最大の62事件が投資仲裁に付託されている。
(4) 投資家の財産に悪影響を与えたと主張される課税制度の変更が，2002年から2008年ま

での間に17の資源保有国（先進国・途上国双方を含む）で行われたという。Cameron, P. and Kellas, G., "Contract and Fiscal Stability: Rhetoric and Reality," *Wood Mackenzie & CEPMLP* (2008), p.4.

(5) Childs, T.C.C., "Update on *Lex Petrolea:* The continuing development of customary law relating to international oil and gas exploration and production," *Journal of World Energy Law and Business*, Vol.4, No.3 (2011), p.215.

(6) Trackman, L. E., "The ICSID Under Siege," *Cornell International Law Journal*, Vol. 45, No. 3(2012), p. 604.

(7) この問題を部分的に扱った最近の論稿として，Tietje, C. and Kampermann, K., " Taxation and Investment: Constitutional Law Limitations on Tax Legislation in Context," *in* Schill, S. W. (eds.) *International Investment Law and Comparative Public Law* (Oxford University Press, 2010), p. 569がある。

(8) Stephan, P. B., "Comparative Taxation Procedure and Tax Enforcement", *in* Schill, S. W. (eds.) *International Investment Law and Comparative Public Law* (Oxford University Press, 2010), p. 599.

(9) 途上国だけではなく先進国においても，租税への依存度が極めて高いという傾向が確実にみられる。例えば，ヨーロッパ共同体において，平均で租税は加盟国のGDPの40%以上を占める。OECD Tax Policy Studies, *Recent Tax Policy Trends and Reforms in OECD Countries*, No.9, 19 October 2004, p. 16.

(10) Cockfield, A. J., 'Tax Integration under NAFTA: Resolving the Conflict between Economic and Sovereignty Interests' *Stanford Journal of International Law*, Vol. 34, No. 1 (1998), p. 39.

(11) Tietje and Kampermann, *supra* note 7, p.592.

(12) Stephan, *supra* note 8, p.601.

(13) Art.21(1)(b), Energy Charter Secretariat, *The Energy Charter Treaty and Related Documents: A Legal Framework for International Energy Cooperation*, September 2004, p. 65. 同条約は1998年4月16日に発効し，2013年6月現在，EU及び旧ソ連邦構成国を中心に，（ロシアを除く）54カ国が同条約を締結している。本条約は，主として，エネルギー原料・産品の貿易及び通過の自由化並びにエネルギー分野における投資の自由化・保護等について規定している。

(14) Bishop, R. D., Miles, C. and Luzi, R. A., "International Tax Arbitrations," *Latin Lawyer*, Vol.5, No.7 (2006), p.42.

(15) McDaniel, P. R., "Formulary Taxation in the North American Free Trade Zone," *Tax Law Review* Vol.49, No.4 (1994), pp. 715-719.

(16) Erkan, M., *International Energy Investment Law: Stability Through Contractual Clauses* (Kluwer Law International, 2010), p. 3.

(17) The ICSID Caseload—Statistics, No.1 (2013), p. 12.

(18) Fatouros, Arghyrios.A., "An International Legal Framework for Energy" *Recueil des cours* Vol.332 (2007), p. 375.
(19) Broadway, R. and Keen, M., "Theoretical perspectives on resource tax design", *in* Daniel, P., Keen, M., McPherson, C. (eds.), *The Taxation of Petroleum and Minerals: Principles, Problems and Practice* (Routledge, 2010), pp. 20-21.
(20) Waelde, T. and Kolo, A., "Confiscatory Taxation under Customary International Law and Modern Investment Treaties," *CEPMLP Internet Journal*, Vol. 4, No.17 (1999) (電子ジャーナルにより頁数不明)
(21) Otto, J. et al. eds., *Mining Royalties: A Global Study of their Impact on Investors, Government, and Civil Society* (The World Bank Publications, 2006), p. 7.
(22) Tietje and Kampermann, *supra* note 7, p. 597.
(23) Walde, T and Kolo, A., "Coverage of Taxation under Modern Investment Treaties", *in* Muchlinski, P., Ortino, F., Schreuer. Ch., (eds.), *The Oxford Handbook of International Investment* (Oxford University Press, 2008), p. 323.
(24) Stephan, *supra* note 8, p. 600.
(25) Carbonneau, T and Sheldrick, A., "Tax Liability and Inarbitrability in International Commercial Arbitration," *Journal of Transnational Law & Policy* Vol.1 (1992), p. 30.
(26) Park, W. W., "Arbitrability and Tax," *in* Park, William W. (2nd eds.), *Arbitration of International Business Disputes-Studies in Law and Practice*, (Oxford University Press, 2012), p. 681.
(27) Fouchard, P., Gaillard, E., and Goldman,B., *International Commercial Arbitration* (Kluwer Law International, 1999), p. 359; Melchionna, L., "Arbitrability of Tax Disputes", *IBA Section on Business Law, Arbitration and ADR Committee Newsletter* (May, 2004), p. 21.
(28) Gaillard, E., "Tax Disputes between States and Foreign Investors," *New York Law Journal* (April 1997), p. 3.
(29) Carbonneau and Sheldrick, *supra* note 25, p. 23.
(30) *Ibid.*, p. 31.
(31) *Ibid.*, p. 37.
(32) *Ibid.*, pp. 38-39.
(33) Ordower, H., "Restricting the Legislative Power to Tax: Intersections of Taxation and Constitutional Law," *Electronic Journal of Comparative Law*, Vol.11, No.3 (December 2007), p. 4.
(34) Van Harten, G., *Investment Treaty Arbitration and Public Law* (Oxford University Press, 2007), p. 50.
(35) *Ibid.*, pp. 152-153.
(36) Park, *supra* note 26, p. 681.

(37) 商事仲裁の観点から書かれている論文として Park, W. W., "Private Adjudicators and the Public Interest: The Expanding Scope of International Arbitration," *Brooklyn Journal of International Law* Vo.12 (1986), pp.629-674.
(38) UNCTAD, *Taxation* (2000), pp. 33-43.
(39) Energy Charter Secretariat, *supra* note 13, pp.65-67. 条件付きの除外モデルは NAFTA 第2103条(4)(b), (c), (h)においても同様である。
(40) 例えば、カナダが締結する IIA は収用と履行要求以外の規定を課税に適用しない。Canada-Columbia FTA, Art 2204(6) and (7); Canada-Panama FTA, Art 23.04(5)(b); Canada-Peru FTA, Art 2205(6) and (7).
(41) Japan-Cambodia BIT (Art 22); Japan- Singapore FTA, Art 87; Japan- Malaysia FTA, Art 81(5).
(42) とは言え、その反対の例もある。例えば、カナダが締結した IIA には、内国民待遇と最恵国待遇を課税に対しても適用することを肯定した規定がみられる。Canada-Columbia FTA, Art 2204(5)(b) and (7); Canada-Panama FTA, Art23.04(5)(b); Canada-Peru FTA, Art 2205(6) (b).
(43) Joint tax-veto 或いは Joint tax consultation とは、投資家が問題となる課税措置をまず、両国（投資受入国と投資家本国）の税務当局に申し立て、一定期間中に当該税務当局によって問題が解決されない場合に、投資家が投資仲裁に付託することができるという制度である。
(44) 租税条約を利用する場合には、国内法との調整を行うことも可能となる。Walde and Kolo, *supra* note 23, p. 321.
(45) UNCTAD, *supra* note 38, p. 73.
(46) Newcombe, A., "The Boundaries of Regulatory Expropriation in International Law" *ICSID Review—Foreign Investment Law Journal*, Vol.20, No.1 (2005), pp.26-27.
(47) Waelde and Kolo, *supra* note 20.
(48) Wortley, B. A., *Expropriation in Public International Law* (Cambridge University Press, 1959), pp. 38, 45-46.
(49) 1995年に始まり1998年に失敗に終わった多国間投資協定（MAI）の起草担当者も、賦課される課税が当該条約によって収用とみなされ、課税主権が著しく制限されることを恐れ、詳細な注釈を付けている。OECD, *The Multilateral Agreement on Investment* (Draft Consolidated Text), DAFFE/MAI/98(7)/REV1 adopted 22 April 1998, p. 86.
(50) UNCTAD, *supra* note 38, p. 69; Albrecht, A. R., "The Taxation of Aliens Under International Law," *British Yearbook of International Law*, Vol.29 (1952), pp. 171-175.
(51) Sornarajah, M., *The International Law on Foreign Investment* (Cambridge University Press, 2010), p. 405.
(52) OECD, *supra* note 49, p. 86.
(53) Sornarajah, *supa* note 51, p. 405. 反論として以下の論稿があるが、投資家保護の観点

から，課税に関する収用において投資財産は総体としてではなく，個別的に検討されるべきであり，影響を受けた投資財産のみに着目して収用か否かが決定されるべきであるという，納得性の低い議論を展開している。Kolo, A., "Fat Cats and 'Windfall' Taxes in the Natural Resources Industry: Legal and Policy Analysis in the Light of Modern Investment Treaties, *in* Werner, J. & Ali, A. (eds.), *Liber Amicorum: Thomas Walde* (Cameron & May, 2009), pp. 99-120.

(54) Tietje and Kampermann, *supra* note 7, p. 573; Stephan, *supra* note 8, pp. 600-603.
(55) Park, *supra* note 26, p. 688.
(56) Tietje and Kampermann, *supra* note 7, pp. 581-582.
(57) *Ibid.*, p. 585.
(58) Walde and Kolo, *supra* note 23, pp. 325-327.
(59) Thuronyi, V., *Comparative Tax Law* (Kluwer Law International, 2003), p. 82.
(60) Marvin Roy Feldman Karpa v. United Mexican States, ICSID Case No. ARB(AF)/99/1, Award, 16 December 2002.
(61) Goetz and Others v Republic of Burundi, ICSID Case No. ARB/95/3, Award, 10 February 1999.
(62) RosInvestCo UK Ltd. v. The Russian Federation, SCC Case No. Arb. V079/2005, Final Award, 12 September 2010.
(63) *Ibid.*, para.574.「被申立人（ロシア）が正しく主張するように，実質的な剥奪になったとしても各国が租税法の賦課と執行において幅広い裁量を持つことは争われていない。唯一の問題は，被申立人の措置が当該裁量の範囲内にあるか否かである」
(64) EnCana Corporation v. Republic of Ecuador, LCIA Case No. UN3481, Award, 3 February 2006.
(65) Sergei Paushok, CJSC Golden East Company and CJSC Vostokneftegaz Company v. Mongolia, UNCITRAL, Award on Jurisdiction and Liability, 28 April 2011.
(66) El Paso Energy International Company v. The Argentine Republic, ICSID Case No. ARB/03/15, Award, 31 October 2011.
(67) Burlington Resources Inc. v. Republic of Ecuador, ICSID Case No. ARB/08/5, Decision on Liability , 14 December 2012.
(68) これは，El Paso事件判断で指摘されているが，仲裁廷はアルゼンチンの原油に対する源泉徴収税の賦課措置を公正待遇に照らして判断する余地を指摘するにとどまった（paras. 447-449）。
(69) これから紹介するOccidental仲裁判断において，仲裁廷が米国とエクアドルのIIAの課税に関する規定ぶりにより収用の検討から公正待遇にシフトしているのはその一番明確な例であろう。
(70) Occidental Exploration and Production Company v. The Republic of Ecuador, LCIA Case No. UN3467, Final Award, 1 July 2004.

(71) Técnicas Medioambientales Tecmed, S.A. v. United Mexican States, ICSID Case No. ARB (AF)/00/2, Award, 29 May 2003.

「外国投資家は，投資事業を企画しかつ投資先国の規制を遵守するために，関係の政策および行政慣行の目的とともに，投資を規律するすべての規則と規制を事前に知ることができるように，投資先国に対して，外国投資家との関係で一貫した態様で，曖昧さなく，完全に透明に行動することを期待する。」

翻訳は小寺彰「投資協定における「公正かつ衡平な待遇」——投資協定上の一般的条項の機能——」*RIETI Discussion Paper Series* J-026（2008年）10頁による。

(72) Total S.A. v. The Argentine Republic, ICSID Case No. ARB/04/01, Decision on Liability, 27 December 2010.

(73) 小山隆史「税制変更及び自国民雇用要求が公正衡平待遇義務に違反せず，中央銀行の契約違反が最恵国待遇を通じて『拡張された』公正衡平待遇義務に違反するとされた例」『JCAジャーナル』第58巻12号（2011年）52頁。

(74) Occidental v. Ecuador, *supra* note 70, paras.185-186.

(75) 小寺彰「内国民待遇違反を決定する要因は何か」『平成20年度投資協定仲裁研究会報告書』（2009年）40頁。

(76) Occidental 仲裁判断は，損害賠償判断を下すだけではなく，さらに進んで，投資仲裁の歴史上初めて投資受入国の租税上の決定に対し，拘束力がなく無効であるという判断を下したのである（para.202）。Montt, S., *State Liability in Investment Treaty Arbitration: Global Constitutional and Administrative Law in the BIT Generation* (Hart Publishing, 2009), p. 137.

(77) 小寺彰，松本加代「内国民待遇——内国民待遇は主権を脅かすか？——」小寺彰編著『国際投資協定——仲裁による法的保護——』（三省堂，2010年）94頁。

(78) Sempra Energy International v. The Argentine Republic, ICSID Case No. ARB/02/16, Award, 28 September 2007, para.319. この仲裁判断は後に破棄されたが，その理由は差別性に関するものではない。

(79) EnCana Corporation v. Republic of Ecuador, LCIA Case No. UN3481, Partial Dissenting Opinion,30 December 2005, paras.61-73; Burlington Resources Inc. v. Republic of Ecuador, ICSID Case No. ARB/08/5, Dissenting Opinion, 8 November 2012, paras. 23-32.

(80) Yackee, J. W., "Do We Really Need Bits? Toward a Return to Contract in International Investment Law," *Asian Journal of WTO & International Health Law and Policy* Vol.3, No.1 (2008), pp. 121-146.

(81) Montt, *supra* note 76, pp. 145-146.

(82) UNCTAD, International Investment Agreements: Key Issues, Volume II (2004), p. 232.

(83) IISD's Model International Agreement on Investment for Sustainable Development,

(83) p. 5. http://www.iisd.org/pdf/2005/investment_model_int_agreement.pdf (as of May 25, 2013).

(84) 最近は，Tax-Veto 条項が執行され，課税問題が税務当局間で解決された事例も登場している。Gottlieb Investors Group v. Government of Canada, 2007; Response from U. S. tax authority, 23 April, 2008.

(85) Kolo, A., "Tax 'Veto' as a Special Jurisdictional and Substantive Issue in Investor-State Arbitration: Need for Reassessment?" *Suffolk Transnational Law Review* Vol.32 (2009), pp. 475-501.

(86) O'Brien, M., and Brooks, K., "Direct Taxation, Tax Treaties and IIAs: Mixed Objectives, Mixed Results" *in* Mestral, A. and Céline Lévesque, C. (eds.), *Improving International Investment Agreements* (Routledge, 2013), p. 309.

(87) Farah, E., "Mandatory Arbitration of International Tax Disputes: A Solution in Search of a Problem," *Florida Tax Review* Vol.9, No.8 (2009), p. 703.

(88) Park, W. W., "Arbitration and the Fisc: NAFTA's Tax Veto", *Chicago Journal of International Law*, Vol.2 (2001), p. 238.

（名古屋大学大学院法学研究科外国人研究員）

論　説　自由論題

WTO紛争処理制度の意義と限界
── 米国・綿花補助金事件からの示唆 ──

京極(田部)智子

I　はじめに
II　ドーハ開発アジェンダにおける綿花・補助金問題と米国・綿花補助金事件
　1　綿花補助金事件とドーハ開発アジェンダにおける綿花問題・農業補助金削減交渉
　2　米国・綿花補助金事件──原審パネル及び上級委員会の裁定と当事国の反応──
　3　履行確認手続パネル及び上級委員会の裁定と当事国の反応
III　綿花補助金事件・その後
　1　ブラジル，対抗措置承認申請へ
　2　二国間交渉から覚書・枠組み合意の締結へ
IV　考察──綿花補助金事件の結末をどう捉えるか──
　1　綿花補助金事件における「不履行」の要因
　2　「履行・不履行」と紛争の「解決」
V　おわりに

I　はじめに

　1995年の発足以来，世界貿易機関（WTO）の紛争処理制度は多くの案件を扱い，加盟国間に生じた貿易紛争を収めてきており，当初の期待以上に効果的に運用されてきたと評価されている。この理由として，手続の「司法化」が進展したことが挙げられる。すなわち，パネル設置をネガティブ・コンセンサス方式で行うこととした結果としてパネルが事実上自動的に設置されるようになったこと，パネル・上級委員会が法的な判断を下すようになったこと，そのようなパネル・上級委員会による報告書もまたネガティブ・コンセンサス方式に

より事実上自動的に採択されるようになったこと，パネル・上級委員会の報告を受けて出される紛争解決機関（DSB）の勧告の遵守が義務付けられていること，等がその「司法化」の具体的内容とされる。

しかし，一方で，持ち込まれる案件数が蓄積されるに伴い，パネル・上級委員会で違反認定がなされ，DSBから是正勧告がなされても，それが履行されないという案件も散見されるようになった。この点を強調し，こうした案件を「履行問題」として重視する論者もある。彼らによれば，DSBの勧告・裁定には拘束力があり，加盟国にはその遵守が義務付けられているが，それが守られないとなると，WTOにおける紛争解決手続自体の信頼が揺るがされることになり，その実効性と正当性を危ういものにするため，「不履行」が問題となるという。そして，そうした不履行を引き起こす主な原因として，①案件の政治性に起因するもの，②当事者間にルールの解釈等について合意がないもの，③紛争処理制度自体に過大な負担を課すもの，④パネル・上級委員会の判断の欠如や不明確さに起因するもの，⑤不十分な譲許停止額に起因するもの，等を挙げ，「不履行」問題の解決策として，金銭賠償や遡及的に（賠償等を）請求できるようにすること，対抗措置の程度を段階的に引き上げることなどが提案されている。すなわち，「不履行案件」については，それがWTO体制の信頼性を揺るがすことを半ば当然の前提とした上で，専らその要因が検討され，その解決策として紛争処理システムの履行段階における規律の強化等が訴えられているのである。

WTO紛争処理制度は，その司法化に伴い，主観的な利益侵害の是正というわゆる紛争当事国間における紛争処理機能よりも，義務違反の除去による適法状態の回復という法秩序維持の機能へとその主眼を移行させてきていると言われる。こうした論者からすれば，DSB勧告の不履行は，WTOの法秩序維持の観点から問題があることになる。しかし，一方で，WTOにおける紛争解決のための手続を規定する「紛争解決に係る規則及び手続に関する了解

(DSU)」では，「〔DSBが行う〕勧告又は裁定は，〔DSU及び〕対象協定に基づく権利及び義務に従って問題の満足すべき解決を図ることを目的」としており[9]，「紛争解決制度の目的は，紛争に関する明確な解決を確保すること」とされている[10]。また，WTO体制の安定性は紛争処理制度のみによって保たれているわけではない。ラウンド交渉などの法定立機能や行政機能もまた体制の運用を円滑にし，その目的の達成に貢献するものである。このように，WTO紛争処理制度における実際の紛争の「解決」を重視し，また，WTO体制全体における紛争処理制度とその他の機能（ラウンド交渉などの法定立の機能など）の相互作用関係を考慮する観点からは，たとえ，DSBの勧告について「不履行」があったとしても実際の紛争が一定の形で解決され，対象協定に基づく権利が明確に実施されなくともDSBの勧告を前提として当事者間で「問題の満足すべき解決」が図られるのであれば，「紛争に関する明確な解決を確保する」というWTOの紛争解決手続の目的は一定程度達成されており[11]，また，勧告が履行されなくともラウンド交渉などの場で活用されることを通じて「多角的貿易体制に安定性及び予見可能性を与える」[12]中心的要素としての役割をある程度果たすことがありうると考えることもできるのではないだろうか。

　ブラジルが米国の農業関連の保護政策のWTO法違反を訴えた米国・綿花補助金事件[13]は，「不履行」を重要視する論者からは問題視されうる案件であったと言える。米国・綿花補助金事件においては，原手続において米国の数々の違反が認定されたものの，米国はそれらの措置のうちの一部の廃止・改正を行なったのみであったため，その後申立国たるブラジルが履行確認手続に訴え，そこで再度米国の違反が認定されたが，結局米国が措置の撤廃を実行することはなかった。このように，WTO体制における主要国である米国がDSB勧告を履行せず，違反を継続しているという事実は，貿易システムに対して重大な欠陥を作り出し得るものであり，WTO紛争解決手続，ひいてはWTO体制全体の実効性と信頼性を揺るがすものと考えられうる。

しかし一方で，この事件は単に米国の「不履行」で終わったわけではない。履行確認手続において米国の違反が認定された後，ブラジルは対抗措置承認の申請を行ない，DSB による対抗措置の承認を受けて，対抗措置の対象となる産品リストの公表まで行なった。しかし，その後二国間協議によりブラジルによる対抗措置発動は見送られ，米国はブラジルの綿花部門への金銭的援助と次期農業法における該当措置の改正を約束し，事件は一応の収束を見ている。すなわち，本件では，原手続及び履行確認手続において米国の違反を繰り返し認定してはいるものの，裁定の履行，すなわち，米国による WTO 協定違反措置の是正はなされず，紛争の最終局面は二国間交渉に持ち込まれ，一応双方の納得が得られた当面の「紛争の解決」がなされているのである。このことを考えれば，WTO 紛争解決手続における「不履行」はすべてが本当にその限界を示し，WTO 体制の実効性を揺るがすものであるのかについては疑問が残ろう。

　本稿では，「不履行」を問題視する論者が言うところのその「要因」が，綿花補助金事件においては実際何だったのか，そして，それが本当に WTO 体制の実効性を揺るがすものであったのかを検討するために，以下で，まず，綿花補助金事件を分析するに当たり，綿花を巡る状況とドーハ・ラウンド交渉における綿花問題・農業補助金削減問題を見ていくこととする。そして，米国・綿花補助金事件におけるパネル・上級委員会の判断の内容を概観し，本件における紛争の「解決」に至る道筋を見た上で，本件の顛末が示唆する WTO 紛争処理制度の機能と限界を検討する。

Ⅱ　ドーハ開発アジェンダにおける綿花・補助金問題と米国・綿花補助金事件

1　綿花補助金事件とドーハ開発アジェンダにおける綿花問題・農業補助金削減交渉

　綿花補助金事件は，2002年9月にブラジルが米国に対し協議要請をしたのが発端である。ブラジルは，米国が1996年及び2002年農業法に基づき行なってい

た様々な形態の国内助成，輸出補助金，輸出信用保証により綿花をはじめとする農産物を保護していることを問題とした。

　ブラジルが米国を訴えるに至った背景には，3点あったと考えられる。まず，国際綿花市場の状況である。綿花は世界中で栽培されているが，米国とオーストラリアを除けば，その多くの栽培地が開発途上国であり，特にアフリカ地域等では重要な外貨獲得手段となっている作物である。[14]2001年における綿花生産の上位8カ国は，中国，米国，パキスタン，インド，ウズベキスタン，トルコ，ブラジル，オーストラリア，ギリシャ，トルクメニスタンであり，これら上位生産国だけで世界生産の80％前後を占めている。[15]また，綿花輸出の上位8カ国は，米国，オーストラリア，ウズベキスタン，ギリシャ，シリア，エジプト，マリ，ブラジルであったが，第1位の米国だけで世界輸出の約4割を占めている。[16]一方，綿花の国際価格は長期的に低落している状況にあった。価格の低下は主として技術革新等を背景とした生産増加による供給過剰に帰せられるとされるものだが，その要因の1つとして，先進国の過剰な補助金支出によって需要を超える生産がなされていることが挙げられる。特に，米国の綿花については，大量の国内補助金供与により実際の生産者価格よりも大幅に引き下げられて生産・輸出されており，世界市場価格の下落に大きく影響しているとされる。[17]ブラジルは，こうした米国の国内補助金が実質的にはダンピング輸出となっており，綿花の世界市場を混乱させるとともに，ブラジルの利益も損なうものであるとして訴えたのである。

　第2に，ウルグアイ・ラウンドの結果の不公平感である。周知のとおり，ウルグアイ・ラウンドでは，これまでの工業品の関税引下げに加え農産物についても原則関税化等の規律が設定され，サービスや知的所有権なども規律の対象となった。このウルグアイ・ラウンド合意については，新たに交渉対象となった分野において自国の競争力が低いにもかかわらず先進国から大きな譲歩を要求されたことに加え，自国が競争力のある農産物等の品目については先進国か

ら譲歩を得ることが少なく，総じて先進国の利益ばかりが重視されてしまったという不満がブラジルをはじめとする途上国側にあった。特にブラジルは，BRICsの一員として大きく注目されているとはいえ，その貿易品目の中では農産物が依然として重要なポジションを占めており，農産物輸出の市場拡大のため，先進国の農産物保護の撤廃を主張していたのである。

　第3に，これは，第2の点とも関連するが，米国の農業保護の状況である。米国は世界最大の農産物輸出国の1つであり，農産物貿易の自由化を推進していく立場をとっている一方で，種々の政策により自国農業の保護を図っているのが実情である。ウルグアイ・ラウンド終結を受け，米国はその農業政策を大きく転換し，1996年農業法で生産調整の廃止と不足払いから固定払いへの移行を行なったものの(18)，その後の穀物価格の下落やブラジル・アルゼンチンなどの新興途上国の農産物輸出供給力の拡大を受けて米国農業部門の所得が激減したため，2002年農業法において価格変動対応型支払いを導入して不足払いを事実上復活させるなど(19)，その改革路線の修正を余儀なくされた。中でも国内補助金の額は，2002年農業法によりマーケティング・ローン支払い(20)や価格変動対応型支払い等が導入された結果，多額のものとなっていた。ブラジルはこうした国内補助金の支払いが農業協定・補助金及び相殺関税に関する協定（補助金協定）違反であるとして訴えていた。

　一方，ブラジルが米国をWTOに訴えた2002年には，すでにドーハ・ラウンドは開始されていた(21)。WTO発足後初めての多角的貿易交渉であるドーハ・ラウンドは，2001年11月の開始以来ほぼ何らの成果も出せないまますでに12年目に突入している。その膠着状態の原因は主に農業交渉や非農産品市場アクセス交渉における先進国（主に米国）と新興途上国との対立に帰せられるが，綿花問題もまた「開発」を標榜するドーハ・ラウンド交渉全体においてその行方を左右する大きな問題であった。

　「綿花問題」は，綿花生産が主要産業であり外貨獲得手段でもある西アフリ

カ4カ国（ベナン，ブルキナ・ファソ，チャド，マリ）が，2003年に農業交渉において具体的な提案を行なったことに端を発する。これら西アフリカ諸国は，そのGDPの1割を綿花生産に依存し，綿花をその主要輸出品目としており，国際綿花価格が下落し続ける中，その要因が，一部の綿花輸出先進国の莫大な国内補助金による安価な綿花輸出にあるとした。そしてこの4カ国は共同提案の中で，自国における綿花生産と輸出の重要性を訴え，世界市場において競争的地位を獲得するための努力を重ねてきているにもかかわらず，一部の先進国が世界市場価格を引き下げるような莫大な国内補助金を出し続けていることによって多大な被害を受けていることから，2003年9月開催のカンクン閣僚会議において綿花生産及び輸出に関する補助の全廃に向けた段階的な削減措置を設定すること，その全廃までの期間中，綿花を生産する後発開発途上国（LDC）に対して財政的な補償が与えられること，の2点を主張した。さらに，カンクン閣僚会議において議題として綿花問題を取り上げることも別途提案した。この提案は，多くの途上国から支持を受け，「ドーハ"開発"アジェンダ」の象徴的問題とされた一方，世界最大の綿花輸出国である米国がこれに強く反対し，カンクン閣僚会議において決着をみることはなかった。その後2004年のいわゆる「枠組み合意」において，綿花問題が農業交渉の枠内で他の交渉3分野（国内助成，輸出競争，市場アクセス）とは独立に扱われることが決定されることとなる。しかしながら，ドーハ・ラウンド交渉が決着していないことから，この綿花問題もまた解決には至ってない。

また，農業交渉においては，開始当初から米国の農業補助金削減が問題とされており，幾度となく交渉決裂の要因の1つとなっていた。2008年7月の会合においては，米国がその削減額に一応の同意を示すも交渉が決裂し，農業交渉における全体のモダリティが依然として決定されていないことから，農業交渉は進展を見せていない。しかし，ブラジルとしては，提訴当初の段階では，WTO紛争解決手続の場で米国の維持する農業補助金の不当性を証明し，農業

交渉を有利に進めたいという思惑があったと考えられる。

こうした状況を背景として，ブラジルは，2002年9月に米国に綿花補助金をはじめとする米国の農業保護政策についての協議要請を行い，翌2003年2月に，協議不調としてパネル設置を要請した。

2 米国・綿花補助金事件──原審パネル及び上級委員会の裁定と当事国の反応──

ブラジルの主たる訴えは，次の6点であった。[31]

(1) 米国の助成措置はいわゆる「平和条項」（農業協定第13条）違反

農業協定13条は，加盟国の国内助成と農業輸出補助金について，農業協定及び自国が譲許表で約束した削減約束を遵守している限り，当該国内助成及び輸出補助金は相殺関税の対象とならず，補助金協定の適用対象から除外され，また，紛争解決手続に訴えられることはないということを定めるものであり，通常「平和条項」と呼ばれている。ただし，「特定の産品についてのこれらの助成が1992年市場年度中に決定された助成の水準を超えない場合」という条件が付けられており，ブラジルは，2001市場年度における綿花補助金額（約40億ドル）は1992年市場年度における助成水準（約20億ドル）を大きく上回っており，平和条項の保護を受けないと主張した。

(2) 米国の助成措置は国内助成削減約束対象からの除外の根拠について定める農業協定附属書2に違反

ブラジルは，生産調整契約支払い（PFC（Production Flexibility Contract）支払い）及び直接支払い（DP（Direct Payment））[32]は，綿花を基準作付面積に持つ農家が支払いを受ける際に野菜・果物を作付けしてはならないとされていることから，生産に関連する条件が付いている支払いであり，削減約束対象から除外されるいわゆる緑の補助金には当たらないと主張した。[33]

(3) 輸出者向けステップ2支払いは輸出補助金に当たる[34]

ステップ2支払いは，その対象者を国内使用者及び輸出者としており，後者

が農業協定9条1項(a)にいう「輸出が行われることに基づいて（contingent on export performance)」交付される補助金かどうかが問題となった。この点につき，米国は，ステップ2支払いが「補助金」に当たることについては争わなかったが，同支払いは「使用」に基づいて輸出者と国内使用者の双方に支払われているものであり，「輸出が行われることに基づいて」支払われる「輸出補助金」には当たらないと主張していた。

(4) 輸出信用保証措置は輸出補助金に当たる

輸出信用保証措置は，穀物商社などの民間企業が外貨購買力の乏しい国やそうした国の民間企業に対して行う信用売りについて，政府が商品金融公社（CCC）を通じて債務保証を行うという制度であり[35]，ブラジルは，輸出業者が政府に支払う手数料が低すぎ，輸出信用保証制度の「長期的な運用に係る経費及び損失を補てんするためには不十分な料率」[36]であるとして，農業協定10条1項に違反して輸出補助金を回避する目的で輸出信用保証制度を用いていると主張した。

(5) 米国の助成措置は補助金協定にいう「著しい害」を与えるものである

ブラジルは，米国の一連の国内助成措置はいずれも補助金協定2条にいう特定性を有する補助金であり，ブラジル市場，米国市場，世界市場において「著しい価格上昇阻害（significant price suppression)」をもたらしたと主張した。

(6) 2000年FSC廃止・域外所得除外法（2000年FSC-ETI法）に基づく綿花輸出者に対する所得控除は輸出補助金に当たる

ブラジルは，2000年FSC-ETI法に基づく綿花輸出者に対する所得控除が輸出補助金に当たることから，米国・FSC事件履行確認手続におけるパネル・上級委員会報告[37]の判断を，必要な修正を加えて本件に適用すべきと主張した。

原手続パネル及び上級委員会は，このうち，(6)以外のブラジルの主張をほぼ全面的に認め[38]，一連の米国による国内助成措置が農業協定及び補助金協定に違反すること，輸出信用保証措置が補助金協定に違反することを認定した。そし

て，原手続パネル及び上級委員会は，①輸出補助金削減約束の対象品目ではない綿花に対する輸出信用保証，輸出補助金削減約束の対象品目であるコメに対する輸出信用保証，輸出者向けステップ2支払いについての農業協定への整合化，②禁止補助金に該当する輸出者向けステップ2支払い（輸出補助金），国内使用者向けステップ2支払い（輸入代替補助金），綿花及びコメに対する輸出信用保証の廃止，③著しい害をもたらすと判断された国内助成について当該悪影響を除去するための適当な措置をとるか又は当該補助金の廃止，を勧告した[39]。

この判断を受けて米国は，「米国はWTOのルールにのっとって政策を策定してきたと信じており，今回の結果には失望している」と述べながらも[40]，WTO整合性を確保するために，輸出補助金に当たるとの裁定を受けた綿花についてのステップ2支払いを廃止し，輸出信用保証措置については，違反とされた料率について新たなものを公表した。しかしながら，「著しい害」をもたらすとされた各種国内助成措置については勧告実施期限までに変更を行わなかったため，ブラジルは対抗措置実施について申請を行い，対抗措置水準仲裁パネルが設置された[41]。しかし，両国は2005年11月に仲裁手続の中断に合意している。これは，当時の米国2002年農業法の期限が2007年であり，農業法改正の議論の中で補助金削減問題に対応するだろうという期待があったのに加え，同時期におけるドーハ・ラウンド農業交渉の進み具合に対しても期待があったからだと考えられる[42]。米国は，2005年10月，ドーハ・ラウンド農業交渉において黄の政策[43]に当たる自国の農業補助金額を60％削減するという提案を行い[44]，これを契機として交渉妥結の機運が高まったことから，ブラジルとしても，紛争解決手続の場ではなく，農業交渉の場で米国の綿花補助金問題の解決が図られることを期待したのである[45]。しかしながら，その後途上国を中心として米国の国内補助金削減額が不十分であるとの批判が高まった一方，米国は提案以上の削減には応じず，さらには，農業分野における関税引下げ問題，非農産品市場アクセス交渉における関税引下げ問題から，2006年7月には，ラミーWTO事務

局長がラウンド交渉全体の中断を宣言するに至った。[46]

このような状況を受け，ブラジルは，米国の措置は依然としてWTO協定違反であるとして，2006年9月に履行確認手続に訴えた。

3 履行確認手続パネル及び上級委員会の裁定と当事国の反応

履行確認手続においてブラジルは，次の点について，米国の措置が依然としてWTO協定違反であると訴えた。すなわち，ブラジルは，米国が，(1)補助金の供与による悪影響の除去または当該補助金廃止を行なっていないこと，(2)補助金の供与の継続によって著しく世界価格の上昇を阻害しており，ブラジルの利益に対して著しい害をもたらしていること，(3)輸出信用保証措置について廃止措置をとっておらず勧告の実施をしていないこと，等を主張した。[47]

履行確認手続パネル及び上級委員会は，輸出信用保証措置について，米国が原手続の勧告を実施していないことを認定するとともに，国内助成措置については，著しい害が発生し，米国は「当該悪影響を除去するための適当な措置をとり又は当該補助金を廃止する」義務に違反すると認定した。[48]すなわち履行確認手続においてパネル及び上級委員会は，ブラジルの主張を全面的に認め，米国の農業協定及び補助金協定違反を最終的に認定したのである。

Ⅲ 綿花補助金事件・その後

1 ブラジル，対抗措置承認申請へ

履行確認手続におけるパネル及び上級委員会の判断を受けてブラジルは，一時停止されていた対抗措置水準についての仲裁手続の再開を2008年8月25日に要請し，翌2009年8月31日にその判断が出された。

ブラジルは，ステップ2支払いについては，2005年から2006年にかけての支払いに基づき3億5000万ドルの対抗措置を申請し，輸出信用保証については，合計11億2000万ドルの対抗措置を申請，また，相殺措置対象補助金については，

10億3700万ドル相当の対抗措置の承認を求めた。[49]

　対抗措置水準仲裁は，ステップ2支払いについては履行確認手続開始時点で措置が廃止されていたことからブラジルの対抗措置を認めず，輸出信用保証についてのみ1億4740万ドルの対抗措置を認め，[50] 相殺措置対象補助金については，その悪影響を29億500万ドルとし，ブラジルの国際綿花市場における綿花生産シェアに応じて，1億4700万ドルの対抗措置を認め，合計約3億ドル相当（2005年分）の対抗措置を承認した。[51] さらに，ブラジルに認められた対抗措置額が，米国からブラジルへの輸入額を超える場合には，その範囲内で知的所有権の貿易関連の側面に関する協定（TRIPS協定）及びサービスの貿易に関する一般協定（GATS）に関する義務の免除を認めた。[52]

　この判断を受けて，2009年12月，ブラジルは8億2830万ドル相当（2008財政年度分）の対抗措置をとることを発表した。[53] また，クロス・リタリエイションについては各年の米国からの輸入額に依拠するとし，同年の輸入額を5億6100万ドルとして，残り2億6830万ドル相当をクロス・リタリエイションに充てうるとした。[54] そして，2010年3月には対抗措置の対象となる米国産品のリストを発表した。[55] これは，102の米国産品に対し5億9100万ドル相当の報復関税をかけるというもので，主な産品として，タイヤ，自動車，化粧品，食品，医薬品等が挙げられていた。また，クロス・リタリエイションとして，2億3800万ドル相当のTRIPS協定・GATS上の義務の停止を行う旨を発表した。これは，医薬品等の知的所有権，バイオ製品，映画などの著作権が対象であり，例えば，政府の許可を受けて，医薬品について特許使用料を支払うことなくコピー薬の製造や，著作権者の承諾を得ずに映画を公開することが可能となるというものであった。[56]

2　二国間交渉から覚書・枠組み合意の締結へ

　履行確認手続における最終的な違反認定を受けて米国は，この綿花補助金問

題を二国間で解決すべくブラジルと交渉を重ねていた。当初交渉は順調ではなかったものの，ブラジル国内では，対抗措置の実施よりも，米国の補助金が廃止されるまでの間の金銭的な代償や自国農産物の輸入拡大措置等の「実利」を得る方が得策であるという考えがあったとされる[57]。ブラジルは対抗措置の対象産品リストまで公表はしたものの，政府内にも「対抗措置の実施は二国間関係を歪め，どちらも利益を得ることにはならない」との認識はあったようである[58]。すなわち，対抗措置の実施により，逆に米国から特恵関税措置の停止などの「制裁」を受ける可能性も考えられたことから[59]，リストの公表は，二国間交渉を「動かす」ためのものであったとされる[60]。実際，対抗措置対象産品リストの交渉後には，ブラジル国内からは，対抗措置発動よりはむしろ，綿花部門への投資やブラジルの主要輸出農産品である牛肉，オレンジジュース，エタノールなどの輸入増加という代償を得るべきとの見解も出されていた[61]。

　交渉の結果，2010年4月，米国政府とブラジル政府は，綿花補助金問題解決に向けての覚書（MOU: memorandum of understanding）を締結することとなった[62]。その内容としては，ブラジルが対抗措置の発動を60日間見合わせる代わりに，米国は，ブラジルの綿花部門に対する技術支援のためのファンドに対する資金提供（1億4730万ドル／年）を行うこととされ，このファンドは次期米国農業法が成立するまでか，本紛争において相互合意が成立するまで続くものとされた。また，当該ファンドはサブサハラ諸国，メルコスール諸国，ハイチ等の国々における綿花部門に対する技術支援，キャパシティ・ビルディング等にも使用されるものとされた。また，米国は輸出信用保証プログラムの見直しを約束し，さらに，ブラジル・サンタカタリーナ州を口蹄疫ほかの家畜伝染病の清浄地域として認定する規則改正を約束した。これによって，ブラジルは主要輸出農産物である牛肉の対米輸出が可能となったことになる。

　覚書締結後も二国間での交渉は継続され，2010年6月には枠組み合意に達している。この枠組み合意では，次期農業法において綿花補助金を大幅に削減す

ること，米国の輸出信用保証制度について見直しすることが約束され，それまでの間両国間で協議を定期的に行うこと，ブラジルは米国新農業法が決議される2012年9月まで対抗措置を発動しない旨合意した(63)。

このような結果について米国政府は，「枠組み合意は，綿花紛争の恒久的な解決というわけではないが，紛争の解決を視野に入れた，問題とされた農業政策についての継続的議論にとって，特定の中間段階の一歩を示すものである」と述べている(64)。また，米国内では，数10億ドル規模の農業補助金をわずか1億4000万ドルのブラジル等への技術支援のための拠出(65)で守ることができ，また，ファンドについても，病害虫等からの防除，資本設備の拡充等に向けられ，生産者への直接的な補助金の支払いには充てられないように限定していることから，コスト的に見合っているとの肯定的な評価がされている(66)。すなわち，比較的低額の金銭的援助及び政策のわずかな見直しにより，米国経済に大きな影響があったであろうブラジルからの対抗措置を回避し，主要な問題の解決を次期農業法改正時まで先送りすることに成功したことについて好意的な見方がなされていた。しかし一方で，多額の農業補助金を国内農業者に拠出しているのに加え，海外（＝ブラジル）の農業者にまで税金を使うのかという批判もあり(67)，議会におけるファンド拠出額の見直しの議論もなされている(68)。

一方，ブラジルとしては，枠組み合意によって一応の当面の紛争の「解決」には達し，自国農産物の輸出拡大や綿花部門への資金援助などの利益を得ることができたものの，枠組み合意自体は米国の綿花補助金の不当性を正すには十分なものとなっていないことに対する不満は燻っていた。ブラジル国内では，枠組み合意はブラジルが求めていた米国の農業政策の根本的な変更を象徴するような文言に欠けると批判する向きもあったとされる(69)。ブラジルとしては，農業法の改正が直ちには行われえないという米国の国内事情を考慮したこともあり，このような当面の合意には至ったものの，農業法の改正方向如何によっては対抗措置を実施することも考えているとされている(70)。

Ⅳ 考察──綿花補助金事件の結末をどう捉えるか──

1 綿花補助金事件における「不履行」の要因

米国の綿花補助金問題については，その改正が次期農業法まで先送りされ，履行確認手続によって最終的な違反認定がなされた措置について，法的には若干の措置の廃止・改正がなされただけで，主要な措置の改正はなされていない。すなわち，米国の措置は依然としてWTO協定違反のままであるという点において，いわゆる「不履行」案件であったということができる。

なぜ綿花補助金事件はこのような結果になったのだろうか。まず考えられるのは，ブラジルに承認された譲許停止の水準が米国に措置を撤回させるに十分な圧力になると予測されなかったということである。(71) 上述の通り，当初ブラジルは禁止補助金に対する対抗措置として合計約15億ドルの対抗措置を申請していた。しかしながら，対抗措置水準決定仲裁は，約1億5000万ドルが対抗措置として適当であると判断している。これは，輸出信用保証措置について，総額ではなく，ブラジルに対する貿易効果のみを考慮して計算されたことに加え，ステップ2支払いについて，仲裁パネルは，履行確認手続開始時点において廃止されていたことから，同様の措置が2008年に復活していたにもかかわらず，対抗措置水準決定の考慮には入れなかったからである。仲裁パネルは，対抗措置の目的は履行を促すことであり，後者については，当該措置が廃止されている以上対抗措置を認める正当性がないと述べている。(72) さらに，「著しい害」についても，仲裁パネルはブラジルが申請した額とは大きく下回る額のみを認めている。これは，「著しい害」がブラジルの利益のみに対するものであることを示すものであり，(73) 仲裁パネルから提示された額では米国の行動を変えるほどの影響を与え得なかったと考えられる。(74) この点を重視すれば，本件は，不十分な譲許停止額の提示に起因する「不履行」案件であったということができる。

次に，米国にとっては，WTOにおいて自国の適法状態を回復し，国際法を

遵守することよりも，農業保護政策の維持がより重要であったことが挙げられる。国内の政治的圧力の強さから，農業が関連する紛争案件は履行が困難になりがちなのではないかと一般的には推測されるが，実際には，農業案件だからといって必ずしも履行が困難な状況に陥るとは限らない(75)。しかし，公共選択論の考え方によれば，民主主義国家における政治家が政策を選択する際には，一国全体の経済厚生ではなく，選挙の際の票や献金の獲得などの「政治的利得」の最大化を目指すとされる(76)。このことから考えれば，一般的には国内政治に対して強力にロビー活動をすることが可能な農業部門の利益が安易に優先されることが伺えよう。また，いわゆる国際法の遵守理論によれば，国家は将来を見渡した長期的利益のためにルールを遵守するとされるが，本件においては，ルールを遵守しないことに係る不利益のコストを上回る履行コストの存在によって，履行しないことが選択されたということができる(77)。すなわち，長期的利益・短期的利益を勘案した不履行に係るコストに加えて対抗措置に関連するコストを履行に係るコストが上回れば，履行しないことが選択されるわけだが，本件の場合，ブラジルからの対抗措置に関連するコストは米国にとっては低いものと考えられ，さらに，農業団体の反対を押し切ってまで履行を確保するということのコストの高さから，米国は履行しないことを選択したのではないかと考えることができよう。したがって，これらの点を踏まえれば，本件の不履行は，案件の政治性に起因するものということができよう。

第3に，ブラジルのような開発途上国にとっての対抗措置の使いにくさを挙げることができよう。すなわち，対抗措置としてブラジルが米国に報復関税を課すことは，米国経済よりもブラジル国内経済に多大な影響を与えることが予測できたことが大きな問題であった。ブラジルにとって米国は依然として第1位の輸入相手国であり(78)，その品目もブラジルの工業製品輸出を支える航空機の部品や医薬品などが多く(79)，そうした品目に対して関税を上げることはブラジル国内の消費者及び工業界に多大な悪影響を与えると考えられた。加えて，ブラ

ジルは，クロス・リタリエイションの発動により，米国がブラジル製品に付与していた特恵関税措置を中止することやブラジルを知的所有権優先監視国にリストアップすることを恐れたとされる[80]。すなわち，ブラジル自身も認めているように，米国からの輸入品に対する報復関税は「自分で自分の足を撃ち抜くようなもの」だったのである[81]。こうした開発途上国がWTO紛争解決手続を利用する際の問題は，従来から指摘されていることであり[82]，途上国が先進国に遵守を促す手段として知的所有権分野における義務の停止が効果的ではないかとは言われているものの，実際の実施に際しては，このブラジルの例が示すように多くのハードルが存在し，容易ではないと考えられる[83]。

　さらに付け加えるならば，本件における米国の不履行の要因は，ドーハ・ラウンド農業交渉における農業補助金削減問題の影響があったことは否めない。既に述べたとおり，ドーハ・ラウンドは依然として最終的な決着はおろか基本的なルールの枠組みを決めるいわゆるモダリティ案についても合意に至っていない。綿花補助金事件の裁定を受けて米国は，こうした農業補助金問題についてはドーハ・ラウンド農業交渉において議論されるべきとの見解を再三出してきている[84]。一方で，政府内では綿花補助金事件の結果を受けて，農業法のWTO整合性を保つ必要があるとして，2012年農業法改正においてそれを盛り込む意向を示してはいた。しかし，米国議会では，農業ロビーを支持者とする議員からの強い反対があったとされる[85]。ブラジルによるTRIPS協定の義務の免除という対抗措置を恐れた医薬品業界の意向を受けて[86]，米国政府は対抗措置回避のための合意には漕ぎ着けたものの，農業法をWTO整合性を保つように改正するまでには至っていない。農業交渉において議論の大きな対象となっている農業補助金削減問題及び綿花問題について結論が出ていない現状において，米国がWTO紛争解決手続において綿花に対する多額の補助金拠出をはじめとする農業保護政策についての違反を認定されたからといってその政策を変更することはなく，ドーハ・ラウンド農業交渉の進展との兼ね合いで将来に

おける是正を検討するという方向に向かったのだと考えることができよう。す
なわち，農業補助金削減問題のような，基本的には農業交渉の場で解決すべき
問題が実質的な紛争の争点となる場合には，紛争処理の場で違反認定が出され
たとしても，問題とされる措置の撤廃・改正に至らせることは困難であり，実
際の違反是正については，他方面からのアプローチ，すなわち，交渉における
議論の進展が不可欠であると言うことができる。

2 「履行・不履行」と紛争の「解決」

しかしながら，上述の通り，本件については，ブラジル・米国間で二国間交
渉が行われ，一応の「解決」が出されている。このことと「不履行」との関係
はどのように考えればいいのだろうか。

DSB の勧告が「不履行」であることを重視し，それが紛争解決手続，ひい
ては WTO 全体の信頼性や安定性に影響すると考えるのであれば，米国の違
反状態が継続していることは大きな問題となる。すなわち，勧告が必ず実施さ
れることによってのみ「すべての加盟国の利益となるような効果的な紛争解決
が確保され」，それによって WTO の法秩序が維持されると考える立場からは，
本件では，WTO の法秩序の維持がなされていないことになる。WTO 紛争処
理制度は，その司法化に伴い，主観的な利益侵害の是正といういわゆる紛争当
事国間における紛争処理機能よりも義務違反の除去による適法状態の回復とい
う法秩序維持の機能へとその主眼を移行しているとされる。すなわち，こうし
た WTO 紛争解決手続の第一の目的を「国際コントロール」と理解するので
あれば，米国の違反状態を是正できず，結果として加盟国の義務の履行確保に
よる客観的法秩序の維持が保たれていないという本件の結末は，WTO におけ
る紛争処理制度における機能不全を示すと考えられる。

しかし，一方で，ドーハ・ラウンド交渉における農業交渉が進展しない中，
米国という先進国に対し履行確認手続において出された最終的な違反認定を背

景としてその政策の変更に圧力をかけることができたという意味においては，途上国たるブラジルにとってWTOにおける紛争処理の一連の過程は意味があったと言える。すなわち，通常の多国間交渉や二国間交渉ベースでは得ることができなかったであろう米国の政策変更への確約とそれについての監視システム，更には自国綿花部門への財政拠出という結果を最終的に得ることができたということは，それまで先進国との交渉の場面において実のある結論を引き出すことが困難であった途上国にとって，WTO紛争処理制度は，相手国の義務違反が是正できないというWTOの紛争解決手続の目指す目的には合致しない結果になったとしても，意義のあるものとなっていることを意味する。そして本件では，最終的には二国間での交渉となったが，WTO紛争解決手続に付した結果として，覚書・枠組み合意を締結し，WTOに対してその旨を通報しており，WTOにおける「紛争」は当面は「解決」されたということになる。国家間における対立は，「通常，交渉によって開始され，交渉によって終了する」とするならば，本件においては，紛争は「解決」されており，WTO紛争解決手続の役割は，対象協定に基づき法律的観点から裁定を下したり対象協定についての法的解釈を述べることで，二国間対立の解消に寄与するものという，国際紛争処理過程の一部分のみを形成するものと捉えることが出来る。

　また，WTOにおける紛争処理を，法定立の場であるラウンド交渉との関連でみた場合には，紛争処理において一連の判断が出されるということは，たとえ，違反行為が是正されなくても，ラウンド交渉で進展がない問題について，何らかのインセンティブを与えるものとなりうる。そもそも，WTOにおける違反行為については，ラウンド交渉で対象協定の改訂を求め，協定に反映させ，それを違反行為ではないものとするか，紛争処理の場で，違反行為であることの認定を求め，勧告の履行によって違反行為を無くさせる，という2つの方法がある。WTOにおいては，紛争処理における当事国（申立国及び被申立国）は，同時に，法定立の場であるラウンド交渉における当事国である。このことは，

紛争処理における当事者（国民や政府等）と法定立の場である国会の当事者（国会議員）が異なる国内政治過程とは大きく異なる点である。すなわち，WTOにおいては，紛争処理と法定立（ラウンド交渉）がより密接に関連しており，紛争処理で出された結果を利用してラウンド交渉を有利に進めるという戦略，または，進まないラウンド交渉を前に，紛争処理を利用して何らかの結果を先取りするという戦略を各国がとることが十分に考えられるのである。違反措置の是正までは至らなかったものの，米国から法改正の確約と資金提供という「結果を先取り」することができた綿花補助金事件は，まさにそうしたケースだったと考えられよう。

V　おわりに

以上みてきたように，綿花補助金事件は，DSBが勧告した違反措置の是正が行われていない「不履行」案件であり，その要因としては，従来不履行案件となる要因として挙げられているもののうち，案件の政治性や不十分な譲許停止額の提示といった要因に加えて，現在進行中のラウンド交渉の場で取り上げて解決されるべき問題を紛争処理システムに持ち込んで処理しようとするものだったからということが挙げられる。本件は，WTO紛争解決手続の目的をWTO法の客観的な適法状態の確保と考えた場合には，それを阻害し貿易システムに重大な瑕瑾をもたらし得る案件であったと言える。しかしながら，本件を当事国間における紛争の「解決」という観点からみた場合，すでに当事国たる米国とブラジルの間には相互に合意された「解決」への枠組み合意がなされており，DSB勧告が実施されていないという意味では不履行案件といえども，WTO紛争処理制度がその目的である「問題の満足すべき解決」の実現に一定程度貢献していることが分かる。

WTO紛争解決手続に関する不履行の問題については，それを体制を脅かすものとして注視する者がある一方で，そのような不履行案件は数多くある案件

の中でもまれであり，基本的には粛々と履行がなされている案件がほとんどを占め，紛争処理制度には，むしろこうしたある種の「抜け道」は必要であるとする議論もある[99]。そして，綿花補助金事件のように，「不履行」であっても，「紛争」それ自体は「解決」されるという場合もある。このような，不履行案件の問題と紛争処理制度との関係はどのように考えるべきなのか。紛争処理制度の限界を「不履行」にみるのであれば，DSB勧告の履行がなされない案件は大きな問題となるが，WTO紛争処理制度の主要な目的を依然として当事国間における紛争の解決と考えるのであれば，不履行が本当に問題と考えられるケースはより少なくなると考えられよう。すなわち，綿花補助金事件にみたようなDSB勧告の不履行は問題であるものの，紛争が解決されている限りにおいては問題ではないことになる。一方で，綿花補助金事件と同様に，ドーハ・ラウンド交渉で扱われている事項が紛争の争点となり，一連の紛争解決手続を経て違反認定がなされたのち，問題とされた措置が改訂されたというケースも存在する[100]。こうしたケースと綿花補助金事件との相違はどこにあるのだろうか。さらには，綿花補助金事件と同様，DSB勧告は「不履行」でありながらも，紛争自体は「解決」されるというケースや[101]，逆に，DSBの勧告も不履行かつ紛争自体も解決されていないというケースも存在する[102]。そうしたケースをどのように評価すべきなのかについては，今後の課題としたい。

(1) 2013年4月末までに457件の案件が付託されている。*See* World Trade Organization, DISPUTE SETTLEMENT: Chronological list of disputes cases, at http://www.wto.org/english/tratop_e/dispu_e/dispu_status_e.htm (as of May 1, 2013).
(2) 川瀬剛志「WTO紛争解決手続の履行問題——手続上の原因と改善のための提言——」RIETI Discussion Paper Series 06-J-023（2006年）2頁。
(3) 米谷三以「WTO紛争処理手続が果たすべき役割——『司法化』に潜む危険性と提案——」『日本国際経済法学会年報』第8号（1999年）17-18頁，小寺彰『WTOの法構造』（東京大学出版会，2000年）47-52頁，岩沢雄司「WTO紛争処理の国際法上の意義と特質」国際法学会編『日本国際法の100年 第9巻 紛争の解決』（三省堂，2001年）216頁，川瀬「前掲論文」（注2）2頁，伊藤一頓「WTOにおける紛争処理の意義と限

界——司法化の進展と政治的解決の位相——」『国際問題』第597号（2010年）34-36頁。
(4) このような「履行問題」を取り扱ったのが川瀬剛志・荒木一郎編著『WTO紛争解決制度における履行制度』（三省堂，2005年）である。
(5) 川瀬「前掲論文」（注2），川瀬剛志「ルール執行機関としてのWTO——紛争解決手続および多国間監視の現在——」RIETI Policy Discussion Paper Series 10-P-019（2010年）6頁。なお，小寺によれば，国際法上，国際組織の決定について法的拘束力の有無が規定されていなければ，一般的にはそれがないという推定が働くものの，DSBの勧告・裁定は現在では法的拘束力があると理解されている，という。小寺彰「WTO紛争解決手続の性質とその課題」岩田一政編著『日本の通商政策とWTO』（日本経済新聞社，2003年）168頁。
(6) 例えば，ヒューデックは，東京ラウンドにおける紛争処理手続に関する改訂の際に，紛争処理システムに持ち込まれた案件が不履行となるのはその手続になじまない申立て（"wrong cases"）であるからとして，①被申立国の国内政治経済状況等から履行が困難となるようないわゆる一般的な不履行案件（ordinary non-compliance case），②法と現実が乖離し遵守されなくなったルールが問題となることに起因する不作動ルールに関する案件（imperative rules case），③パネルに過大な負担を強いる案件（overtaxing the procedure case）を挙げる。*See* Robert E. Hudec, "GATT Dispute Settlement After the Tokyo Round: An Finished Business," *Cornell Law Journal*, Vol.13, No.2 (1980), pp.159-166．そして，タイラーはヒューデックの分析を基にWTO成立以降の不履行案件を分析している。*See* C. O'Neal Taylor, "Impossible Cases: Lessons from the First Decade of WTO Dispute Settlement," *University of Pennsylvania Journal of International Economic Law*, Vol.28, No.2 (2007)．また，川瀬は，不履行を引き起こす要因として，①案件の政治性，②WTOの実体規範の正当性，③パネル・上級委員会の判断に対する当事国の規範意識の有無，④パネル・上級委員会のそもそもの判断の欠如や不明確さ，⑤不十分な譲許停止額の提示を挙げている。川瀬「前掲論文」（注2）参照。
(7) ウィリアム・J・ディヴィー（荒木一郎訳）「WTO紛争解決手続における履行問題」川瀬・荒木編著『前掲書』（注4）21-23頁。
(8) 伊藤「前掲論文」（注3）35-36頁。
(9) DSU 3条4項。
(10) DSU 3条7項。
(11) 同上。
(12) DSU 第3条2項。
(13) Report of the Panel, United States — Subsidies on Upland Cotton, WT/DS267/R (8 Sep. 2004) [*hereinafter* Cotton Panel Report], Report of the Appellate Body, United States — Subsidies on Upland Cotton, WT/DS267/AB/R (3 March 2005) [*hereinafter* Cotton AB Report], Report of the Panel, United States — Subsidies on Upland Cotton,

Recourse to Article 21.5 of the DSU by Brazil, WT/DS267/RW (18 Dec. 2007) [*hereinafter* Cotton 21.5 Panel Report], Report of the Appellate Body, Report of the Panel, United States—Subsidies on Upland Cotton, Recourse to Article 21.5 of the DSU by Brazil, WT/DS267/AB/RW (2 June 2008) [*hereinafter* Cotton 21.5 AB Report].

⑭　正木響「綿花イニシアティブと西・中部アフリカ4カ国の綿花生産」『平成18年度地域食料農業情報調査分析検討事業　南米アフリカ地域食料農業情報調査分析検討事業実施報告書』（社団法人国際農林業協力・交流協会，2007年）95頁。

⑮　FAOSTAT (2001).

⑯　FAOSTAT (2001).

⑰　Kevin Watkins, "Cultivating Poverty: The Impact of US Cotton Subsidies on Africa," *Oxfam Briefing Paper* 30 (2002).

⑱　1995年までは，目標価格を基準として，販売価格がそれを下回った年にはその差額が支払われるという不足払い制度があったが，1996年農業法でこれを変更し，販売価格等の市況にかかわりなく固定した一定の額が毎年支払われるようになった。服部信司『アメリカ農業・政策史　1776-2010』（農林統計協会，2010年）153頁。

⑲　価格変動対応型支払い（Counter Cyclical Payments）とは，1996年農業法で廃止された不足払いを実質的に復活させたものであり，目標価格を市場価格＋固定支払額が下回った場合にその差額を政府が支払うとするものである。服部『前掲書』（注18）192-194頁参照。

⑳　米国では，農業者は農産物を政府指定倉庫に納めた農産物を担保に政府から融資を受けるという制度があるが，マーケティング・ローンとは，世界市場価格が融資単価を下回っている場合，融資を受けた時の価格（＝融資単価）ではなく，その世界市場価格で融資を返済しうる，という制度である。すなわち，融資単価—市場価格分を政府が補てんすることになり，これに充てられる政府支出をマーケティング・ローン支払いと呼ぶ。服部『前掲書』（注18）126頁参照。

㉑　なお，農業交渉については，ビルト・イン・アジェンダとして，2000年にすでに交渉が開始されていた。

㉒　こうした提案に至った背景として，NGOのオックスファムの後押しがあったとされる。オックスファムは2002年10月に"Cultivating Poverty: The Impact of US Cotton Subsidies on Africa"と題するレポートを発表し（前掲（注17）），米国の国内綿花農家への補助金はアフリカその他の開発途上地域の生活を破壊しているとし，国内で生産する綿花に助成する一方でその綿花を輸出するのはダンピングであり輸出補助金そのものであるとして非難している。また，ジュネーブを本拠地とするNGOであるIDEAS Centreは，これら4カ国に対し，資金や情報の提供，キャパシティ・ビルディング等を行ってきている（*See* at http://www.ideascentre.ch/cotton_2010.html）。

㉓　正木「前掲論文」（注14）95-99頁参照。正木によれば，最初に米国の国内補助金の多さを指摘したのはフランスのアフリカ産綿花を扱う政府系企業の代表であり，共同提案

を行なった西アフリカ4カ国はいずれも旧フランス植民地であったことから，その背後にフランス政府や当該フランス政府系企業がいたのではないかという。正木「同論文」101頁。

(24) WTO, WTO NEGOTIATION ON AGRICULTURE, POVERTY REDUCTION: SECTORAL INITIATIVE IN FAVOUR OF COTTON, Joint Proposal by Benin, Burkina Faso, Chad and Mali, TN/AG/GEN/4 (26 May 2003).

(25) WTO, WTO NEGOTIATION ON AGRICULTURE, POVERTY REDUCTION: SECTORAL INITIATIVE IN FAVOUR OF COTTON, Joint Proposal by Benin, Burkina Faso, Chad and Mali, Proposal on Implementation Modalities, TN/AG/GEN/6 (4 August 2003).

(26) 菅原淳一「動き始めたWTOドーハ・ラウンド交渉──見えてきた最終合意への道筋──」『みずほリポート』（2004年11月11日発行）; Sungjoon Cho, "A Bridge Too Far: The Fall of the Fifth WTO Ministerial Conference in Cancun and the Future of Trade Constitution," *Journal of International Economic Law*, Vol.7, No.2 (2004), p.230.

(27) 2004年7月の枠組み合意では，綿花イニシアティブについては，貿易及び開発の側面から重要であること，開発の観点からは，国際機関や先進国と協力していくことが重要であること，貿易の観点からは，農業交渉の枠内で，他の交渉分野からは独立して適切なプライオリティが与えられ，野心的かつ迅速に，特別に扱うことが言及された。See Doha Work Programme: Decision Adopted by the General Council on 1 August 2004, WT/L/579 (2 August 2004).

(28) 綿花問題については，2004年11月に，農業委員会特別会合において農業委員会の下に綿花小委員会が設けることが決定され（Establishment of the Sub-Committee on Cotton, Decision adopted by the Committee on Agriculture, Special Session on 19 November 2004, TN/AG/13 (26 November 2004)），2005年12月の香港閣僚会議において，①先進国の綿花に対するすべての形態の輸出補助金を2006年に撤廃，②先進国は後発開発途上国（LDC）の綿花に対し無税無枠を与えること（"give duty and quota free access"），③綿花生産に対する貿易歪曲的国内助成は，今後合意されるいかなる一般的なフォーミュラよりも野心的に削減され短期間で実施されること等が確認された（See Ministerial Declaration, Adopted on 18 December 2005, WT/MIN(05)/DEC (22 December 2005), paras. 11-12）。その後のモダリティ案においては，これに沿った提案がなされている。

(29) 後掲（注46）参照。

(30) 交渉決裂の直接の原因は，途上国特別セーフガード問題であったとされる。2008年7月会合について，水野亮「混迷するドーハ・ラウンド〜ジュネーブ非公式閣僚会合の決裂と今後の見通し〜」JETRO WTO/FTA Column, Vol. 052, 2008/10/17; Faizel Ismail, "An Assessment of the WTO Doha Round July-December 2008 Collapse," *World Trade Review*, Vol.8, No.4 (2009) 参照。

(31) Randy Schnepf, *Brazil's WTO Case Against the U.S. Cotton* (CRS Report for Congress, June 21, 2011), pp. 5-12.

(32) PFC支払いは，1996年農業法で導入された生産者への直接支払いで，基準期間に作付けされた指定作物（綿花，コメ大麦などの7品目）について，基準作付面積に応じて生産者に毎年一定額を支払うものである。支払い額は年々減額され，最終的には廃止されることになっており，2002年農業法で廃止されたものの，代わりに指定作物に大豆を追加した同様の構造のDPが導入された。DPでは年ごとの削減は行われず，毎年の支払い額は固定されていた。

(33) 緑の補助金とは，農業協定附属書2に規定される，貿易歪曲的な効果が全くないか最小限であり，生産者に対し価格支持効果がないもので，削減対象とはならない補助金である。生産と関連しない生産者に対する直接支払いや，研究開発，基盤整備，条件不利地域対策などがこれに当たる。

(34) ステップ2支払いとは，一定期間において米国産綿花の北欧輸出価格が北欧の基準価格を一定以上の金額で下回り，かつ，調整国際価格が融資単価の130％以下であった場合に，その差額（北欧輸出価格－北欧基準価格）を政府が補てんするというものである。

(35) 通常の商業ベースよりも有利な条件を提供することになるため，貿易歪曲的効果を持つのに加え，返済ができなくなった場合には，CCCが債権を回収することになっており，実質的には輸出補助金と同じ効果を持ち，輸出補助金の迂回に近いとされる。短期保証（GSM-102：期間90日以上3年未満の保証），中期保証（GSM-103：期間3年以上10年以下の保証），供給者信用保証プログラム（SCGP：直接輸出者に対し海外購入者の代金支払いの信用を保証するもの）がある。

(36) 補助金協定附属書Ⅰ(j)。

(37) Report of the Panel, United States — Tax Treatment for Foreign Sales Corporations Recourse to Article 21.5 of the DSU by European Communities, WT/DS108/RW (20 Aug. 2001), Report of the Appellate Body, United States — Tax Treatment for Foreign Sales Corporations Recourse to Article 21.5 of the DSU by European Communities, WT/DS108/AB/RW (14 Jan. 2002). 米国・FSC事件では，米国外の子会社による販売所得の一部を課税対象から除外することを認める米国歳入法の規定（FSC措置）が輸出補助金とみなされ，その廃止が勧告されたため，米国は，履行措置として2000年FSC-ETI法を導入した。しかし，申立国たるECは，同法の導入はFSC措置の廃止として十分ではないとして履行確認手続に訴え，履行確認手続において，同法による措置（一定の要件を満たす国外活動による所得であれば課税対象から除外できるとした措置）は依然としてFSC措置の廃止としては不十分であるとする報告が出されている。

(38) (6)の主張については，パネル・上級委員会報告は問題となった事件の当事国のみを拘束するのであり，本件とFSC事件は対象措置，問題点，適用法規が同一ではないのに加え，ブラジルが一応の証明を行なっていないとしてブラジルの訴えを斥けている。

See Cotton Panel Report, *supra* note 13, paras. 7. 960-7.987.

(39) Cotton Panel Report, *supra* note 13, para. 8.3, Cotton AB Report, *supra* note 13, paras. 763-764.

(40) "Appellate Body Favors Brazil in Cotton Subsidies Challenge," *Inside U.S. Trade*, Vol. 23, No. 9 (March 4, 2005).

(41) WTO紛争解決手続では，申立国は，被申立国がDSBの勧告を妥当な期間内に履行しない場合であって当該被申立国と代償についての合意に至らない場合には，DSBの承認を得て譲許停止等の対抗措置を実施することができることとなっている（DSU22条2項）。この対抗措置の内容や程度に争いがある場合いは仲裁に付されることになっている（対抗措置水準仲裁パネル，DSU22条6項）。

(42) Schnepf, *supra* note 31, p.17.

(43) ウルグアイ・ラウンド農業合意において削減対象とされる国内補助金や価格支持のこと。ウルグアイ・ラウンド農業合意においては，農業分野における国内補助金や価格支持を「黄」，「緑」，「青」の3つに分類し，このうち価格支持などの貿易歪曲的効果が大きい政策について，「黄」の政策として削減対象とし，その総量を計算して（AMS），合意実施期間で20％削減することとされた。ドーハ・ラウンド農業交渉においては，それぞれのカテゴリーにおけるさらなる削減に加え，それまで削減対象となっていなかったデミニミス等も加えた貿易歪曲的国内支持全体の削減が議論されている。

(44) *See* Charles Hanrahan and Randy Schnepf, *WTO Doha Round: Agricultural Negotiating Proposal* (CRS Report for Congress, November 9, 2005), p. 16; "U.S., Trading Partners Debate Real Impact of Proposed Subsidies Cuts," *Inside U.S. Trade*, Vol.23, No.41 (October 14, 2005).

(45) 服部信司『価格高騰・WTOとアメリカ2008年農業法』（農林統計出版，2009年）116-117頁。

(46) 農業分野における関税引下げについては，大幅かつ全産品の関税引下げを避け，重要産品については関税引下げの例外としたいEUや日本とさらなる自由化を求める米国・ブラジルが対立し，国内助成の削減に関しては米国の国内補助金の削減幅が十分ではないとEUやブラジルが米国を非難し，非農産品アクセス交渉においては，鉱工業品の関税引下げ幅について先進国とブラジル・インド等の先進途上国が対立するという，三つ巴の状態から抜け出すことができなかったのが，交渉凍結に至った主な要因であったとされる。菅原淳一「凍結されたWTOドーハ・ラウンド交渉：交渉再開に向けた見通し」『みずほ政策インサイト』（2006年8月11日発行）1-2頁参照。

(47) Cotton 21.5 Panel Report, *supra* note 13, paras. 4.1-4.3.

(48) *Ibid.*, paras. 15.1-15.3; Cotton 21.5 AB Report, *supra* note 13, paras. 448-449.

(49) Decision by the Arbitrator, United States — Subsidies on Upland Cotton, Recourse to Arbitration by the United States under Article 22.6 of the DSU and Article 4.11 of the SCM Agreement, WT/DS/267/ARB/1 (Aug. 31, 2009) [*hereinafter* Cotton (DSU

22.6-US) (SCM 4.11)], paras. 3.2, 4.6-4.7; Decision by the Arbitrator, United States — Subsidies on Upland Cotton, Recourse to Arbitration by the United States under Article 22.6 of the DSU and Article 7.10 of the SCM Agreement, WT/DS/267/ARB/2 (Aug. 31, 2009) [*hereinafter* Cotton (DSU 22.6-US) (SCM 7.10)], 1.18.

(50) しかしながら、ステップ2支払い同様の措置が2008年には復活していた。仲裁では、当該措置は対象ではないとして対抗措置水準決定の考慮に入れなかった。このように、履行確認手続の対象外となるように（したがって、パネル・上級委員会の審査を受けないことから、対抗措置水準仲裁パネルにおいても審査対象とはならないように）実質的に同様の違反措置を新たに設定・継続することが可能となることを問題視する論者もある。*See* David J. Townsend and Steve Charnovitz, "Preventing Opportunistic Uncompliance by WTO Members," *Journal of International Economic Law*, Vol.14, No.2 (2011).

(51) Cotton (DSU 22.6-US) (SCM 4.11), *supra* note 49, para. 4.278; Cotton (DSU 22.6-US) (SCM 7.10), *supra* note 49, paras. 4.193-4.195.

(52) Cotton (DSU 22.6-US) (SCM 4.11), *supra* note 49, para. 6.3; Cotton (DSU 22.6-US) (SCM 7.10), *supra* note 49, paras. 6.3.

(53) 対抗措置水準仲裁においては計算方法が対抗措置として認められていることから、年毎の可変的な対抗措置が可能と考えられており、2008財政年度分については2005年分とは異なる対抗措置額になっている。

(54) *See* United States — Subsidies on Upland Cotton, Communication from Brazil, WT/DS267/43 (12 March 2010).

(55) *Ibid.*

(56) ICTSD, "Brazil Takes Aim at US Intellectual Property in Cotton Dispute," *Bridges Weekly Trade News Digest*, Vol.14, No.10 (March 17, 2010).

(57) "Brazil, U.S. Remain In Stalemate Over Cotton Case Settlement," *Inside U.S. Trade*, Vol.27, No.49 (Dec. 18, 2009).

(58) ICTSD, "Brazil Releases List of US Goods for Retaliation in Cotton Dispute," *Bridges Weekly Trade News Digest*, Vol.14, No.9 (March 10, 2010).

(59) *Id.*

(60) "Brazil-U.S. Cotton Deal Sets Out Two Deadlines For Further U.S. Action," *Inside U.S. Trade*, Vol.28, No.14 (April 9, 2010).

(61) "Brazil details retaliation on U.S. copyright, patents," *Reuters*, March 15, 2010.

(62) MEMORANDUM OF UNDERSTANDING BETWEEN THE GOVERNMENT OF THE UNITED STATES OF AMERICA AND THE GOVERNMENT OF THE FEDERATIVE REPUBLIC OF BRAZIL REGARDING A FUND FOR TECHNICAL ASSISTANCE AND CAPACITY BUILDING WITH RESPECT TO THE *COTTON* DISPUTE (WT/DS267) IN THE WORLD TRADE ORGANIZATION, at http://www.ustr.gov/webfm_send/1924.

⒃ Framework for a Mutually Agreed Solution to the *Cotton* Dispute in the World Trade Organization (WT/DS267), at http://www.ustr.gov/webfm_send/1996.
⒃ "Brazil Accepts Framework Cotton Deal, Agrees To Hold Off On Retaliation," *Inside U.S. Trade*, Vol.28, No.24 (June 18, 2010).
⒄ 例えば2008年の国内支持支出額は約56億ドルであった。服部『前掲書』(注45) 237頁参照。
⒅ 農林水産省『平成22年度海外農業情報調査分析報告書(北米・豪州地域)』(2011年) 参照(「米国の最近の貿易紛争[三菱リサーチ&コンサルティング株式会社]」, at http://www.maff.go.jp/j/kokusai/kokusei/kaigai_nogyo/k_syokuryo/h22/pdf/usnz11.pdf)。
⒆ Michael Grunwald, "Why the U.S. Is Also Giving Brazilians Farm Subsidies," *TIME*, April 9, 2010.
⒇ *See* "House-Passed Bill Would Halt Payments to Brazil Under Cotton Deal," *Inside U.S. Trade*, Vol.29, No.24 (June 17, 2001).
(69) ICTSD, "Brazil, US Strike 'Framework' Deal in Cotton Dispute," *Bridges Weekly Trade News Digest*, Vol.14, No.23 (June 23, 2010).
(70) 実際、2012年6月には再度対抗措置対象産品についての検討を開始したとの報道がある。*See* "Brazil Reactivates Group to Examine Possible Retaliation in Cotton Case," *Inside US Trade*, Vol.30, No.24 (June 15, 2012).
(71) だからこそブラジルは譲許停止措置を発動せず、二国間交渉での最終合意に持っていったとも考えられる。しかし、一方で、譲許停止を恐れて米国は二国間交渉での解決を目指したとする見解もある。*See* Arthur Daemmrich, "Epistemic Contests and the Legitimacy of the World Trade Organization: The Brazil-USA Cotton Dispute and the Incremental Balancing of Interests," *Trade, Law and Development*, Vol.4, No.1 (2012), p.236.
(72) Cotton (DSU 22.6-US) (SCM 4.11), *supra* note 49, paras. 3.1-3.64. しかしながら、こうした判断は、履行確認手続開始以降に違反措置を継続させることを可能とするものであり、履行を促進するどころか、違反に対して効果的な抜け道を提供することになろう。*See* "WTO Cotton Panel Breaks New Legal Ground On Subsidy Retaliation," *Inside U.S. Trade*, Vol.27, No.34 (Sep.4, 2009). 履行確認手続開始以降の違反措置の継続に関する批判について、*See* Townsend and Charnovitz, *supra* note 50.
(73) 濱田太郎「WTO補助金協定にいう補助金による「著しい害」の概念——米国・綿花事件を中心に——」RIETI Discussion Paper Series 10-J-030 (2010年) 25頁。
(74) この点につき、関根は、ブラジルが対抗措置によって回収できる損害が米国による貿易歪曲的効果の2割程度に過ぎないことから、そのような貿易歪曲的効果の一部に影響するにとどまる対抗措置は履行を促進しえないのではないかと指摘する。関根豪政「WTO法における譲許等の停止と比例性原則——同等性と適当性の検討——」『慶應法学』第19号 (2011年) 373頁。

⑺ 内記香子「農業案件の履行・不履行問題——統計的アプローチからの示唆——」川瀬・荒木編著『前掲書』(注4) 228-300頁。
⑻ 久野新「WTO 紛争解決制度における対抗措置の法と経済分析——履行促進の視点からの有効性——」『前掲書』(注4) 79-80頁。
⑼ 川島富士雄「「貿易と環境」案件における履行過程の分析枠組みと事例研究——「非貿易的関心事項」が関わる案件の一例として——」『前掲書』(注4) 313-322頁参照。
⑽ 総務省統計局『世界の統計2012』(2012年) 237頁。
⑾ 『ジェトロ世界貿易投資報告2012年版 ブラジル』(2012年) 5頁。
⑿ ICTSD, *supra* note 58. 米国は，スペシャル301条（1974通商法において不公正な慣行を有する貿易相手国との協議や制裁を定めた301条のうち知的財産権に特化した条項）に基づき貿易相手国の知的財産権の保護や執行に関して報告書を毎年出しているが，その中で問題の大きさ等に応じて各国を「優先国（Priority Foreign Country）」，「優先監視国（Priority Watch List）」，「監視国（Watch List）」に区分している。ブラジルは，「監視国」に指定されているが，それを「優先監視国」に"格上げ"されることをおそれたという。
⒀ See "Brazil Asks to Suspend TRIPS, GATS Rules in U.S. Cotton Retaliation," *Inside U.S. Trade*, Vol.23, No.40 (October 7, 2005).
⒁ ヒューデックは，「世間一般の見解からすれば，途上国が工業国に対し紛争解決手続を開始することは時間とお金の無駄である」と述べる。Robert E. Hudec, "The Adequacy of WTO Dispute Settlement Remedies: A Development Country Perspective," *in* Bernard M. Hoekman, Phillip English and Aaditya Mattoo eds., *Development, Trade, and the WTO: A Handbook* (World Bank, 2002), p.81.
⒂ 張は，知的所有権分野のクロス・リタリエイションが承認されたケースを分析し，先進国の違反に対する途上国の履行促進手段として期待されているとはいえ，その実行には克服すべき問題が多くあるとし，その効果が限定的にならざるを得ないこと，知的所有権分野における対抗措置の「同等性」を保つことが困難であること等に言及している。張博一「WTO 紛争処理におけるクロス・リタリエーション制度——義務違反国への履行促進の視点から見たその機能と限界——」『日本国際経済法学会年報』第20号（2011年）参照。
⒃ Schnepf, *supra* note 31, p.15.
⒄ See "Peterson: Farm Bill Should Address Brazil Cotton Case, But Outcome Uncertain," *Inside U.S. Trade*, Vol.28, No.16 (April 23, 2010).
⒅ "Brazil Unveils Possible Cross Retaliation Measures In Cotton Dispute," *Inside U.S. Trade*, Vol.28, No.11 (March 19, 2010). この点からすれば，知的所有権を用いたクロス・リタリエイションの脅威だけで違反国を義務の遵守に向かわせるのに十分であるという見方は正しいように思われる。*See* Gabriel L. Slater, "The Suspension of Intellectual Property Obligations Under TRIPS: A Proposal for Retaliation Against

Technology-Exporting Countries in the World Trade Organization," *The Georgetown Law Journal*, Vol.97, Issue 5 (2009), pp.1378-1379. しかし，本件においては米国の農業協定違反という義務違反状態は解消されていないことから，義務の遵守に向かわせるのに十分だったとまでは言えないのかもしれない。

(87) 実際 Lincoln, Chambliss 両上院議員は綿花補助金事件の解決策はドーハ・ラウンドにおける一括受諾の中で手当てされることが不可欠である旨述べた書簡をカーク（Kirk）USTR 代表宛に送っている。See "Stallman: USTR Unlikely To Slash Cotton Subsidies To Stem Brazil Retaliation," *Inside U.S. Trade*, Vol.28, No.3 (January 22, 2010).

(88) DSU21条1項。

(89) 伊藤「前掲論文」（注3）35-36頁。

(90) 「国際コントロール」とは，条約によって定められた一般利益や共通利益の確保・増進を図るため，条約上の国際機関等が条約上の義務の履行確保を目的として条約締約国を監視する制度である。森田章夫『国際コントロールの理論と実行』（2000年）参照。

(91) 小寺「前掲論文」（注5）175-176頁。

(92) ホルヘ（Jorge）ブラジル貿易相は，「本案件は WTO システム（の安定性）に寄与したものと考えられる。なぜなら，十分に準備していれば途上国が（先進国に）勝つことができることを示したからである」と述べたという。See Arthur Daemmrich, *The Evolving Basis for Legitimacy of the World Trade Organization: Dispute Settlement and the Rebalancing of Global Interests*, Harvard Business School Working Paper 12-041, p.28 (December 8, 2011).

(93) 2010年8月25日，米国とブラジルは共同で相互に合意された解決（mutually agreed solution）に向けての枠組み合意に達している旨を DSB に通報している。See UNITED STATES─SUBSIDIES ON UPLAND COTTON, Joint Communication from Brazil and the United States, WT/DS267/45 (31 Aug. 2010). これは，DSU 3条5項を満たしていないという意味で DSU 3条6項に基づく「相互に合意された解決」ではないものの，それに向けての合意であり，紛争の暫定的な解決を示すものとなっている。こうした，紛争についての一時的な解決方法は DSU には明記されておらず，その扱い等については議論があるが（See Wolfgang Alschner, "Amicable Settlements of WTO Disputes: Bilateral Solutions in a Multilateral System" (May 2, 2013), at http://ssrn.com/abstract=2162466），政治的に解決が困難な問題等に関する紛争については，このような一時的な解決を事実上の終局的な解決と見ることができる場合がある（例えば，EC・ホルモン牛肉輸入規制事件など）。ただし，すでに見てきたように，本件に関しては，ブラジルが対抗措置を発動する可能性も残しており，文字通り一時的な解決にすぎないと見ることもできることに注意が必要であろう。

(94) 酒井啓亘「国際司法裁判所における紛争処理手続 訴訟当事国と裁判所の間の協働プロセスとして」『国際問題』第597号（2010年）16頁。

(95) 当時欧州貿易委員だったラミーは WTO 紛争処理システムに問題が載せられたこと

により，「我々[EU]は砂糖について，米国は綿花について（ドーハ・ラウンドで）譲歩しないわけにはいかなくなった」と述べたという。See "Brazil's WTO Cotton Case: Negotiation Through Litigation," *in* Charan Devereaux *et.al. eds., Case Studies in US Trade Negotiation Vol. 2: Resolving Disputes,* Ch. 5 (Institute for International Economics, 2006), p.256.

(96) Ernst-Ulrich Petersmann, "From 'member-driven governance' to constitutionally limited 'multi-level trade governance' in the WTO," *in* Giorgio Sacerdoti *et.al. eds., The WTO at Ten: The Contribution of the Dispute Settlement System* (Cambridge University Press, 2006), pp.107-110.

(97) ホルヘ・ブラジル貿易相は本件における勝利を満足いくものと述べつつも，農業補助金自身は二国間協定では削減することはできないのだから，ドーハ・ラウンドを完了させる必要がある，と述べている。See Daemmrich, *supra* note 92, p.28.

(98) 伊藤「前掲論文」（注3）41頁。

(99) See Juscelino F. Colares, "The Limits of WTO Adjudication: Is Compliance the Problem?," *Journal International Economic Law,* Vol.14, No.2 (2011).

(100) 米国・ゼロイング（日本）事件（DS322）では，米国がアンチダンピング措置発動の前提となるダンピング・マージンを決定する際に用いたゼロイングという計算方法がWTO協定違反であると認定されていた（2005年2月にパネル設置要請，2007年1月にパネル・上級委員会報告書採択，2009年8月に履行確認手続パネル・上級委員会報告書採択）。一方，ドーハ・ラウンドにおけるルール交渉でも日本がゼロイングの全面禁止を求める提案を行なっていたが，交渉は決着がついていない。しかし，米国は，2012年2月にゼロイング制度廃止のための商務省規則の改正を発効している。経済産業省『2012年版不公正貿易報告書』（2012年）114-120頁参照。

(101) 例えば，EC・ホルモン牛肉輸入規制事件（DS26, 48），EC・バナナ輸入制度事件（DS27），米国・著作権法110条事件（DS160）など。

(102) 例えば，EU・大型航空機（エアバス）補助金事件（DS316），米国・大型航空機（ボーイング）補助金事件（DS317）など。

(一般財団法人キヤノングローバル戦略研究所研究員)

〈文献紹介〉

Andrew Lang,

World Trade Law after Neoliberalism :
Re-imaging the Global Economic Order

(Oxford University Press, 2011, xxix 385p.)

柳　赫　秀

　本書は，イギリスの London School of Economics の Senior Lecturer で国際法と国際経済法を教えている著者の野心的な労作である。

　本書は，1970年代末に蘇り1980年代と1990年代を通じて，社会主義，マルキシズム，ケインズ主義及び埋め込まれた自由主義にとって代わり，支配的な時代理念及び政策体系として台頭した新自由主義が国際（経済）法へどのような帰結をもたらしたかについて，新自由主義のアンチ・テーゼをめぐる「貿易と人権論争」（trade and human rights debate）と，国際通商レジームの蒙った変容の考察を通じて，詳細に記述したものである。本書の最も大きな特徴は，上記の変容を理念的（ideational）次元に着目して見ているところである。すなわち，新自由主義思想は，政治の性格を，政治共同体の集団的目的（collective purpose）を創設し，動員しながら実現することではなく，個々人の私的な目的追求を容易にする条件を創出するものと再描写（re-imagining）する。本書では，1970年代以降の新自由主義が，既存の国際通商レジームの拡大や強化にとどまらず，その再形成（re-making）をもたらし，国際通商レジームの集団的目的の設定・追求および集団的道徳責任の側面を後景に退かせたことを正確に認識した上，グローバル経済ガバナンスの集団的目的を再構成するための空間を再創出することこそ国際（経済）法律家（international (economic) lawyers）がやるべき（やれる）ことであると唱える。

　本書の構成は，イントロと結論を含む2部10章から構成される。

　　イントロ（第1章）
　　第1部　レジーム間の遭遇（第2～5章）
　　第2部　通商レジームと新自由主義への転換（第6～9章）
　　結論　（第10章）

　第1部の4つの章は「貿易と人権論争」に当てられている。第2章では，第2次世界大戦終結から1990年代初めまでの人権レジームと国際通商レジーム間の関係について記述される。すなわち，戦後最初の20年間は，国際通商レジームは自由市場と社会安定の両立という要請を，そして，人権レジームは18世紀的個人の自由と19, 20世紀的社会主義や福祉国家の要請の混在をそれぞれ内在しつつも，「埋め込まれた自由主義」という

政治的理念の下で，互いに無関係でいられる（mutual isolation）ことが可能であった。しかし，1950年代の後半から台頭した発展途上国の「新国際経済秩序」（new international economic order）の挑戦の下，開発と貿易，開発と人権の関係が問われはじめ，それぞれのレジーム内の矛盾が顕在化し，2つのレジーム間の無関係な共存に終止符が打たれる。1970年代を通じて台頭し80年代と90年代に支配的になった新自由主義は，国際通商レジームの理念及びグローバル経済ガバナンスへラディカルな変容をもたらしただけでなく，社会主義陣営の崩壊に伴い，市民的政治的権利，経済的自由および所有権を中核とする古典的人権観が息を吹き返し，人権レジームの内的ダイナミズムにも変容がきたされた。他方で1990年代半ばに経済グローバリゼーションと新自由主義的な市場改革のネガティブな効果を指摘する一団のグループが現れる。「貿易と人権論争」の出現である。「貿易自由化は人権の促進と相反するのか，あるいは，両立可能なのか。もし後者なら，どのような条件で可能であるのか。」の問題である。

第3章と第4章では，1980年代半ばから2000年代前半までの「貿易と人権論争」の背景と展開が詳述される。第3章では80年代と90年代を通じて国際通商について活動する市民社会が形成され，やがて世界のいたる所で従来の貿易自由化に対するローカルレベルの政治闘争がグローバル・ジャスティス運動へと国際化し，やがて国際政治の領域に投影されつつ，WTO批判へ結集する過程が詳しく記述される。90年代末のグローバル・ジャスティス運動においては，新自由主義的なグローバリゼーションへの批判に人権用語が用いられ，「人間の顔をした」グローバリゼーションが謳われる。そして，人権が，現在とは異なるグローバルな経済秩序——経済的正義，社会福祉および貧困削減へ向けられた——のための規範的基盤を提供する過程が，受容の文脈，主要アクター，結晶化を促す出来事および横たわる論理の4つの側面から詳述される。第4章では，1998年から2005年までに国際人権機関——経済社会文化的権利委員会，特別手続及び特別報告者，人権高等弁務官および発展の権利に関する作業部会——が国際通商問題をどのように取り上げていったのかが時系列に辿られる。後半では2つのレジームは両立可能であるかの論争内容——国内規制に介入するWTO義務の緩和か，あるいは，レジーム間の調整か——が議論される。「貿易と人権論争」が国際通商レジームの理念的基盤，価値及び規範へどのようなインパクトをもたらしたのか，レジーム間の調整はグローバル経済ガバナンスの議論において有効な意味を持ち得るかの問いかけにほかならない。

第1部の最後の章である第5章では，上記の問いかけに対して，「貿易と人権論争」がレジーム間の調整問題という制度的，手続的次元に焦点を合わせる限り問題は解決しないこと強調される。すなわち，グローバル経済ガバナンスの性格と目的への根本的な問いかけなしに，そして，国際通商レジームの基本目的の再構想と生産的な詮索のための空間の再開放に向かない限り，問題解決はあり得ないと結論付ける。

第1部の主要メッセージが異なるレジーム間の権限配分や，通商レジームの価値，権限や規範的基盤がいかに構成されるべきかであったが，第1部から第2部へ移行しながら，「貿易と人権論争」は後景に退き，他の一群の問題が取り上げられる。すなわち，国際通商レジームの規範的志向（normative orientation）がある特定の時代においてどのように定義され維持されるのか。その過程において理念はいかなる役割を担うのか。そして，国際法と国際（経済）法律家の占める役割は何か。これらの問いへの答えが20世紀後半の30年間に行われた国際通商レジームの新自由主義への転換（neo-liberal turn）過程の考察を通じて追求されるのである。

　第6章は，1970年代から始まった新自由主義の台頭がGATT/WTO体制へもたらした変容のプロセスを描く第2部の最初の章であるが，GATT/WTOの変容は国際通商レジームの内部及び周りで作用する意味の「間主観的な」（inter-subjective）枠組みにおける変容としてとらえるべきであるといい，従来支配的であった客観主義者（objectivist）による貿易政治の説明の限界を指摘する。すなわち，(i) 伝統的な国家中心の，利益集団モデルによる貿易政治論の限界，(ii) 形式主義の下で法解釈理論の欠如，(iii) GATT/WTO規律拡大の機能主義的説明の必要の順で，客観主義では社会行動の解釈的次元及び社会目的を捉えることが難しいことが指摘される。そして，主観主義や理想主義に陥ることを避けながら，理念（idea）を間主観的に捉える必要性が力説される。

　第7章では，最初の20年間のGATTレジームの性格や国内規制へのアプローチが歴史的に，構造的に分析される。まず，第1節ではGATTレジームの目的が，戦後国際経済体制再構築の際の英米の対立する2つの哲学――米国の「自由，無差別，多角主義」と英国の完全雇用を中核に据えた拡大経済路線――の妥協としての「埋め込まれた自由主義」の下で，国内における福祉国家の貫徹のための国際的条件を作り上げることであり，通商法（trade law）は構造的に通商外交（trade diplomacy）に従属的な位置づけを与えられたという。第2節では，初期GATTが国内規制についてどのようにアプローチしたかが分析され，2つの無差別原則，3条8項，20条，21条の例外条項及び「非違反無効化」の3つによる控え目で限定的な対応であったことが示される。その背景には上記についての非公式な了解がGATT内部にあり，それに基づいて国内規制に関する紛争においてGATT規範の解釈が行われたことが述べられる。最後にすでに1960年代半ばケネディラウンドから非関税障壁について規律を拡大することが論議され始めたことが指摘される。

　第8章では，1970年代から1990年代末の間に起きた「新自由主義への転換」が国際通商レジームの制度及実践に対していかなるインパクトをもたらし，国内規制へのアプローチにいかなる変化が生じたかが詳述される。まず第1節でGATT/WTO法の劇的な拡大は，単なる漸進的な貿易自由化の積み重ねの結果だけでなく，(i) 従来の「貿易障壁」の再定義と(ii) 通商レジームの性格と目的を捉え直した結果であるとされる。す

なわち, (i) 1974年通商法以来, 米国は, 「不公正貿易」(unfair trade) 概念を拡大して, 貿易障壁をその形態や意図でなく, 経済効果に基づいて捉えるとともに, 自国と他国間の規制のあり方の違いそのものを貿易を歪曲する「不公正な」慣行と捉えた。(ii)「埋め込まれた自由主義」の下で, 限られたものではあったが, 集団的政治目的を体現していたGATTレジームの性格が, 加盟国が互恵精神に基づいて通商譲許を交換し輸出利益を促進するために一同に会する「政治市場」(a political market place) になったことが詳述される。第2節は, 新自由主義への「転換」と, それによる貿易レジームの性格の変化が法システムにいかなる変容をもたらしたかに当てられる。まず, 通商法の通商外交への従属という従来の図式が変わり, 加盟国の国内規制に対して紛争解決機関が客観的に裁定を行う「公式化」(formalization) と, その際に経済・科学分野の専門家が重要な役割をする「専門化」(technicalization) が進んだことが, 1980年から2000年の間の紛争解決の事例分析を通じて克明に分析される。

第9章は, 第8章で指摘され法的イメージがサービス分野という具体的な文脈において詳細に考察される。すなわち, いかにGATSに特定化された規制的 (regulatory), 専門的 (technical) 知識が採用され, 展開され, 競われることを通じGATS規律が構築されていったのかである。その過程は国際通商レジームと他の規制機関との協働のあり方によっても影響された。以上のことが電気通信サービスとファイナンシャル・サービスの2つの分野において詳細に記述されている。

結論が述べられる第10章では, まず1990年末に内外からの批判で正統性 (legitimacy) の危機に立たされたWTOが, それにどのように対処したかを主に紛争解決事例を通じて考察し, できるだけ加盟国の規制自立権 (regulatory autonomy) への介入を控えようと「(国内当局の判断の) 優先観念」(an idea of deference) と紛争の実体的側面に深入りしないで手続的に処理する「手続化」(proceduralization) の2つの法理的手法 (jurisprudential styles) が発展したことが指摘される。しかし, このようなポスト新自由主義の法的イメージ (post-neoliberal legal imagination) ではWTOの正統性の危機に対処できない。なぜなら, 今日の相互依存の深化したグローバル経済構造の下では個別国家の規制自主権は幻想でしかなく, そもそも実体的側面と手続側面が綺麗に分けられ難いのもさることながら, より根本的にはWTO正統性の危機の真因が新しいグローバル経済ガバナンスの中核をなすWTOの正統な目的が何であり, 集団的に (守るべき) 道徳的責任は何であるかについての合意が欠如しているからなのである。従って, 1970年代以後新自由主義理念が政治の性格を再描写することによって国際通商レジームの目的を変えたように, 現在の国際 (経済) 法律家のや (れ) るべきことは, 現在欠けているポスト新自由主義時代におけるグローバル経済ガバナンスの集団的目的を再描写するための議論を呼び起こすことであると言い大著を閉じる。

本書は, グローバル経済ガバナンスや国際 (通商) レジームの変遷を, その性格を規

定する理念的次元に焦点を合わせて分析した秀作である。評者も国際（経済）関係やレジームについて考える際に，理念（idea）が，力（power）や利益（interests）とともに，場合によってそれ以上に重要であると考えている。2003年に客員研究員としてジョンズ・ホプキンス大学高等国際問題研究大学院へ行った際に，F.フクヤマの授業を聴講したことがあるが，授業初日にいきなり黒板に上から縦に idea, institution, (social) structure, culture と書いて，機会あるたびに，理念が最高次元であることを強調したことを覚えている。その意味で1970年代以後新自由主義という理念の台頭がグローバル経済ガバナンスの中核をなす GATT/WTO 体制へいかなるインパクトを与え，その結果いかなる変容が生じたかについて，Ruggie をはじめとする構造主義理論をちりばめながら，分析考察していることに大いに共鳴するところである。それだけでなく，1990年代末に正統性の危機にさらされた GATT/WTO が，どのような法理的手法を発展させながら危機に対処して行ったかを，一連の紛争解決事例の分析を通じて手堅く考察したことにも大いに驚嘆するところである。すでに今日の国際経済秩序が金融資本主義の破たん，ヨーロッパ発国家の財政破たん，日本をはじめとする主要先進諸国における長期不況及び中国の浮上に象徴される勢力均衡の変動などの様々な挑戦にさらされて久しい中，時宜を得たスケールの大きい著作の出現である。

　しかし，本書第2部の中核部分といえる第8章の整理にやや首をかしげざるを得ないところがある。著者は，「埋め込まれた自由主義」の下で1970年代までの GATT レジームが事実上西欧諸国の集団的利益と目的に資していたが，新自由主義へ転換してからは個別の加盟国が通商利益を交渉し交換し合う「政治市場」(political market place) へ変わったという。GATT が，設立当初23ヵ国からなり，60年代まで欧米諸国中心に運営されたことは事実であるが，GATT28条の2の存在が示すように，GATT の主要機能の1つが「交渉のフォーラム」であることは周知のことで，その意味では GATT は最初から「政治市場」であった。確かに，東京ラウンド，ウルグアイラウンドを経てより多様で多くの加盟国が自らの利益をかけてラウンドに参加するようになったが，「交渉のフォーラム」としての本質に変化はなかったわけで，このような整理には疑問が残る。

　次に，本書は，新自由主義の台頭という理念の次元において人権レジームと国際通商レジームの歴史的展開及び帰結について，第1部で貿易と人権の両レジームの遭遇というタイトルの下で，両レジーム間及び各レジーム内の次元を，第2部では国際通商レジーム（の内的変容）をそれぞれ扱っている。第1部でも第2部でも，新自由主義の台頭より空白となったレジームの正統な目的設定のための空間の再創出如何が問いかけられている点は共通しているが，やはり大きな2つのテーマが "mutual isolation" している印象が否めない。第1部から第2部へ移る際に，貿易と人権というテーマは後景に退き，レジーム定義の政治学という異なる問題群へ移行するといっていることからわかるように，第1部と第2部はいわゆる研究課題（research questions）が異なる。その意

味で,(小さい字で本文だけで350頁を超える大作なので)主に「貿易と人権」の議論に興味のある方はイントロと第1部だけを,GATT/WTO体制の歴史的変容,特に1970年代以降新自由主義の台頭以来の変容に興味のある方はイントロ,第2部及び結論だけを読んでも差し支えないように思われる。

　蛇足となるが,それにしても本の冒頭の謝辞にあがっている膨大な数の学者の名前をみると,それこそ国際経済法,WTO,国際法分野の錚々たる面々で,欧米の研究者たちがいかに層の厚い「認識共同体」(epistemic community)を成し,互いの知的交流が盛んであるか伝わってくるようでうらやましい限りである。そして,本書の究極的な目的が,グローバル経済ガバナンスの(再)構築における国際(経済)法のプロセス及び国際(経済)法律家たちの果たす役割のあり方の探究にあるとする,筆者の無邪気ともいうべき信念のほどは,「官僚内閣制」の下でいまだに役所が与える情報や資料に依存しながら細々と研究生活を送っている日本の学者(会)の現状からはなかなかまねできるものでない。

(横浜国立大学大学院国際社会科学研究院教授)

Ross Becroft,

The Standard of Review in WTO Dispute Settlement :
Critique and Development

(Edward Elgar, 2012, xxxvii 249p.)

福　永　有　夏

　本書の著者は,メルボルン大学ロースクールで教鞭をとる研究者であると同時に,アンチダンピングや関税評価等の通商問題を専門とする弁護士でもある。本書は,著者の弁護士としての経験を踏まえて執筆されたものである。

　本書は,WTO紛争処理においてパネルが適用すべき「検討基準 (standard of review)」(「審査基準」と訳されることが多いが,本来「検討基準」と訳すべきことについて,拙著「事実審としてのWTOパネルの機能——立証責任・検討基準に関する法理の発展とその意義——」日本国際経済法学会編『国際経済法講座Ⅰ—通商・投資・競争』(法律文化社,2012年) 169-170頁を参照)について論じている。検討基準とは,パネルが付託された問題の検討を行う際の方法を意味する。本書は,これまでパネルが用いてきた検討基準は一貫性を欠くものであったと批判し,パネルが用いるべき新たな検討基準を提案する。

　以下,本書の内容を簡潔に紹介する。

第1章 Introduction は，まず，検討基準には「新規の (de novo)」検討と完全な「謙譲 (deference)」という両極があることを確認する。その上で，どのような検討基準を用いるべきかを決定する際には，パネルと加盟国との意思決定に関する「垂直的な」権限配分や，パネルと WTO の他の機関との「水平的な」関係を考慮しなければならないと述べる。第1章はまた，他の国内及び国際裁判手続における検討基準を概観し，いずれの裁判手続においても，行政府による事実認定に対し，一定の謙譲が払われていると指摘する。著者によれば，国内裁判における検討基準は，そのまま WTO 紛争処理において用いることはできないものの，WTO 紛争処理において用いるべき検討基準を明らかにする際の「出発点」とはなり得る。

第2章 The Development of the WTO Standard of Review は，GATT/WTO の紛争処理において，検討基準がいかに発展してきたかを論ずる。GATT 時代は，主としてアンチダンピングをめぐる紛争において，パネルが用いるべき事実に関する検討基準が問題となることがあった。著者は，パネルが GATT 締約国に対して高度な謙譲を払っていたこと，ただそれは締約国当局の事実認定をそのまま受け入れるという意味での完全な謙譲ではなかったことを指摘する。WTO 紛争処理については，周知のとおり，*EC-Hormones* 事件上級委員会報告が，DSU11条に基づき，法と事実に関して「客観的な評価」を行わなければならないことを明らかにしている。著者は，「客観的な評価」を行うよう求める本上級委員会認定は，パネルが払うべき謙譲の程度を具体的に述べておらず，後の事件において用いられる検討基準が一貫性を欠く原因になったと批判する。著者によれば，*EC-Hormones* 事件後の検討基準には，2つの傾向が見られる。1つは，新規の検討への接近で，もう1つは，協定ごとに異なる検討基準の適用である。

第3章 Alternative Models and Principles for the Development of a WTO Standard of Review は，パネルが用いるべき検討基準についてのこれまでの先行研究を批判的に分析する。著者によれば，ほとんどの先行研究は，WTO 協定の実施を確保する必要と協定実施に柔軟性を認める必要とをバランスしなければならないという認識を共有しており，そのような認識に基づき加盟国に一定の謙譲が払われるべきことを主張している。ただ，どの程度の謙譲が払われるべきかについては，WTO 紛争処理がどのような制度であるべきかについての論者の立場によって異なっていると，著者は指摘する。その上で著者は，検討基準が基礎とすべき原理として，次の3つを挙げる。すなわち，第1に，紛争処理制度の基本的な目的に貢献すること，第2に，裁判的手続の正統性を確保すること，第3に，紛争処理手続の適正さを損なわないこと，である。

第4章及び第5章は，第2章及び第3章での論述を踏まえつつ，WTO 紛争処理において用いるべき新たな検討基準を提案する。著者が提案するのは，2つの異なるテストから構成される検討基準である。すなわち1つめのテストは，すべての WTO 協定について用いられる「一般的な検討基準」で，2つめのテストは，適用される WTO 協定規

定の構造や文言に合わせて「一般的な検討基準」を修正する「特別な (specific) 検討基準」である。

第4章 A New General Standard of Review は，著者の提案する1つめのテスト，すなわち「一般的な検討基準」を詳しく検討する。「一般的な検討基準」は，2つの異なる要件から構成される。第一の要件によれば，パネルは，提出されたすべての証拠を検討するとともに，争点となっている問題について認定を行うのに十分な証拠を考慮に入れて検討を行わなければならない。また第二の要件によれば，パネルは，付託された紛争で問題となっている事実と法の問題について徹底的で綿密な検討を行わなければならない。著者は，「一般的な検討基準」が第3章で示した3つの原理に合致すると論ずる。

次に第5章 Modification of the General Standard of Review は，WTO協定の構造や文言によっては，「一般的な検討基準」よりも控えめな検討を行う「特別な検討基準」を用いるべき場合があると論ずる。具体的には，WTO協定適合性に係る意思決定について加盟国が一定の役割を果たすことが予定されているという意味で，WTOと加盟国との間で「管轄権限 (jurisdictional competencies)」が配分されているWTO協定規定については，そのような管轄権限の配分を踏まえた「特別な検討基準」が適用されるべきと主張する。「特別な検討基準」として具体的にどの程度控えめな検討を行うべきかは，加盟国がWTO協定上どの程度の管轄権限を維持しているによって判断される。著者は，「特別な検討基準」を用いることでパネルの検討基準が複雑になるという問題もあるものの，総合的には第3章で示した3つの原理に合致すると論ずる。

第6章及び第7章は，第4章及び第5章で提案した検討基準の具体的な運用を検討する。

第6章 The Application of a New Standard of Review to the Trade Remedy Agreements は，通商救済関連協定（アンチダンピング協定，補助金協定，セーフガード協定）に係る紛争において，著者の提案する検討基準がどのように運用されるかを検討する。著者によれば，通商救済関連協定はWTO協定上の義務の実施に関して加盟国により大きな責任を与えており，したがって通商救済関連協定に係る紛争においては「特別の検討基準」を用いることが求められる。中でもアンチダンピング協定は，アンチダンピング調査及び認定を行う加盟国当局に高度の独立性を認めていることから，アンチダンピング協定に係る紛争においては，パネルは加盟国当局による調査及び認定について二次的な検討を行うにとどまる。アンチダンピング協定に係る紛争においては「特別な検討基準」を用いるべきという要請は，アンチダンピング協定17条6項にも反映されている。著者はまた，補助金協定については，禁止されている補助金に係る紛争については「一般的な検討基準」を用いるべき一方で，補助金相殺措置に係る紛争においてはアンチダンピング協定に係る紛争と同様により控えめな「特別な検討基準」を用いるべきと主張する。セーフガード協定についても，セーフガード調査及び認定に関す

る管轄権限が加盟国当局に委ねられていることを踏まえれば，当局の調査及び認定にパネルは相当の謙譲を払う必要があると論じる。

第7章 The Application of a New Standard of Review to Selected Non-Trade Remedy Agreements は，通商救済関連協定以外のWTO協定，とりわけ，SPS協定，TBT協定，GATT に係る紛争において，著者の提案する検討基準がどのように運用されるかを論ずる。著者によれば，SPS協定，TBT協定，GATT のいずれに係る紛争についても，通商救済関連協定に比べれば，パネルが払うべき謙譲の程度は限定的である。同時に，SPS協定，TBT協定，GATT の順に，WTO協定の実施に関して国内当局に委ねられている責任の度合いが小さく，したがってパネルが謙譲を払う必要性も小さいと論じられる。たとえばSPS協定について著者は，危険性の評価において加盟国当局には相当の責任が与えられているものの，通商救済調査と異なり危険性の評価のための国内手続を設けることまでもが予定されている訳ではないとして，パネルはSPS協定に係る紛争において加盟国に一定の謙譲を払う必要はあるものの，謙譲の程度は通商救済関連協定に係る紛争におけるそれよりは限定的であると主張する。TBT協定については，TBT措置に関して加盟国が維持している責任はSPS措置に関するそれよりも限定的であるとして，パネルは「一般的な検討基準」に近い踏み込んだ検討を行うべきと主張される。さらにGATTに関しては，GATT適合性に係る意思決定について加盟国に委ねられている管轄権限は限定的であることから，パネルは「一般的な検討基準」を用いるべきと論じられる。

第8章 Conclusion においては，パネルの用いるべき検討基準は，WTO協定上の管轄権限の配分を踏まえつつ明らかにすべきであるとの著者の主張が繰り返されると共に，今後，実際の紛争処理の場で著者の主張する検討基準が妥当であるかを試していく必要があること，また本書で検討されなかった協定に係る紛争における検討基準も明らかにする必要があることなどが，今後の展望として示される。

以上が本書の概要である。

本書は，パネルが用いるべき新たな検討基準を提案しているという点で，興味深い。しかし，残念ながら，著者の提案は十分な説得力を有しているとは言いがたい。

というのも，まず，本書は，ほとんどの箇所で，法に関する検討基準と事実に関する検討基準とを区別せずに議論している。本書は，これまであまり注目されてこなかった事実に関する検討基準に焦点を当てたところが特徴とも言え，にもかかわらず，法に関する検討基準と事実に関する検討基準の双方について同じ結論を導こうとしている点は，説得力を欠くと言わざるを得ない。

これについて著者は，「一般的な検討基準」については，法に関する問題についても事実に関する問題についても，同じ検討基準を用いるべきことについて，若干の説明を行っている。すなわち著者は，①法に関する検討基準と事実に関する検討基準とが異な

れば,パネルは法に関する問題と事実に関する問題とを区別しなければならず,それによりパネルの検討過程がより複雑となること,②上述したように,「一般的な検討基準」については事実に関しても徹底的かつ綿密な検討を行うことが求められることから,法に関する検討基準と事実に関する検討基準とを区別する意味がないと述べる(112-114頁)。他方で著者は,「特別な検討基準」については,特に事実に関して控えめな検討基準を用いるべき場合があり,その意味で徹底的かつ綿密な検討を行うことが求められる法に関する検討基準とは区別しなければならない場合もあると一応認めているものの,この点についての著者の立場は極めて曖昧である(143-145頁,157-158頁)。

著者のこのような混迷の結果,法に関してどのような検討基準を用いるべきかという問題が,「謙譲の程度」の問題に矮小化されてしまっている。事実に関する検討基準は,著者が言うように,パネルが加盟国の事実認定にどの程度の謙譲を払うべきかが主要な問題であり,事実に関してどのような検討基準を用いるべきかという問題を,「謙譲の程度」の問題に言い換えたとしても,誤りとは言えまい。しかし,法に関する検討基準は,「謙譲の程度」も問題とならないわけではないが(特にアンチダンピング協定17条6項(ii)は,法に関する検討基準における「謙譲」を定めた規定と言える),主要な問題はむしろ,パネルがWTO協定をどのような指針に基づいて解釈すべきか(たとえば条約法条約の考慮)やWTO協定以外の国際法規則を適用し得るかといった点にある。著者は,法に関する検討基準を事実に関する検討基準と合わせて論じることで,「謙譲の程度」以外の法に関する検討基準に係る問題を見落としてしまっている。

次に,事実に関する検討基準についての本書の論述も,十分な説得力を有するとは言えない。これについて本書の問題は,著者がパネルや上級委員会の用いている「客観的な評価」という検討基準を批判している一方で,「客観的な評価」と著者の提案している新たな検討基準とがどのように異なるのかを十分に明らかにしていない点にある。これは,1つには,本書が過去のパネル・上級委員会報告において用いられてきた検討基準を十分に分析していないことによる。著者は,第2章において,WTO紛争処理における検討基準の運用を,*EC-Hormones* 事件の前と後に分け,特に同事件の後,新規の検討への接近と協定ごとに異なる検討基準の適用という2つの傾向が見られると指摘しているが,たとえばSPS協定に係る紛争における事実に関する検討基準の展開に限っても,著者の指摘は正確ではない。とりわけ *US/Canada-Continued Suspension* 事件の上級委員会報告(及び本書出版後に採択された *Australia-Apples* 事件上級委員会報告)は,それまでのSPS紛争における新規の検討への接近に警鐘を鳴らしている。

おそらく著者が最も強く批判しようしているのは,これまでパネルの用いてきた検討基準には一貫性がないという点にある。そのような著者の考えは,「一般的な検討基準」という(著者の主張によれば)一貫した検討基準を提案しているところに現れている。しかし,著者は同時に,すべてのWTO協定に「一般的な検討基準」を用いることがで

きるわけではないと認め，それを修正する「特別な検討基準」を用いるべき紛争があると述べ，結果として「客観的な評価」と著者の提案との違いを分かりにくくしている。「一般的な検討基準」を導入することでこれまでのパネルと異なる一貫性のある検討基準の運用を提案したいという著者の目論見は，「特別な検討基準」をも提案している著者自身の立場によって砕かれている。

なお，著者が新たな検討基準を導く際の論拠にも問題がある。すなわち著者は，DSUには検討基準についての文言がないため，DSUの文言を「離れて」DSUの趣旨及び目的から適切な検討基準を導き出す必要があると論じているが，DSUの改正を論ずるならともかく，（著者がやろうとしている）DSUの解釈論としては著者の論法は妥当ではない。また，仮に著者がDSUの改正を論じようとしているならば，そのような改正論の根拠となるべきWTO紛争処理の原理についても十分に論ずる必要があろう。

近年，検討基準についての上級委員会の見解が示されるなど，検討基準をめぐる新たな展開があり，検討基準に改めて注目が集まっている。本書を素材の1つとして，検討基準に関する議論が一層深まることが期待される。

（早稲田大学社会科学部教授）

Christian A. Melischek,

The Relevant Market in International Economic Law :
A Comparative Antitrust and GATT Analysis

（Cambridge University Press, 2013, xxi 378p.）

隅 田 浩 司

1 本書の問題意識

本書は，GATT 3条における同種の産品の解釈に際して，競争法における市場画定の分析手法が利用できるのではないか，という問題意識から競争法と国際経済法（WTO関連法）を比較し，最終的に肯定的な結論を導くものである。本書は，競争法と国際経済法の交錯に関して，各国競争法の調和的運用に集約された「貿易と競争」論の文脈とは異なる視点から，競争法と国際経済法の中心的な法概念について，両者の比較そして，概念上の交流を目指したものである。

2 本書の概要

本書は，Introduction及び5章からなる。著者の主張は，競争法における市場画定手法，特に計量経済学に裏付けされた分析手法（競争法の定量分析については，次の文献が有益である。Peter Davis & Eliana Garces, *Quantitative Techniques for Competition and Antitrust Analysis*（Princeton University Press, 2010））と，GATT 3 条の「同種の産品」（3 条 2 項における「直接的競争産品又は代替可能の商品」を含む）の判断手法を比較し，GATT 3 条における同種の産品の判断に際して定量的な分析を導入すべきである，というものである。第 1 章（Comparison of antitrust and international trade law）は，競争法の分析手法を国際経済法に応用することの妥当性をその法目的から論証し，効率性（資源配分の効率性）の向上と消費者余剰の増大を企図するという競争法の法目的と，リカードに始まる比較優位を前提とした効率性の向上を目指す国際経済法の法目的は共通すると主張する（競争法の法目的について次の文献を参照。See Robert Pitofsky ed., *How the Chicago School Overshot the Mark: The Effect of Conservative Economic Analysis on U. S. Antitrust*（Oxford University Press, 2008））。（現実に問題となる GATT 3 条事件の背景はさておき，理論的には）国内産業保護という視点も特定の国内事業者を保護することを直接の目的とするものではなく国内の消費者と事業者の保護を通じてカルドア・ヒックス基準を満たした効率性を実現するという意味にとらえれば 2 つの法体系は矛盾しないとする。第 2 章（The role of market definition）では，両者の法目的の共通点を背景として競争法における市場画定手法を参照することの正当性を前提に，競争法における市場画定は，条文上の要件ではなく，市場力測定のための手段であることと，GATT 3 条における同種の産品及び直接的競争産品又は代替可能の商品の認定は，条文上の要件として無差別原則違反の有無を認定する手段であるという機能的な相違がありながらも両者は，的確な事実認定が不可欠であることにおいて双方が共通すること，そしてそれゆえに競争法の定量的な市場画定手法が同種の産品の認定に応用しうるとしている。第 3 章（Analytical evolution from the traditional to the economic approach）では，定性的なアプローチ（伝統的なアプローチ）から，次第に経済学を前提とした定量的なアプローチ，特に需要の交差弾力性（供給面も同様）が導入された経緯を分析する。まず，競争法では，米国反トラスト法におけるデュポン（Cellophane）事件（United States v. E.I. du Pont de Nemours & Co., 351 U.S. 377 (1956)）では，需要の交差弾力性を基礎として，これに基づく判断基準として合理的な交換可能性基準（reasonable interchangeability）を採用し，物理的な特性と用途が分析の中心となった。これに続く，クレイトン法 7 条事件（合併）であるデュポン・GM 事件（United States v. E.I. du Pont de Nemours & Co., 353 U.S. 586 (1957)）では，「特有の性質と用途基準」（peculiar characteristics and uses standard）が採用された。その上で両者の統一的な説明として市場画定の意義を明らかにした Brown Shoe 事件（Brown Shoe Co., Inc. v. United States – 370 U.S. 294 (1962)）を経て，次第に定量的な市場画定分析に傾斜していったことが紹介されている。他方，WTO では，GATT 時代より市場における最終的な用途，各国固有の消費者の嗜好や習慣そして，商品特性や品質に基づいて同種の産品か否かを判断する boarder tax criteria の影響が強く，目的

効果基準など定性的なアプローチが採用された。この定性的アプローチには，4つの問題があると指摘する。まず，判断の恣意性（arbitrariness）の問題があること，3条の判断における用途や性質をどのような場面でどのように検討するかについてモデル化されていないこと，保護主義的な手法ではないかという疑いを前提にした3条の判断が導かれる危険性といった認知バイアスの問題（あらかじめ決められた結論に陥るリスク），そして代替性の判断を誤る危険性である。このようなリスクに対して，1990年代以降WTOは，次第に定量的なアプローチを採用しているとする。特に本書が重視するのは，2010年以降の2つの事例である（Thailand-Customs and Fiscal measures on Cigarettes from the Philippines, WT/DS371/AB/R, adopted Jury 15 2011 ; Philippine-Taxes on Distilled Spirits, WT/DS396/AB/R, WT/DS403/AB/R. adoptedJanuary 20, 2012）。この事件では，フィリピン側が，定量分析を提供している。しかしWTOの紛争解決手続では，経済分析に基づく専門家証言を例外的にしか考慮しないとする。この理由として，加盟国が，内国民待遇に関する措置に対する経済分析は，各国の従来からの規制に対する大きな脅威になるリスクがあるためとしている。これは，WTOが加盟国の影響の元に運営されているという外交の場であるという側面も無視し得えず，過度な経済分析を相互に抑制する可能性があると指摘する。これは，WTOの司法化による加盟国の反発をおさえるため，上級委員会が法条の解釈にとどまり，従来加盟国政府が承認した解釈の中にとどまる傾向が背景にあると指摘する。

　これに対して，著者は，第4章（Conceptualizing an economic approach to market definition）において，GATT 3条の解釈における経済分析は，次の点に留意して行うべきとする。それは，同種の産品の判断は，GATT 3条の法目的に依拠するものであり，各国の保護主義的な目的による措置か否かを判断するためには，比較対象となる産品が市場において競争関係にあるかどうかという分析を需要の代替性を基軸に分析するのが有益であるとする。それはすなわち貿易上の障壁故に競争水準を超えた利潤を国内産業が得ているか否かという分析であるとする。ここにおいて市場力分析との類似性があることを明示しているといえる。ただし競争法との相違点としては，潜在的競争と貿易制限がない場合に得られる潜在需要の概念的相違や，価格や均衡を中心とした競争法の市場概念とは異なる考慮を要する貿易上の国内市場の概念の相違がある。しかし，それでもなお，需要の代替性を軸とした経済分析は有用であるとする。そして第5章（The implementation of an economic approach : quantitative methods）において，実際に計量分析を導入するための課題について論じる。第一に経済分析に関する専門家証言をパネル手続においてどのように導入するかという点である。たとえば現状では，パネルは，SPS協定に関する科学的分析を除いて，専門家からの意見聴取に消極的である。その上でなお経済学者による証言を導入する場合には，各国が用意する専門家証言の採否の問題，パネルと競争法の法廷の審議の態様の相違，情報の非対称性の問題，判断に際して

の認知バイアスそして証言同士の対立とその妥当性審査などがありパネリストの専門性確保や事務局の支援と教育，さらには，パネルが指名する独立専門家証言，証拠の採否と証拠能力の審査の問題など手続上の課題を克服する必要がある。理論面では，需要の交差弾力性を測定する際に卸，小売りのどの段階での価格の弾力性を分析するのか，という問題，計量経済学的な視点からの変数の取り方や検定の課題などが検討される。結論として著者は，GATT 3条の「同種の産品」（3条2項における「直接的競争産品又は代替可能の商品」を含む）の判断に際して需要の交差弾力性を軸とした計量分析を導入することを提唱するものの，従来の定性分析を排除するのではなく，相互補完として使用すべきと主張する。

3　競争法的観点から見た本書の分析に対するコメント

本書の見解に対して，競争法の視点からは，次の2点を指摘する。第1に，経済分析に対する専門家証言の取扱である。今後，パネルが経済分析を導入する場合，加盟国あるいはパネル独自の専門家証言を証拠として採用するに際して反トラスト法における専門家証言の採否の基準である Daubert 基準（Daubert v. Merell Dow Pharm. Inc., 509 U.S. 579（1993）. なお Daubert 基準については，川濱昇「独禁法と経済学」，日本経済法学会編『経済法講座　第2巻　独禁法の理論と展開(1)』三省堂（2002年）39頁及び，同「法と経済学の限界と可能性　合理的選択と社会規範をめぐって」井上達夫・嶋津格・松浦好治『法の臨界　II　秩序像の転換』東京大学出版会（1999）209頁参照。ハーバート・ホーベンカンプ『米国競争政策の展望　実務上の問題点と改革の手引き』（商事法務 2009）103頁以下参照。）に基づく分析が参考となる。Daubert 基準では，パネリストの認知バイアスの問題に加え，分析自体の妥当性，特に，事案に即した分析であるか否か，が問題になる。とはいえ，WTO の紛争処理手続の性質は，国内の競争法に関する当局の審査や裁判所の裁判手続とは大きく異なることも事実である。しかし，少なくとも経済分析に基づく証拠に基づく判断を行う差異の参考指標として Daubert 基準は有益な示唆を与えるといえる。

第2に，市場画定に対する考え方は，2010年の米国の水平合併ガイドライン（U.S. Department of Justice and Federal Trade Commission, Horizontal Merger Guidelines (2010), *available at* http://www.justice.gov/atr/public/guidelines/hmg-2010.pdf）以後，その概念上の位置づけが修正されている。競争法において，市場画定とは，市場力推定のために行うものであり，直接的に市場力の推定ができるのであれば市場画定をあえてする必要はない。現在，競争法では，市場力の測定に関して，転換率（商品価格上昇時に他の商品への転換割合）や，UPP（企業結合後の価格引き上げインセンティブと価格引き下げ効果の推計指標），さらには合併後の産業への影響を価格を指標として推定する合併シミュレーション（瀬領真悟「企業結合規制における市場支配力立証の新展開」（日本経済法学会年報第33号，2012）18頁，25-26頁参照。）などがある。本書にお

文献紹介　261

いても，市場画定に関する競争法の最近の認識は指摘されており，著者もこの点に配慮しつつ，GATT 3条における同種の産品の認定に有益な範囲に限定した応用を試みている。ただし，本来，本書が依拠する企業結合規制における市場画定分析においては，その反競争的効果について，合併後の当事会社の市場力の状況を分析対象とする単独行動分析，合併後の市場内における協調行動発生の可能性を分析する協調行動分析という枠組みの中で，当該合併の反競争的効果を認定するものであるのに対して（なお最新の企業結合規制の動向については，前注の日本経済法学会編『企業結合規制の新たな課題』（日本経済法学会年報33号　2012）所収の論文が参考になる。），同種の産品の認定は，加盟国における措置によって輸入産品が差別的に取り扱われることにより，当該措置が執られない場合に比べ，輸入産品が不利に置かれているか否かを分析するものであるから，分析のベクトルに相違がある。この問題は，実際に需要の交差弾力性を中心とした分析を行う際にどのようなデータを利用するのかなど，実際本書の提唱する分析を実施する上での問題は多い。

　4　競争法と国際経済法の調和の可能性と限界，結語に代えて

　本書は，競争法と国際経済法の相違点に配慮し，また競争法の最近の論点も適切にまとめ，GATT 3条の同種の産品の判断において定量的なアプローチを導入することを推奨している。本書の価値は，競争法と国際経済法の交錯について，具体的なGATTの条項の解釈の中に，競争法の分析手法を応用するとどうなるかという議論を提供しているところにある。さらに本書は，競争法の市場画定手法を導入することによって，同種の産品に関する判断基準の透明性を向上させるか，それに付随してWTO体制に実質的な変更が生じるのか，という点をシミュレーションし，この問題が様々な問題に波及していく状況を提示している。本書は，競争法と国際経済法の交錯について興味深い研究手法を提示している。

（東京富士大学経営学部教授）

Hélène Ruiz Fabri（dir.），

La convention de l'UNESCO sur la protection et la promotion de la diversité des expressions culturelles : Premier bilan et défis juridiques

（Société de législation comparée, 2010, 280p.）

小　寺　智　史

　1　はじめに

　ウルグアイ・ラウンドにおける「貿易と文化」をめぐる論争は，ユネスコに議論の場

を移し,新たな条約の採択と発効という次の段階に至った。すなわち,2005年10月20日,ユネスコ総会は「文化的表現の多様性の保護及び促進に関する条約(以下,文化多様性条約又は単に条約)」を採択し,同条約は2007年3月18日に発効した。2013年8月現在,締約国数は130ヶ国を越えている(日本は未批准)。

2010年に公刊された本書は,副題の「最初の総括と法的挑戦」が示すように,採択から5年を経て,条約の意義及び直面する法的課題の検討を目的とするものである。編者のエレーヌ・リュイーズ＝ファブリ(パリ第1大学)は,2006年から2010年まで欧州国際法学会会長を務めた,欧州を代表する国際法学者である。その専門は多岐にわたるが,近年では文化多様性条約の起草過程及びその実施に深くかかわっており,国際文化法に関する多数の著作を公刊している。

本書は,15の論文から構成される。執筆者は,フランス,カナダ,ブラジル,スイス,クロアチア,セネガル,オランダなどの研究者,政府関係者,国際組織その他における実務家である。以下では,まず全体の概要を示し,その後若干のコメントを付すことにしたい。

2　概要

本書は2つの部によって構成される。第1部に先立ち,ガリア・サウマ＝フォレロ(文化多様性条約事務局)が条約文とその構造を紹介し,それに続いて,エレーヌ・リュイーズ＝ファブリ「序論として——文化的表現の多様性の保護及び促進に関する条約の小史——」は,ウルグアイ・ラウンドにおける「文化的例外」の主張から文化多様性条約へと至った経緯を,起草に深く関与した当事者の視点から詳細に論じる。

第1部「文化多様性条約——最初の総括と視点——」は3つの論文からなる。ニナ・オブルジェン(クロアチア文化省)「条約の批准プロセスの展開とその適用のフォローアップ」は,各国による条約の批准プロセスとその後の展開を扱う。短期間の交渉と広範なコンセンサスの存在によって早期の批准・発効が可能となった反面,条約には,国家に課される義務の乏しさや規定の不明確さという特徴がみられる。そこで条約の実施プロセスが重要となるが,その際の問題として,著者は,文化政策に関する諸国の能力の相違,報告制度やモニタリングといったフォローアップ体制の確立,及び20条が規定する他の条約との関係の3つをあげる。マイケル・ハーン(ローザンヌ大学)「条約——枠組み,構造及び将来——」は,条約の諸規定に関して,文化多様性と開発の密接不可分性,及び文化多様性の基盤にある人権の重要性を強調する。さらに,条約の役割として次の2点を指摘する。すなわち,第1に,FTAのなかで文化的財に関する例外が規定される際に同条約がすでに援用されており,この傾向が拡散することで一般国際法の展開に影響を及ぼすであろうこと,第2に,文化保護主義の擁護者が国内において,自らの主張の重要な論拠として同条約を援用することが可能となったことである。ジャン・タルディフ(プラネットアゴラ)「条約を超えて——文化的グローバリゼーション

の新しいパラダイム――」は，条約の意義として，国際政治領域に文化的要素を再導入することで貿易自由化イデオロギーに歯止めをかけたことを評価するが，同時に，条約が国家中心主義に依拠しており，国内の文化多様性が画一化される危険性を指摘する。また，文化的グローバリゼーションによって出現したトランスナショナルな地理文化的（文化・アイデンティティ）な空間に対応する，世界文化理事会などの新たな機関・レジームの創設を提案する。

第2部「法的挑戦」では，文化多様性の促進という観点から，競争法，通商法，知的財産法及び南北問題の4つの領域が扱われる。まず競争法に関しては，リリアン・リシェリ・アナニア（パリ第1大学）「特に途上国における，文化多様性促進のための競争法を修正する必要性」が，文化多様性の促進における競争法の重要性，及び文化政策と競争政策の協調の必要性を唱える。文化産業においては市場の集中度が高く，特にオーディオビジュアルに関しては米国の大企業が制作・配給市場を支配している。この点，文化的な財・サービスが価値やアイデンティティの伝達手段である以上，その源の多様性を確保することはきわめて重要となり，競争法が果たす役割は大きい。しかし現在，メディア部門における集中規制を専門に扱う当局が各国に存在しないため，市場の画定や代替性の判断などが主に経済的要素に従ってなされ，文化的な財・サービスの特殊性を考慮することができない。この点，各国の競争当局に柔軟性を与え，文化多元主義を考慮した競争法の適用が重要であると主張する。アンナ・エロルド（欧州委員会）「映画と競争法――共生？――」は，EU競争法と映画部門の関係について，3つの観点から分析を加える。第1に，EU運営条約107条3項(d)に従い，映画部門への国家補助が競争法の例外となる可能性，第2に，カルテル禁止を定める同条約101条1項及び支配的地位の濫用を禁止する102条に基づく文化多様性の保護，第3に，Vivendi/Canal＋/Seagram事件（2000年）のように，企業結合の規制を通じた文化多様性の促進である。著者は，競争法は一定の範囲で文化的考慮を取り込むことができ，映画部門における文化多様性の促進に貢献できると結論づける。シルヴィオ・ダ＝リン（ブラジル文化省）「いかなる形態の下，条約は映画・オーディオビジュアル分野でのブラジルの公共政策を正当化するに至ったか？」は，ブラジルの映画産業保護政策と条約との関係を論じる。ブラジルはフランスと並んでオーディオビジュアルに対する保護政策を採用してきた国であるが，条約，特に文化政策を策定・実施する主権的権利（5条1項）が確認されたことで，ブラジルがこの数十年促進してきた公共政策により大きな正当性が付与されることになったと評価する。

次に通商法であるが，「国際通商法は文化多様性を犠牲にする強者の法か？」という問いに対して，クリストフ・ジャーマン（弁護士）「文化多様性と国際貿易の競合」は，途上国は補助金や割当てといった手段を用いることができず，それを補完・代替する文化政策手段を考案する必要があると主張する。そこで取り上げられるのが，フランスが

導入しているオーディオビジュアルに関する特別課徴税である。同税は、フランスにおけるすべてのオーディオビジュアル関連の財・サービスに対して「無差別的」に課され、その税収はフランスの独立系映画制作部門に「差別的」に配分される。著者は、ハリウッドのメジャースタジオは優越的地位の濫用により文化多様性の欠如を招いた責任を負わなければならないと主張し、同税を環境法における「汚染者負担原則」に類似する論理に従うものと位置づけ、そのうえで他国、特に途上国への導入の可能性を検討する。

ベロニク・ゲブルモン（ラバル大学）「貿易規範と文化規範の対立――『共通価値』の探求――」は、条約がもたらした重要な進展を、通商と文化という両分野を共通価値が自由に行来するための「架橋」の構築とみなす。著者によれば、その架橋とは「持続可能な開発」という概念である。WTO協定前文が示すように、同概念はWTOにおいても追求すべき価値として含まれており、貿易の自由化は、持続可能な開発という目的の下に位置づけられる。さらに、文化が持続可能な開発を構成する重要な一要素である以上、自由化の基礎をなす最恵国待遇原則及び内国民待遇原則は文化の観点から再検討されなければならないとし、具体的には、財・サービスの「同種性」の判断において文化的要素を考慮する必要を説く。セルジュ・ルグール（トゥルーズ大学）「国際通商法における経済的不平等及び文化多様性に関する変容」は、「国際通商法は強者の法と理解しうるのか」「国際通商法は文化多様性を犠牲にしているのか」という2つに問題を区別して検討する。前者について、法・力・市場に関する複数の異なる見解を検討した後、対抗しうる例外規定が導入されていない限り、国際通商法は強者の法であると結論づける。そのうえで後者に関して、文化を、①映画に代表される文化産業、②演劇・舞踏といった市場の外に位置する上流文化（culture savante）、③伝統的知識や文化的表現といった法の外に位置する文化人類学的文化の3つに区別し、各々が強者の法と取り結ぶ関係を考察する。その結果、①については強者の法である国際通商法によって文化多様性が犠牲にされる可能性は高いものの、②についてはそもそも市場の外に位置づけられるための強者の法と文化多様性の関係という問題は妥当せず、③に関しても文化多様性条約とWTO諸協定の適用範囲は部分的にしか重ならないと指摘する。

続いて知的財産法に関しては、ヨースト・スミルス（ユトレヒト芸術大学）「いかなる文化的コングロマリットによる市場支配も著作権も認めない――法的視点から経済的視点へ――」が論じる。本書において唯一英語で書かれた同論文は、文化多様性を促進するために著作権を廃止することを強く主張する。なぜなら、すべての芸術作品は過去の作品や環境からインスピレーションを得ており、私人ではなく公的な共有空間（コモンズ）に属するからである。著者が強調するのは、多くの文化的起業家に開かれた、文化に関する公平な競争の場（level playing field）の重要性である。著者は、著作権の廃止及び文化的コングロマリットの解体による市場支配の規制が、文化多様性とそれに基づく民主主義にとって必要不可欠であると唱える。

最後に南北問題に関しては,「南の諸国において,補助金も施し(aumône)もない文化多様性はユートピアか?」という問いに対して2人の論者が応答を試みる。エルザ・コムビー(フランス国立映画センター)「南北諸国間でいかなる種類の協力が可能か?」は,文化多様性条約18条が定める「文化多様性のための国際基金」などの財政支援は必要不可欠であることを認める。しかし,長期的観点からは,12条(国際協力の促進)以下に規定される国際協力のための規制枠組みの構築が同様に重要であると説き,その例として,フランスやEUが実施する途上国における映画制作への支援を紹介する。アムサトゥ・ソウ・シディベ(ダカール大学)「途上国において補助金も施しもない文化多様性は可能か?」は,アフリカでは国際協力とは無関係に多様性が維持されてきており,現在でも,ナイジェリアで2007年に1200本ほどの映画が制作されるなど,財政支援なしの文化多様性は必ずしもユートピアではないとする。しかし,現実には貧しい国では栄養などに予算が回されるため文化が後回しになっており,さらに南北間における文化産業集中の不均衡は著しい。その結果,先進国の文化産業の「侵略・氾濫(envahissement)」に対抗するためには,文化多様性の促進に真に貢献する財政支援が必要であると主張する。

3 コメント

 国際文化法の近年の急速な発展は,文化をめぐる諸問題が国際社会においてその重要性を増していることを示している。このことはグローバリゼーションの進展と無縁ではない。すなわち,グローバリゼーションは,多様な財・サービスの国境を越えた交換を要請し,さらに交換の円滑化のため,取引の主体・対象を匿名化と均一化の圧力に晒す。しかし,通常,名を捨てることを求められるのは弱者であり,服従を要求されるのは弱者の文化である。文化多様性を求める主張は,匿名化・均一化という論理や力に抗う,人々の承認の要求にほかならない。

 文化多様性条約は,このような人々の期待に十分に応えることができるのであろうか。また,国際経済法をはじめとする国際法の様々な領域は,同条約といかなる関係に立ち,またいかにして文化多様性の促進に貢献することができるのであろうか。本書に収められた論文は,分野もアプローチも多様であるが,論者たちの問題意識は一貫している。

 本書は,文化多様性条約それ自体の法解釈というよりも,同条約をより広い文脈に置くことで上記の問題意識に応えようとする。言い換えれば,本書の目的とは,多様な観点から,条約が体現する文化多様性という価値を促進する手段を考察することである。その手段として,ある論者は競争法及び通商法を文化的観点から再構成する必要を説き,別の論者は著作権制度の廃止を訴える。つまり,本書は,国際経済法が追求すべき価値,さらには同法の文化・アイデンティティそれ自体を問うのである。

 この意味において,本書の意図はきわめて野心的であり,その内容も大いに示唆に富む。しかし,その反面,条約の詳細な解釈論が展開されることはなく,条約が果たす機

能や役割に関しても，抽象的な論述にとどまる傾向がみられる。この点，近年の他の著作（例えば，T. Kono & S.V. Uytsel (eds.), *The UNESCO Convention on the Diversity of Cultural Expressions : A Tale of Fragmention in International Law*, Intersentia, 2012; S.V. Schorlemer & P.-T. Stoll (eds.), *The UNESCO Convention on the Protection and Promotion of the Diversity of Cultural Expressions : Explanatory Notes*, Springer, 2012; J. Shi, *Free Trade and Cultural Diversity in International Law*, Hart Publishing, 2013) と並行して読むことが有益であろう。また，本書では文化多様性条約とWTOとの関係に主に力点が置かれているが，結論でイワン・ベルニエ（ラバル大学）も認めるように，同条約及び文化多様性という概念の射程はそれよりもはるかに広い。国際経済法に関しても，本書が扱っていない投資と文化の関係について近年研究が進みつつある。さらに，人権や環境といった他の分野さらには一般国際法全体への同条約の影響など，今後検討すべき課題は多い。

ただし，同条約は発効してからまだ間もなく，条約の真の意義は今後の各国による実施にかかっている。国際法の各領域との関係も含めて，本格的な研究はこれからであり，本書はそれに向けた重要な出発点の1つと位置づけられる。すべての分野の「国際経済法」研究者に一読を勧めたい。

（西南学院大学法学部准教授）

Margaret A. Young,

Trading Fish, Saving Fish :
The Interaction between Regimes in International Law

(Cambridge : Cambridge University Press, 2011, xxxiii 406p.)

濱 田 太 郎

編集委員会の編集方針に従い，文献内容紹介を最小限にとどめ，評者による本書に対する評価を紙幅の都合を考慮しながらできる限り詳述する。評者の誤解はご海容申し上げる。

本書は，ケンブリッジ大学大学院に提出した博士論文を基礎とし，学術雑誌に既に発表された3つの論文が加筆修正されて1冊の著書にまとめられたものである。3部8章からなる。本書は，国連国際法委員会（ILC）による国際法の「断片化（fragmentation）」に関する報告書（以下，ILC報告書）を，漁業資源保護や水産物貿易制限に関する様々な国際交渉，慣行，判例を題材にして，批判的に検証する。1部は，問題提起と関連規則の概説の2章からなる。2部は事例研究である。立法，実施，紛争処理を取り

上げ，WTO における漁業補助金規律交渉，絶滅危惧海洋生物貿易規制，WTO 紛争解決手続判例を分析対象とする3章からなる。3部は，総論的分析と政策提言である。

ILC 報告書は，国際法規範の解釈適用の際の相互の抵触という実体的問題のみを取り上げ，国際裁判機関の権限や管轄権競合という制度的問題を除外した。規範間の関係を優位，無効，調整あるいは統合的解釈に整理し，特別法優位，後法優位，自己完結的レジーム，国際法の階層性，条約法条約31条3項(c)による統合的解釈という「断片化」の解決策 (tool-box) を示した。著者は，こうした規範の対立を過度に強調することは法制度に望ましくなく非生産的であるという立場から，レジーム間相互作用が「断片化」を防止しており，レジーム間相互作用を促進させる重要性と方策を説く。著者は，国際法上の権利義務にとどまらず FAO 行動規範等のソフトローや国家以外の主体（国際機構や NGO）を重視して，レジーム間相互作用を解明する。

3章では，2007年11月に漁業補助金規律交渉で提示された議長案を主に分析する。漁業補助金規律を WTO 協定に含めることには交渉権限，専門性，管轄権，偏見，貿易政策の一貫性・効率性の観点から賛否両論がある。しかし，漁業補助金規律を WTO 協定に含めることはレジーム間相互作用が保障される限り賛成である。WTO は，他のレジームとの相互作用を有する。第1に，WTO 加盟国は他の国際機構や NGO からの情報を自らの意見書等として提出する。第2に，他の国際機構や NGO のオブザーバー参加は漁業補助金規律交渉では認められていないが，貿易環境委員会他では限定的に認められている。第3に，WTO 事務局による積極的な非公式の相互学習や情報共有が見られる。加えて，議長案では，補助金通報，補助金分類，漁業管理の基準の適用の3点において他のレジームの規範が組み込まれている。漁業補助金と関連法令の通報・透明性義務，FAO による漁業資源状況や漁業管理制度の検証結果の通報等が提案されている。FAO 基準他を用いて禁止補助金あるいは規律除外を定義し，例えば IUU（違法・無報告・無規制）への補助金を禁止している。

4章は，FAO とワシントン条約 (CITES) 事務局との間の覚書を検証し，FAO 漁業管理レジームと CITES レジームの相互作用を検討する。漁業資源管理に CITES レジームに基づく貿易規制を用いることには権限，専門性，管轄権，偏見，漁業管理の一貫性の観点から賛否両論がある。CITES と海洋法の関係は，絶滅危惧海洋生物との関連では，両者は規範的抵触でなく重複である。CITES，国連海洋法条約，国連公海漁業協定，FAO 関連文書は共存し，相互作用を有する。FAO と CITES 事務局の覚書は，こうした相互関係を公式化した。こうした国際機構間の合意は国際機構に明示黙示に付与された権限により認められる。覚書の交渉過程では，漁業管理に関する FAO の権限が制限される可能性が懸念され，CITES 条約の抵触条項に基づき CITES の役割を制限しようとする動きがあった。しかし，結局，覚書に FAO と CITES 事務局との任務・権限配分規定は設けられなかった。代えて，5つの分野で協力を規定する。①情報共有，オブ

ザーバー出席,②途上国他へのキャパシティ・ビルディング,③CITES 附属書掲載基準への協同関与,④協議,FAO による CITES 附属書掲載提案の見直し,⑤資源配分(財政負担は事業毎個別に決定),定期的報告である。覚書の法的地位が不明確であるが,覚書が一定の相互作用を促進している。

5章は,WTO 判例分析である。米国のエビ及びエビ製品輸入禁止事件では,パネルや上級委員会が,直接に関連国際環境法の規則を適用したわけではないが,理由付けであるいは事実認定で間接的に用いた。加えて,上級委員会は,31条3項(c)または31条1項に従い関連国際環境法の規則を用いて GATT20条を解釈した。上級委員会は紛争当事国によるこれらの関連国際環境法の規則の締結状況を検討していない。しかし,EC の GMO 規制事件では,パネルは関連国際環境法の規則を考慮しなかった。紛争当事国がこれらの規則の適用を申し立てていない。さらに,パネルによれば,条約法条約31条3項(c)ではすべての WTO 加盟国に対して拘束力がある規則のみが対象となると解釈した。代わって,パネルは,条約文言の通常の意味の解釈に際して,関連国際環境法の規則を考慮に入れた。

パネルや上級委員会と他のレジームとの相互作用のための枠組としては,第1に,①DSU13条にいうパネルの情報提供権,②上級委員会による NGO からの意見書受理,③DSU27条にいう WTO 事務局の支援がある。第2に,WTO 加盟国が他の国際機構や NGO の意見を含めた意見書を提出できる。第3に,ある種の科学的技術的問題について,パネルが専門家に諮問可能である。加えて,相互作用を促進するために,パネルの常設化が望ましい。また,少なくとも事務局長によるパネル構成の場合には,他のレジームの経験・情報も考慮されるべきである。当事国は国内で多様な利害関係者の見解を聴取し,他のレジームの見解も反映させた意見書を提出すべきである。パネルは,締約国の重複を検討することなく,条約法条約31条3項(c)による統合的解釈を行うべきである。TBT 協定や SPS 協定以外でも,他のレジームの基準等へ言及する規定を設けるべきである。WTO が他の国際機構と協定を締結して情報共有,オブザーバー参加等を進めるべきである。

6章は,ガバナンス論を展開して,レジーム間相互作用の促進あるいは阻害要因を検討する。条約上に抵触あるいは権限配分規定がない場合,複数のレジームの共存方法やレジーム間相互作用の正統性が問題となる。国際法は国家の同意に妥当基盤を求める。しかし,グローバル・ガバナンスにより人類の緊急の共通課題に対応する必要性があるため,あるいは公開のアクセス可能な場で対策を議論し決定することで,国家の同意に代わる正統性を確保することができる。相互作用を促進する要因として,① NGO 等を含めた国内政治調整,②公式・非公式の国際機構と NGO との間の学習・情報共有,③国家からの財源付与,NGO による技術提供等の資源配分の3つがある。これに対し,相互作用を妨害する要因として,①他のレジームとの関係を制限する排他的制度,②他

の国際機構や NGO に対する透明性や公開性の欠如，③レジーム間全締約国一致要件の3つがある。国際機構間における事前の権限配分よりも，多様性や不均衡に対しながら様々に異なった機構的あるいは規範的対応が必要である。また，透明性や公開性を保障することで，国際機構間の対立は防止される。レジーム間全締約国一致要件は未締結国に拒否権を付与する。例えば WTO 未加盟国に WTO 協定に基づく貿易規制を主張できない。条約解釈あるいは制度的協調によって，国家が規範的発展過程に同意していないにもかかわらず国家の権利義務が変更されるとすれば，こうした変更の正統性が重要である。

7章は，レジーム相互作用のための法的枠組を国際機構法特に黙示的権能論を用いて構築し，国際法の妥当基盤を同意から参加に求める国際法の正統性の新たな概念を提示する。立憲化のような価値規範ではなく国際機構法を用いて「断片化」に対応する国際機構の能力と役割を論じる。

レジーム間相互作用の法的根拠は，①全締約国一致，②外部レジームの基準等への支持・参照，③公式・非公式の国際機構間協定がある。国際機構間協定により規範的影響がある場合，その正統性が問題となる。国際機構の見知らぬ専門家により世界政治が統制される恐れがあるため，国際機構はその正統性を維持しなければならない。すなわち，外部のレジームの規範が国際的なコンセンサスを得ているか否か，途上国と先進国の双方が合意しているか否かを精査し，他の国際機構や NGO と協力しつつ，提案者の NGO が説明責任を果たしているか否かを精査して，それらの規範や主張を受け入れなければならない。また，国際機構が他のレジームの規範を考慮する義務を有する場合がある。

8章は，結論と提言を述べる。立法段階での相互作用の法的枠組は，国家を媒介とし国際機構間あるいは外部利害関係者間の学習及び協業という相互作用による。しかし，国家はこうした学習及び協業を制限しようとする。相互作用の正統性を国家の同意に求めるのでなく，利害関係者に対する説明責任や公開性に求めるべきである。実施段階での相互作用の法的枠組は，国際機構間の覚書による協業，条約条文における他のレジームの基準等の支持・言及がある。他のレジームの基準等の内容や採択方法を検証し，当該レジームが他の国際機構や NGO 等の利害関係者に対し透明性を保障し，公開のアクセス可能な場でコンセンサスを得て採択されたものであるか否かを検証する必要がある。紛争処理段階では，漁業補助金について WTO 紛争処理機関が外部機関と権限配分協定を締結しようとする革新的提案がある。また，紛争解決機関が条約法条約31条3項(c)による統合的解釈を行うことが有益である。他の国際機構や NGO と協議を行う権限を行使し，NGO の意見書を受領し考慮に入れるべきである。

多様な国際機構が重複した規制を行っていても，国際機構間で情報共有すれば協業によりグローバルな課題を解決することができる。それぞれが先進国途上国問わず多様な加盟国を認め，国際機構の審議の透明性・公開を保障し，他の国際機構あるいは NGO

の参加の機会を認めなければならない。

　最後に評者の本書に対する全体的評価を述べる。本書は既に発表された「断片化」に関する多様な学説をパッチワークのようにつなぎ合わせたとの印象を受ける。他の分野の「断片化」のこれまでの学説を漁業資源保護や水産物貿易規制の分野に適用している。本書は，漁業資源保護・水産物貿易規制の分野の規律の実証的分析というには，取り上げた規律の数・種類が少ない。すなわち，「断片化」の理論問題と漁業資源保護・水産物貿易規制の実証分析のいずれでも中途半端な印象を受ける。漁業資源保護・水産物貿易規制において「断片化」の制度的問題を取り上げるなら，ミナミマグロ事件に対する分析が物足りない。「断片化」の制度的問題の顕著な事例は，国際裁判機関の権限・管轄権競合や法廷地漁りである。筆者は，国際裁判機関の事前の権限配分協定よりも，国際裁判機関がレジーム間相互作用を最適化して機動的に問題解決すべきと主張しているように思われる。すなわち，海洋環境汚染についての欧州司法裁判所のMOX工場事件判決におけるEU運営条約344条（欧州連合条約292条）の解釈を念頭に置いて，あるいは，みなみまぐろの保存のための条約の紛争解決規定を念頭に置いて，事前の一律排除を不適切と考えているようである。しかし，本書にはこうした直接の分析がないと言って過言でない。著者はミナミマグロ事件の本案判決多数意見の解釈が誤っているとの意見のようだ。現実に存在する相互作用により「断片化」が防止されている，あるいは理論上・学説上の懸念ほど実際は「断片化」していないと著者は主張している。著者は，レジーム間相互作用により気候変動問題にも適切に対処できると指摘している。しかし，MOX工場事件判決を見れば海洋汚染問題ですらこうしたレジーム間相互作用が適切に機能するのは難しいのではないか。

　他人の業績を批判することは容易である。評者のこのような私見は，漁業資源保護・水産物貿易規制の分野における「断片化」とレジーム間相互作用によるその対処を包括的にまとめた画期的な大変興味深い研究書としての本書の意義をいささかも減じるものではない。

　　　　　　　　　　　　　　　　　　　　　　　　（近畿大学経済学部准教授）

Michael Waibel,
Sovereign Defaults before International Courts and Tribunals
（Cambridge University Press, 2011, lvi 366p.）

猪 瀬 貴 道

1　本書の概要

　本書は，国家デフォルト（国家債務不履行，Sovereign Defaults）に関する国際法を扱うものである。著者 Michael Waibel は，ケンブリッジ大学のローターパクトセンターにおいて英国学士院博士取得研究員（Postdoctoral Fellow）を務めている。本書は，著者が2008年にウィーン大学法学部に提出した博士論文を加筆修正したものである。国家は，公債を原因とする紛争について判断することを躊躇する傾向があるため，そのような紛争解決の主要なフォーラムは，国内裁判所から国際法廷へと移行してきた。本書は，まず，国家デフォルトを原因とする紛争の国際的解決について過去150年間以上にわたる歴史的展開を検討する。米国における州デフォルトに始まり2001年アルゼンチンのデフォルトに関する ICSID 仲裁事例に至る国際実行および国際判例にある連続性に注目し，それを国家デフォルトの解決を将来的に担いうる恒久的機関創設への道筋を示すものと考察する。

2　本書の構成

　第1部においては，19世紀に米国で生じた州デフォルトから2001年のアルゼンチンデフォルトに関連する ICSID 仲裁までさまざまな事例の検討を行うとともに，債務国と関係国との間の国家間関係と債権者の国際法上の保護という2つの観点から，それぞれの事例で採られた解決策を検討している。

　第1章「国家債務危機およびデフォルト（Sovereign debt crises and defaults）」では，まず，1840年代以降に米国各州で生じた州債務危機および州デフォルト，それに伴う仲裁の検討から入り，17世紀以降の国家債務についての問題を概観する。「公的信用が火薬と同様の革命をもたらした」と評する一方，国家債務の不払いによる紛争も一般化したと述べる。その紛争の解決には，国家間交渉が主に用いられ，支払い強制のために武力が用いられる場合もあったが，国際裁判所が利用されるのはほんの一部にすぎないと述べる。仲裁は，第一次世界大戦前にしばしば用いられていたが，国家債務紛争の解決の場は，国内裁判所にシフトしたと指摘する。

　第2章「国家デフォルトに対する政治的対応（Political responses to sovereign default）」では，国家債務の回収に関する債権者国籍国による支援および武力の行使につ

いて事例から検討する。債権者国籍国は，自国の経済的・政治的目的に基づいて介入してきたということを指摘する。そして，一部の論者が国家デフォルトにおいて重要な役割を果たしたとする外交的保護についても否定的見解を示す。金融制裁についても検討したあと，債権回収と武力行使に関する事例，とくに1900年代初頭のベネズエラの事例について詳細に検討をして，その介入目的がベネズエラ政府による外国人および財産への攻撃を終了させることにあったことを指摘する。この時期に主張されたドラゴ主義についても検討される。また，外交交渉については，ソ連の成立に伴うロシア債の扱い，2000年代アルゼンチン債務危機，サダム・フセイン後のイラクの債務処理問題などが紹介されている。

第3章「高債務国の準債務管理（Quasi-receivership of highly indebted countries）」は，19世紀後半に用いられた国際債務管理方式について述べる。具体的には，セルビアにおける独占自治管理，ギリシャにおける国際金融統制委員会，エジプトにおける公債委員会，ハイチにおける財政管理などについて概要が説明された後，ドミニカにおける管財人による管理について詳細に説明される。

第4章「通貨改革と国家債務（Monetary reform and sovereign debt）」は，通貨改革との類似点から国家債務再構築について述べる。国内判例を通して通貨改革が国家の権利として認められるようになったことを紹介した後，常設国際司法裁判所（PCIJ）および国際司法裁判所（ICJ）における事例が整理される。さらに，ペルーおよびドイツに関連する仲裁事例，第二次世界大戦後の日本に関する調停について検討する。最後に，通貨改革に類似した国家債務についての紛争解決の展開を考察する。国際法は，通貨改革に対して限定的な保護しか与えず，通貨政策は国家の中心的規制政策であるから，国際・国内を問わず裁判や仲裁で判断されることはないと結論づける。

第5章「財政緊急避難（Financial necessity）」は，国家がデフォルトの際に依拠する「緊急避難」を扱う。この問題の事例として，1912年のロシア賠償事件，PCIJにおけるベルギー商事会社事件を取り上げる。さらに，2000年代に生じたアルゼンチンのデフォルトに関するICSID事例についてもこの観点から整理している。財政上の問題についても緊急避難による国際責任阻却の可能性はあるが，二国間投資条約（BIT）に基づくICSID事例においては，BITにおける関連条項の有無によって異なる判断がなされることを指摘する。

第6章「国内解決機関（National settlement institution）」では，まず，民間の債権者組織による集団行動について検討する。各国組織の活動は，第二次世界大戦後のブレトン・ウッズ体制により活動が終息したが，1990年代に入るとアルゼンチン問題で同様の組織が活動していることが紹介される。政府組織の活動にも言及する。集団請求の解決の際，一括払いに合意した上で分配する方式において，この種の一国内の外国請求委員会が重要な役割を果たしたと指摘する。つづいて，国内裁判所での解決メカニズムにつ

いて，米国における事例を中心に，執行メカニズムと主権免除の問題から検討する。判決を受けても執行に困難が存在することが，債権者が ICSID を中心とする仲裁を選択する要因となると指摘する。

第 7 章「国家承継と支払い能力（State succession and the capacity to pay）」では，まず，第一次世界大戦後のオスマン帝国およびオーストリア＝ハンガリー帝国の再編成による国家承継との関係から検討される。そして，前政府が私的利益のために債務を負ったこと（不愉快な債務（odious debt））を理由とする債務免除を求めた事例について取り上げる。この章の最後では，仲裁における支払い能力として，資産の限界を理由として全額支払いができないという債務国の主張に対する国際裁判所の判断についての検討がされている。

第 8 章は「国家債務証書における仲裁条項（Arbitration clauses in sovereign debt instruments）」というタイトルで，国家デフォルトに関する仲裁の展開を整理する。19 世紀後半から第二次世界大戦前の絶対免除主義が優勢だった時代には，国家債務証書には仲裁条項が置かれることが一般的であったが，第二次世界大戦後，制限免除主義が優勢になったことなど理由から国内裁判所が一般化し，仲裁条項が挿入される例は非常に少ないと指摘する。

第 9 章「国際法における債権者保護（Creditor protection in international law）」では，個別の債権者についての国際法上の救済手続の検討を行う。戦間期以降，債権者が，国際的保護を受けられるようになったが，それは例外的なものであると指摘する。そのうえで，混合請求委員会，欧州人権裁判所，イラン米国請求権裁判所，外国請求委員会，そして収用との関係から契約上の請求権が問題となった仲裁事例について比較的詳細に取り上げている。

第 2 部では，「国家債務問題における仲裁の将来的役割（The future role of arbitration on sovereign debt）」と題して，仲裁が国家デフォルトにおいて果たしうる役割についての著者の考えが示される。

まず，第10章「国家債務の ICSID 仲裁（ICSID arbitration on sovereign debt）」では，ICSID 仲裁について，その概要をまとめた上で，国家が自発的に仲裁判断にしたがって支払いを行うこと，仲裁判断が実質的審査なしで承認されること，執行可能性が高いこと，仲裁判断が交渉における優位になることが利点と述べる。しかし，ICSID の管轄権について，国家債務が ICSID 条約25条の「投資」に該当するための要件として「投資受入国の発展への積極的影響」「一定の期間」「リスクシェア」「投資受入国との領域的結合」「商業事業との関連」を挙げて詳細に検討した上で，国家債務は一般に「投資」に該当せず，通常の商取引であると述べる。また，ICSID の性質からも，国家債務に関して管轄権を認めることには否定的見解を示す。

つづく第11章「国家債務に対する管轄権重複（Overlapping jurisdiction over sovereign debt)」においては，契約上の紛争解決条項と条約上の紛争解決条項との重複を取り上げる。ここで，国家債務は ICSID 仲裁との間に関連性を欠き，ICSID 仲裁の可能性は，国家債務市場の期待や国内裁判所における紛争解決を混乱させるものだと指摘する。そして，国内裁判所の優位性，投資家による国内裁判所の選択，集団行動条項（CACs）の存在などが，ICSID 仲裁の障壁となると結論付ける。

第12章「責任の引き金としての国家デフォルト（Sovereign default as trigger of responsibility）」では，国家による国家債務のデフォルトあるいは国家債務の再構築が，当該国家の国際責任の「引き金」となるかを考察する。多くの BIT で規定される MFN，内国民待遇（NT），収用，公正衡平待遇（FET）について，各 BIT の条文の違いに留意しつつ，分析検討を行なっている。

第13章「国家債務の補償（Compensation on sovereign debt）」においては，債権者の損害がどのような形で回復されるのかという問題が取り上げられる。前章で検討された4つの待遇のもとでの法的保護の期待は国家債務の額面価格と必ずしも対応しないことから，適当な補償は額面価格以下の場合がありうることが指摘される。国際裁判の先例では，財産権や投資の保護は，通常の取引リスクを保証するものではないことが強調されており，国家デフォルトのリスクを国際裁判所が救済すれば，投資家（債権者）のモラルハザードを引き起こすと述べる。つづいて，国家債務の譲渡の問題を検討する。ICSID 仲裁においては，最初の債権者と二次的債権者を区別する議論は十分にされていないと指摘する。

最終章「国家債務の国際的判決のための恒久的機関の創設（Building durable institutions for the international adjudication of sovereign debt）」で結論を述べる。現代の国家債務証書の標準的な裁判条項では主要証券市場に所在する国内裁判所が選択され，ICSID 仲裁は国家債務紛争を有効に扱えないという立場をとる。国家債務の国際的執行をコントロールする機能は国家から個別の債権者に移り，債権者の請求の判断は司法領域で行われると述べる。そして，ICSID 仲裁は，債務再構築などの観点から限界と問題点があるとする一方で，債務国の支払い能力の判断などの点で国際仲裁が有用であると結論づける。

　3　若干の評釈

　国家債務の紛争解決については，本学会においても川名剛会員による「多数債権者間の国家債務再構築の法的枠組み」（年報第15号）において包括的な検討がなされている。そこでも指摘されるように国家の資金調達手段は急速に市場化しており，債券発行などを通じた市場からの調達の比重が高まっている。このような市場において，投資をする側に適切なリスク負担が必要となるが，対国家債権という性質からリスク管理が適切になされず過剰投資の問題が指摘される。一方，債務国の側についても，破綻と再建を繰り返してきており，適切な財務管理の必要性が指摘されている。ソブリン債を含む国家

債務は，多様な債権者を抱えており，国家債務危機や国家デフォルトが生じた場合に国際的解決が必要となる。

本書は，国家デフォルトに関連する紛争の国際的解決について，19世紀から現代に渡るまで150年以上にわたる多くの実行，事例について丹念に実証的検討を行うものであり，その資料的価値に疑いはない。第1部は，国家デフォルトに関連する多くの事例について，国際裁判所および国内機関による国際法の適用による解決についての精緻な歴史研究となっている。国際法形成においては，「国家実行」の積み重ねが重要となることから，この第1部の調査分析の意義は非常に大きいといえる。ただし，本書が指摘する通り国家デフォルトに関連する紛争に適用される国際法は形成途上であるとともに再構成が必要な状況である。

そのような状況について，本書は第2部で「仲裁」の可能性を考察している。近年，私人対国家の投資紛争解決への利用が拡大している ICSID 仲裁については，国家デフォルトに関連する紛争における利用には限界があると指摘する。とくに，国家債務が，通常，ICSID 仲裁の管轄権の前提となる「投資」に該当しないことを問題とする。この点に関しては，Adnan Amkhan Bayno による書評（*British Yearbook of International Law* vol 82, 2011）でも指摘されるように，表面的考察で結論づけている印象がある。たとえば，ICSID 条約25条上の「投資」についていわゆる *Salini* テストを十分な批判的検討がなされずに適用している点には疑問があり，多種多様な形態のある国家債務についてこの問題との関連ではさらに詳細な概念整理が求められるだろう。後者の国家債務の多様性については，本書全体を通して分類，整理が十分になされていないように思われる。また，国家デフォルトの解決における国際仲裁について ICSID 仲裁に変わる仲裁機関が必要であるという結論については，その実現可能性は置いておくとして，その手続や構造が必ずしも明確に示されていないため ICSID 仲裁（あるいは国内裁判所）と比較した優位性が十分に示されていないという印象を受けた。

ただし，以上のような本書に対する評価は，紹介者の読解や知識の不足による誤解の可能性もあると付言しておきたい。国家デフォルトについて紛争の国際的解決について豊富な事例に基づく実証的研究がなされている本書の価値は疑う余地のないものであり，関連する国際投資法分野に限らず，国際経済法分野全体に対して，経済分野における国際的紛争の有効な解決という観点の重要な視座を与えるものといえる。

(北里大学一般教育部准教授)

Giuseppe De Palo and Mary B. Trevor (eds.)
EU Mediation Law and Practice

(Oxford University Press, 2012, 656p.)

阿 部 博 友

1　はじめに

　本書は，代替的紛争解決（ADR）の実務に長年携わってきた二人の編者が中心となり，欧州連合（EU）加盟各国における民事・商事調停を解説した著作である。本書の意義を紹介する為に，まず正義へのアクセス運動の歴史的展開を回顧しておきたい。

　1971年にフィレンツェにおいて民事訴訟の中心的価値に関する国際会議が開催され，これを嚆矢として正義へのアクセスを中心課題とした調査研究プロジェクトが始動した。本プロジェクトの成果は1978年に出版された Mauro Cappelletti（gen. ed.），*Access to Justice Project*（Sijthoff & Noordhoff International Publishers）に結実している（わが国ではその翻訳・評釈である小島武司＝谷口安平編訳『裁判・紛争処理の比較研究』（中央大学出版部）が1982年に出版された）。正義へのアクセスは，多様な概念を含むプロジェクトであり，はじめは3つの分会で構成された。その第1の波は，貧困者に法的サービスを提供するための制度改革に関するものであり，第2の波は，消費者や環境運動家等の拡散利益に対応するものであり，そして第3の波が1970年代に関心が特に高まった ADR の検討に関するものであった。

　1980年代に入ると第3の波，つまり調停を中心とする ADR の研究がヨーロッパにおいて隆盛を迎える。訴訟や仲裁との比較における ADR の費用低廉性，形式にとらわれない手続の柔軟性，そして解決方法に関する当事者自治の許容度の高さなどの利点に着目して，労働法・家族法のみならず民事・商事分野においても ADR の議論が盛んになった。そうした状況のもとで欧州委員会は，特に国際的な商事紛争解決に向けての調停の役割を重視してきた。1998年にはアムステルダム条約に基づく自由，安全および正義の実現に向けた Vienna Action Plan が採択され，1999年には Tampere 欧州理事会決議が採択された。さらに2002年には民事・商事分野における ADR に関する Green Paper が公表され，2004年には EU 委員会他によってヨーロッパ調停人行動規範が起草・公表されるなど調停の EU 基準の策定に向けた準備が進められた。

　Access to Justice Project の出版から30年後の2008年に EU は，民事・商事に関する国際調停指令（以下「EU 指令」という）を公布した。EU 指令は，①調停の定義，②調停の質，③調停の開始に関する事項，④調停合意の強制力，⑤秘密保持に関する規定，

および⑥時効に関する規定などを定め，加盟各国で均衡のとれた調停および裁判へのアクセスを確保することが狙いであった。EU指令は，デンマークを除く加盟26ヵ国に適用され，2011年5月までに国内実施する義務を課していた。また，欧州委員会は，2016年5月までにEU指令の各加盟国における実施状況を調査し，EU議会，評議会および社会経済委員会に報告する義務を負担している。本書の巻頭にViviane Reding（欧州委員会副委員長）が述べているとおり，欧州委員会はEU指令の実施状況を調査中であり，その結果は2016年までに作成される報告書を待つことになろう。

EU指令の適用範囲は，民事・商事の国際紛争（調停付託合意がなされた時点で，紛争当事者の内1つ以上の当事者が，他の紛争当事者の営業所所在国と異なる加盟国に営業所を有している場合を意味する）に関する調停に限定されている。ただし，EU指令は各加盟国がこれを国内仲裁に適用することを妨げるものではないので，各国の調停はEU指令よりも適用範囲が広い場合が多い。

2　本書の構成および編者について

本書は，序章（第1章）と本論としての各加盟国別の調停の解説（第2～28章），そしてAppendix A（各国の根拠法および調停に関する重要項目を国別にまとめた比較一覧表），Appendix B（各国の調停の根拠法の英訳資料）さらにAppendix C（立法状況のアップデート）で構成されている。

本書の編集者のGiuseppe De Paloは，イタリアで最も歴史が古く世界的にも有名な調停機関であるADR Centerの創設者の一人である。またDe Paloは国際的な仲裁・調停機関であるJAMS Internationalのディレクターでもあり，これまでに400件以上の国際商事紛争の解決に貢献した経歴を有する。共同編集者のMary B. Trevorは，米国Hamline大学においてLegal Research and Writing（LRW）のディレクターも勤めているが，ADRに関する研究も数多く発表している。

本書の本論である第2～28章は，各加盟国におけるADRの専門家が調停の重要項目，つまり①序論，②裁判所による調停の付託，③秘密の保護，④調停合意の強制力，⑤調停開始と時効との関係，⑥紛争解決策のオプションとして調停を考慮すべき要件，⑦調停参加者に求められる要件，⑧調停人の認証要件，⑨調停人の義務，⑩代理人およびその他の調停参加人の義務，⑪統計資料，⑫裁判所付属調停スキーム，⑬調停の現状および⑭結論について統一性をもって解説している。また，調停の実態を把握する上で有用な統計資料も含まれていることから実務の参考になる。

3　序論——EU指令の背景・問題点・調停の展望——

本書は，EU加盟国における民事・商事紛争（以下「商事紛争」と総称する）の調停による解決を扱うものであるが，EU指令の目標ともいえる，域内における自由，安全，正義の実現に向けて加盟国が調停について，いかなる政策で臨んで来たのか，その政策面にも焦点があてられている。EU指令は，加盟国に強制的調停の導入を義務付けてお

らず,また調停についてのインセンティブを与える義務も課していないが,国内実施に際して裁判へのアクセスを阻害してはならないことを明記し,裁判および調停へのアクセスが均衡を保ちながら実現されることを目標としている。本書は,従来は原則として調停をはじめとするADRは当事者の自発的紛争解決の仕組みであることから,その内容や手続について当事者の判断に放任されてきたが,Tampere決議以降は,この自由放任政策を改め,EUとして調停の統一的枠組みを策定する方向に舵が切られたと指摘する。

また本書は,EU指令はEUによるADR振興の初の試みではなく,先行する試みとして2001年に発足したEUパイロット・プロジェクトである地中海沿岸諸国(アルジェリア,エジプト,イスラエル,ヨルダン,モロッコ,シリア,チュニジア,トルコそしてゴザ地区)の仲裁・調停制度研究を紹介している。EUはこれらの諸国との貿易を振興するためには,そこから生じる商事紛争について,各国の国内法に基づいて実施される裁判手続は長期間を要することから,これに代えて仲裁や調停による紛争解決が優先課題であると考えたのである。本プロジェクトの成果は,本書と同じ二人の編者による*Arbitration and Mediation in the Southern Mediterranean Countries*(Kluwer International, 2007)として公表されている。

さらに本書は,調停の活用は明らかに費用や時間の節減を通じて利用者の便益が図られることが明確であるにもかかわらず,実際には調停の利用実績があまり伸びていない問題を指摘する。一部の加盟国ではいったん訴訟が提起された後に,当事者間の調停により問題が解決された場合には裁判費用の全部または一部が償還される制度も創設され,調停を公的に支援している。2011年9月13日のEU議会決議においては,加盟国が調停の振興にむけて,特にコスト低廉性,調停合意の達成率の高さおよび効率性に焦点をあてて啓蒙を進めるべきであるとされ,また法曹やビジネス界(特に中小企業)を啓蒙対象とすべき旨が記載されている。そして今後は調停の活用に向けて加盟各国が公的支援を増加させることや欧州委員会が強いイニシアティブをもって広い範囲の調停の推進を図ることが望ましいと述べている。

また本書は強制的調停に関するイタリアのLegislative Degree No. 28(2010年)を紹介している。イタリアでは年間の訴訟件数が民事事件だけでも460万件以上(2008年)といわれており,この問題に対処すべく上記法令によって一定の民事・商事事件について強制的調停が導入された。編者は,この例を他の加盟国は注目すべきであるとしつつも,現在のEUにおける変化に富んだ調停の現状を考慮すると,欧州委員会はあくまで自主的調停を基本に据え,自主的調停のより高い効率性実現に向けたガイダンスの確立がむしろ重要であると説く。そして,EU指令が目指す,紛争当事者の裁判および調停への均衡のとれたアクセス権確保に向けて,数値目標を設定することが重要であると指摘し,EUは具体的目標値の設定を加盟国に要請すべきと提言している。

4　各加盟国の調停の状況

第2～28章は各加盟国別の調停の解説であるが，この中にはEU指令が適用されないデンマークの調停（同国でも実質的にEU指令に準拠した内容の調停法が成立している）も含まれている。以下ではEU指令が制定される以前から国内調停法を有していたイギリスとポーランドの調停を概観する。

(1)　イギリス（England & Wales）の調停について

本書では連合王国に関する記述となっているが，ここではイギリスの調停に限定して述べることとする。イギリスにおける調停は，1997年に民事裁判制度に導入されたが，それ以前にも幾つかの判例によってその存在が確認されている。同国では従来から民事訴訟制度の問題点として，費用や時間の問題が指摘されていたが1999年4月から新しい民事訴訟規則が施行された。新規則は優先目標を定めており，なかでも訴訟費用の軽減に重点をおくこと，および事件は迅速かつ公平に扱われることなどを目標としている。また裁判所の指揮（case management）に関する責任も明確にされた。その主要なものとして，裁判官はADRの利用によって事件を解決する方が適切であると判断する場合には，当事者にADRの利用を勧告するものとされている。また，当事者も優先目標の実施について裁判官に協力する義務が規定されている点も注目される。

本書は2011年に同国司法省が公表した司法改革に関するConsultation Paperを紹介している。この改革案は調停を司法システムの中核に位置付けるものであり，1995年に民事訴訟規則が導入された以降で最も急進的な改革案であったという。そこでは一定の商事紛争について強制的調停を導入する案が示されており，これは紛争当事者に最も早い段階で調停の可能性を示すと共に調停手続を関係者に広く浸透させる目的に基づくものであった。本改革案は法曹やADR関係者から多くの支持を得たにもかかわらず，最終的に政府は時期尚早であるとして本改革案を斥けた模様である。

本書はイギリスにおける調停の活用は未だ活発とは言えないと問題を指摘するが，併せてCentre for Effective Dispute Resolutionの2012年度報告を紹介している。これによれば年間8000件以上の調停案件が処理されており，その90％相当の案件が調停を通じて和解に達している。同機関は，ADRにより大幅なイギリス経済の負担軽減に貢献していると報告している。

(2)　ポーランドの調停について

中東欧地域において調停は新しい概念であり馴染みが薄いようであるが，ポーランドは中東欧諸国のなかで最初に調停法を制定した国であり，2005年に民事訴訟法を改正することによって調停の法制化を図った。この2005年改正法は，裁判所付属調停手続を同国に導入したものである。本書によれば，同国のDistrict Courtにおいて調停が命じられた件数は2011年度に1053件であり（2006年度には140件程度であった）調停件数は増加傾向にあることがうかがえる。同国における一般的な訴訟案件の訴訟は，その判決を

得るまでに平均830日（先進国平均は518日）必要としていることから，調停の活用によって当事者はより迅速で低廉な紛争解決を図ることが可能になるものと期待される。また2012年には同国司法省は調停法の改正に向けた準備を開始したが，これは司法制度における調停の重要性を評価し，その案件数を増加させつつ調停に対する国民の信頼性を高めることが目的である。

　以上から同国の調停は今後その活用度も高まると期待されるが，本書は同国における調停の質の確保が最大の課題であるとも指摘している。また調停制度の改善に向けて政府の支援が不可欠であるが，現政権は裁判制度改革（特に判決手続の迅速化）を優先課題としていることから，調停の改善は後回しとなる可能性が示されている。そして，調停の質を確保するための法的メカニズムと調停制度の整備・支援資金の不足が同国の調停の抜本課題であり，以上を考慮すると2005年の調停法は成功であったとは言い難いと指摘される。

5　評釈

　20世紀後半における商事紛争解決の為のADRの主役は拘束力のある仲裁であったが，仲裁判断の公正性や準拠法との適合性などの問題を解決するために訴訟手続の導入が図られた結果，もはや迅速性や費用削減効果について以前ほどは期待し難い状況に直面しているといわれており，これらの課題は仲裁に代るADRの主役としての調停への期待につながっている。米国Pepperdine大学によるフォーチュン1000企業を対象としたADRの活用状況に関する最新の調査では，過去3年間で商事調停を紛争解決に利用した企業は全体の83.5%（仲裁は62.3%）であったという。また，実務において商事紛争解決の最初のステップとして，または訴訟や仲裁手続開始の前提条件として調停に参加すべき義務を契約書に規定することは慣行として定着しつつある。正義へのアクセスの1つのオプションとしての調停の研究対象はEUの調停に限定されるものではないが，EUおよび加盟諸国の調停に関する先行的取組みは世界の注目を集めている。本書はEU指令および指令公布後の加盟国における調停への取組みと現状を網羅的に調査した精緻で信頼性の高い資料であり，そこに本書の意義を見出すことができる。

（一橋大学大学院法学研究科教授）

Benedetta Ubertazzi,
Exclusive Jurisdiction in Intellectual Property
(Mohr Siebeck, 2012, xviii 341p.)

横　溝　　大

1　はじめに

　知的財産を巡る国際民事紛争に関しては，一定の類型の訴えにつき権利付与国に専属管轄を認めるか否かが1つの論点となっている。2012年に施行された我が国の新たな国際裁判管轄法制においては，特許権や商標権のような登録により権利が発生する知的財産権の存否又は効力に関する訴えにつき，専属管轄規定が導入された（民事訴訟法3条の5第3号）。これに対し，研究グループにおける立法提案においては，紛争解決の実効性という観点，及び，専属管轄の根拠の不明確さから，知的財産権の有効性に関する訴えにつき登録国の専属管轄を否定するものもある（所謂透明化プロジェクト立法提案103条。茶園成樹「管轄(1)」河野俊行編『知的財産権と渉外民事訴訟』（弘文堂，2010年）230頁以下参照）。抵触法と知的財産法に精通するイタリア人研究者の手になる本書は，この問題を正面から扱った初めてのモノグラフィーであり，知的財産に関する国際民事紛争に専属管轄を設けることの是非を検討する上で，有益な参考文献と言えよう。以下，本章の概要を述べた上で(II)若干のコメントをする(III)。

2　本書の概要

　先ず第1章では，*Voda v. Cordis Corp* 事件判決（米国・2007年），Lucasfilm Entertainment Co. v Ainsworth 事件控訴審判決（英国・2009年），GAT/LuK 事件先決裁定（欧州司法裁判所・2006年）等近時の事件が紹介され，各国裁判所が国際知的財産紛争に関し専属管轄を採用する際の主たる根拠が特定される。すなわち，① Act of State Doctrine 乃至コミティと，②属地主義の原則である。第2章において各国の状況が紹介され，知的財産に関する国際民事紛争に関しては仮令登録型知的財産権の有効性に関する訴えであっても専属管轄を支持する慣習国際法が存在しないことが述べられた上で，①の根拠においては第3章で（本書では両者の共通性の高さから併せて検討されている），②の根拠においては第4章でそれぞれ批判的検討が加えられる。その骨子は以下の通りである。

　Act of State Doctrine 及びコミティは，外国主権の表明であるか又は国家の政治的・経済的利益に強固に関係する事項に関する請求を国内裁判所が審理することを妨げるものであり，知的財産権が当該事項に含まれることから，これらが根拠となって権利付与

国の専属管轄が主張される（同書101頁）。だが，知的財産分野における規範活動の国際化により各国が知的財産権について自らの国家政策を実現する余地は狭まっており（同書115頁），また，知的財産権に関する手続法・実体法の調和化が進む現在では，知的財産法を最早異なる国家政策の表明として看做すべきではない（同書130頁）。従って，これらの理論は専属管轄の根拠として説得的ではない。

　また，属地主義の原則に関しては，知的財産権が私権として理解される現状においては（同書163頁，187頁），権利付与国の公共政策の表明という知的財産権の性質の帰結として属地主義の原則を捉えるのではなく，Lagarde のいう近接性の原則（proximity principle）の表明として把握するべきであり（同書180頁以下），このように把握された属地主義の原則は最早専属管轄の根拠とはならない。

　第5章において，さらに不動産の所有権に関するコモンロー上の準則（Moçambique rule），ダブル・アクショナビリティー・ルール（double actionability rule），裁判の適正な運営と司法経済，外国知的財産法適用に伴う困難等，知的財産を巡る国際民事紛争についての専属管轄に関する補完的根拠についても個別に批判を加えた後，著者は第6章において，専属管轄規定が国際法違反であるという主張を展開する。すなわち，国際法上裁判拒絶の回避は各国の義務であり裁判を受ける権利は基本的人権であって，国際裁判管轄を肯定する通常の管轄原因が存在しない場合に国際的な裁判拒絶を回避するための例外的な管轄である緊急管轄についての原則は国際法規範を形成しており，同原則は専属管轄が問題となる場合にも適用されるとされる。その上で，近時の Voda 事件判決，Lucasfilm 控訴審判決，及び GAT/LuK 事件先決裁定が具体例として検討され，とりわけ内外における手続の重複（duplication）は，手続コストを増しまた矛盾した結論を齎すという点で，緊急管轄が認められる際の要件である，外国での手続が非合理で実効的ではないという点を充たすとされる（同書283頁）。そこで，これらは法廷地の緊急管轄が認められるべき事例だったのであり，「この結論は，他のあらゆる国際知的財産紛争にも容易に拡張され得る」（同書288頁）として，専属管轄規定が制度上一般的に裁判を受ける権利に関する国際法規範に違反するとされ，各国によるその撤廃が提唱される。最後に第7章で主張が総括されて本書は締め括られる。

3　コメント

　本書は，国際知的財産紛争に関する専属管轄の是非を巡って議論が活発化した今日においてこの問題を正面から扱った国際的にも最初の本格的文献であり，その先駆的意義は大きい。従来専属管轄の根拠として挙げられていた点を個別に検討した点や米国の裁判例が丹念に分析されている点等もさることながら，とりわけ専属管轄規定は裁判拒絶を導くことで裁判を受ける権利に関する国際法規範に反するとするその主張は刺激的であり，今後の議論の呼び水となることだろう。以下，知的財産権の抵触法上の性質(1)，及び緊急管轄(2)の2点についてコメントする。

(1) 一定の類型につき知的財産権に関する訴えにつき専属管轄を設けるか否かを検討するに際しては、知的財産権に関する本質的な規定を抵触法上どのように位置付けるかが問題となる。すなわち、これらの規定が国家の経済的・文化的政策を体現した法規（「強行的適用法規」）であるのか、それとも準拠法選択の対象となる通常の私法的な法規であるか否かという点である（拙稿「知的財産法における属地主義の原則——抵触法上の位置付けを中心に——」知的財産法政策学研究2号（2004年）17頁、同「知的財産に関する若干の抵触法的考察」田村善之編著『新世代知的財産法政策学の創成』（有斐閣、2008年）445頁、同「国際専属管轄」名古屋大学法政論集245号（2012年）123頁を参照）。これらの規定の位置付けは、知的財産法（権）をどのように把握するかによって時代と共に変化し、現在この点をどう位置付けるかが改めて問題となっている。

この点につき、著者は、Act of State Doctrine やコミティ、また属地主義の原則が専属管轄の根拠となるか否かを検討する際に言及している。だが、そこでは、これまでの知的財産法（権）の歴史からして知的財産権が現在では私権として把握されるべきであることが略自明視されており、結論が先取りされているという印象を受ける。

尤も、著者は、知的財産法を国家政策の表明と看做すべきではない根拠として、知的財産分野における規範活動の国際化による各国の政策的裁量の余地の縮小、及び知的財産権に関する手続法・実体法の調和化という点を挙げてはいる。だが、知的財産を巡る国際的規範の拡張により各国の裁量の余地がそれ程までに縮小したと言い得るのか、また、同分野に関する手続法・実体法の調和化がどの程度進んでいると言い得るのかについては、発展途上国も視野に入れた上でさらに検討する必要があるように思われる。

このように、知的財産法と国家政策との関係という点については、本書の検討は十分であるようには思われない。この点は今後に残された課題であろう。

(2) 次に緊急管轄についてであるが、各国の立法例及び判例において、緊急管轄を認める際の要件は略同様であり、①外国における手続の遂行が不可能又は不相当であること、②事案と法廷地法秩序との十分な関連性、③法廷地の国際裁判管轄を肯定する他の管轄原因がないこと、の3つとされている（詳細は拙稿「国際裁判管轄における緊急管轄について」法曹時報64巻8号（2012年）1頁参照）。本書の主張との関係で問題となるのは①における外国手続の不相当であるが、この要件は、不可能と同視し得るような裁判拒絶に等しい困難を意味しており、緊急管轄が認められた過去の事例を見ても、内外における手続の重複の可能性を根拠に緊急管轄が認められたものは見受けられない（拙稿・曹時9頁以下）。国際知財紛争における専属管轄においては、少なくとも権利付与国における訴訟は認められているのであるから、著者のように制度的な裁判拒絶に該るとまで主張するのは困難であるように思われる（尚、3つの個別事例を緊急管轄の要件を充たすとした上で、「この結論は、他のあらゆる国際知的財産紛争にも容易に拡張され得る」として個別的検討を一般化するのは些か強引ではなかろうか）。仮に国際知

財紛争において専属管轄との関係で緊急管轄が認められる場合があるとしても，専属管轄があると看做される国の裁判所が機能不全に陥っているような例外的場合に限られるのではないだろうか。

このように，専属管轄規定が私人の裁判を受ける権利に制限を加えることは確かであるが，当該規定自体が裁判を受ける権利に関する国際法規範に違反するとまで言えるかどうかは，猶検討を要するだろう。

4　終わりに

上述の点も含め，今後は本書を踏まえ国際知財紛争に関する専属管轄規定の是非につきさらに国際的な検討がなされて行くことだろう。本書においては，最初に触れた透明化プロジェクト立法提案の他，早稲田大学を中心とした「知的財産権に関する国際私法原則（日韓共同提案）」（木棚昭一編著『知的財産の国際私法原則研究——東アジアからの日韓共同提案——』（成文堂，2012年）参照）等日本における議論にもしばしば言及がなされており，外国語による日本法の情報発信の重要さについても教えられる一冊である。国際知的財産分野に興味を持つ研究者の方々に一読を薦めたい。

（名古屋大学大学院法学研究科教授）

阿部武司（編著）

『通商産業政策史　2——通商・貿易政策　1980-2000——』

（財団法人 経済産業調査会，2013年，xxii 896頁）

飯　田　敬　輔

1　はじめに

本書は20世紀最後の20年（以下，「対象期間」）の通商産業史全12巻のうち，通商・貿易政策（以下，「通商政策」）を扱った巻である。編纂委員長の尾高煌之助氏の序文によれば，このシリーズは5年の歳月を費やして編まれたものであり，この時期の通商政策の変化が「政策課題の認識やそれに対応した政策手段の選択，さらにはその結果に対する評価等に基づいてどのようにもたらされたかを明らかにしようとした」ものであるといっていることからもわかるように，かなり大がかりで，かつ意欲的な共同研究の成果である。この巻は12名の著名な執筆者が執筆しており，どの章も読みごたえがある。1980～2000年という時期はまさしく，我が国の通商政策の上では激動の時代であった。その点でもこのような早い時期にこの時代の通史が編まれたことは貴重である。なお，通商政策にはもちろん農業セクターなども含まれるが，本書は通産省（現在の経済産業省，以下，「通産省」）が担当していた事項に限定して扱っている。

2 本書の構成

ではまず本書の構成を簡単に紹介する。対象期間の日本を取り巻く世界経済の環境変化を解説した序章に続いて，主に二国間または一国レベルの通商政策を扱う第Ⅰ部と主に多国間の枠組み内での我が国の対応を扱う第Ⅱ部にわかれている。章ごとの内容は以下の通りである。

第Ⅰ部第1章は日米および日欧貿易摩擦について論じている。対米交渉では，1983年から84年にかけて行われたMOSS（市場志向型分野別）協議，1988年の包括通商・競争力強化法のスーパー301条の下で行われた交渉，1989年～90年の構造協議，またクリントン政権下での包括経済協議などの他，繊維から始まって半導体や写真フィルムに至るまで品目別の個別交渉についても詳述されている。対欧交渉では，1982年のVTRをめぐる「ポワチエの戦い」から日米半導体協定の欧州への飛び火などのほか，1990年代に日欧摩擦がいかに沈静化していったかが描かれている。

同第2章は「輸入拡大と市場開放」と題して，上記のような日米・日欧貿易摩擦を背景に，我が国がいかに輸入拡大や市場開放，規制緩和などを独自に進めていったかが紹介されている。

同第3章は輸出をめぐる3つのかなり性格の異なる種類の政策分野が解説されている。第1節は主に輸出入取引法の下で，過当競争に基づく輸出による外国市場の攪乱がいかに管理されていたのかを解説している。第2節は安全保障上の輸出管理を扱っており，冷戦下でのココム体制下での管理から，冷戦終結後のワッセナー・アレンジメントへの移行に我が国がいかに対応していったが紹介されている。第3節は貿易保険を扱っている。

第Ⅱ部第1章はウルグアイ・ラウンド交渉での我が国の対処方針およびGATTでの貿易紛争解決が扱われている。同第2章は第1章と同様の内容をWTO発足後の時期について検討したものであり，1996年のシンガポール閣僚会議からドーハ交渉中盤までを扱った第1節とWTOでの紛争解決を扱った第2節から成っている。

同第3章は，「被発動国から発動国へ」という副題が示すように，我が国はそれまで諸外国で主に輸入救済法の被発動国であったのに対し，2000年代以降，セーフガードやアンチダンピング（AD）・相殺関税などの発動を活発化させていった様子が描かれている。

同第4章は「地域主義と日本」と題して，日豪によるAPEC構想とその発足，および日星FTAを嚆矢として，我が国が2000年代にFTA締結に積極化していった時期までの過程を分析している。

最後に第Ⅱ部第5章は，我が国のODA政策について，通産省の所掌事項として扱っている。OECDの輸出信用アレンジメントが，ODAにも適用されるようになり，そのレジームの変化に伴って，我が国のODA政策，特にそのアンタイド化，タイド化の政

策がどのように変化をしたかを検証している。またASEANとの政策対話とODA政策との関連についても述べられている。

3 対象期間の通商政策の特徴

さて,これらの章での記述を基にしながらも,紹介者なりに我が国の通商政策が対象期間にどのような変貌を遂げたかを纏めると,次に3点に集約することができよう。

第1に貿易自由化のフォーラムであるが,自主的自由化あるいは二国間交渉から多国間交渉へと変化し,また対象期間の終わりころには二国間への回帰がみられる。実は,前者の変化は貿易自由化交渉および紛争解決の両面で見られた。まず,貿易自由化については,対象期間の初めには,まだウルグアイ・ラウンドが立ち上がっていなかったこともあり,また日米・日欧貿易摩擦の高まりもあって,自由化交渉については二国間で行われるか(60~66頁),あるいは輸入拡大政策にも見られるように自主的な努力にとどまっていた(第Ⅰ部第2章)。しかし1986年のウルグアイ・ラウンドの開始に伴い,我が国の貿易自由化交渉への関与の度合いも強まった(第Ⅱ部第1章第2節)。またWTO発足後は,シンガポール閣僚会議でいわゆる「シンガポール・イシュー」の争点化やITA合意にも寄与するなど(541~553頁),我が国の活躍が目立った。しかし,シアトル閣僚会議の失敗以降は,我が国の貿易自由化政策も二国間FTAが中心となってきたことは周知の通りである(第Ⅱ部第4章第3節)。紛争については次の点とも関連しているので,ここでは省略する。このフォーラムの変化は,主に多国間通商制度における変化の影響が大きいようである。

第2に貿易紛争の処理の手法であるが,アドホックなものからルールに基づくものに変化している。我が国の貿易紛争あるいは貿易摩擦への対処は主に二国間協議を通じて,交渉でまとめることが主であった(第Ⅰ部第1章第1~2節)。しかし,GATTの最後の10年くらいから,GATT紛争処理の活用が活発になる(第Ⅱ部第1章第3節)。これはさまざまな要因によるが,EEC・部品AD事件で欧州に対して勝訴した体験などが「転換点」となった(521頁)。WTOが発足し本格的な法制度化が行われてからは,さらにルールに基づく紛争解決に傾斜することになる(第Ⅱ部第2章第2節)。これは貿易自由化の重心がWTOからFTAに移行してからも変わっていない。

第3に通商政策の相手であるが,対象期間初期は主に欧米諸国が相手国であったのに対して,次第にアジアに変化している。1980年代から90年代半ばまでは,日米欧貿易摩擦がコンスタントに続いたこともあって,通商政策の主な相手といえば欧米諸国であった。またこれは単に摩擦にとどまらず,GATTに対して重要な働きをしていた四極貿易大臣会合に我が国が参画していたことにも表れていた。しかし,プラザ合意以後,日本企業のアジア進出が加速したこと,また次第に日米貿易摩擦が沈静化していったことなどが相まって,次第に対話の相手がアジア諸国に変わっていった。これは,FTA(EPA)の締結先が主にアジアであったことにも表れている。また,第Ⅱ部第3章にも

記されているように，輸入救済法の面で日本が被発動国から発動国に変化しつつあるのもこの時期の大きな変化であるが，その対象国も概ねアジアの諸国である（第Ⅱ部第3章第2～3節）。この変化は，アジア諸国の高成長に伴い貿易量自体が次第にアジアに移行しつつあることが，大きな原因のように思われる。対アジア輸出が我が国の輸出に占める割合は1970年の31.2%から2000年には43.2%に達している（第0－0－7表）。

4　本書の特徴

さて，本書の評価に移ろう。まず長所であるが，第1にその包括性，綿密性を挙げることができよう。本書は日本の通商政策のほぼあらゆる側面を網羅的に扱っている。テーマは輸出管理や貿易保険のように単独で行う政策からGATT，WTO，APECなど多国間の枠組みのなかでの政策までが含まれていることはすでに述べた通りである。またそれぞれのテーマもかなり綿密に掘り下げられている。例えば，輸出管理政策や貿易保険などはとかく見逃されがちであり，研究の蓄積も少ない分野であるが，そのような通商政策の影の側面にも光を当てていることは高く評価できる。

第2に，その専門性を挙げることができる。本書は日本の通商政策の一級の専門家を執筆陣に据えて編集されている。そのため，それぞれのテーマの扱いもきわめて専門性が高く，示唆に富む記述になっている。そうかといって，専門家向けに書かれている文章であっても，一般の読者にも比較的わかりやすい記述になっている点も好感が持てる。

しかし本書にも物足りない面もないではない。第1に，同時代史としては致し方ないこととはいえ，利用されている資料は限定的である。以下述べるオーラル・ヒストリー以外には全般的に，簡単に入手可能な公開資料を基に執筆されている。また，これとも関連するが，WTO文書を除いては，主に我が国の文献に頼っているのも本書の資料的限界として指摘できよう。

ただし，この時期の通商実務に携わっていた人たちのオーラル・ヒストリーも利用されている。このオーラル・ヒストリーは公の資料や新聞報道などからはうかがい知ることのできない政策意思決定過程の裏側に肉薄する可能性を含んでいる点で貴重である。

第2の欠点としては，政策の妥当性については概ね現状肯定的である点が挙げられる。通産省が行ってきた政策を淡々と記述し，あえてそれに批判を加えている箇所はほとんど見られない。この点で，唯一の例外は第Ⅱ部第5章である。というもの，本章は，ODA政策についても通産省が徹底して国益を追求している点を明らかにしている（768頁）が，ODA政策は利他的な性格が強いという一般認識が背景にあるからこそ，その分この記述が批判的に感じられる。

しかしこれらはあくまでも本書の性格上致し方ない面であり，長所はそれを補って余りある。今後，この時期の通商政策について関心のあるすべての人にとって必携の参考書として利用されることになろう。

（東京大学大学院法学政治学研究科教授）

道垣内正人

『国際契約実務のための予防法学　準拠法・裁判管轄・仲裁条項』

(商事法務，2012年，xiv +300頁)

田　中　美　穂

　本書は，弁護士や企業の法務担当者等の実務家を主たる対象として，国際契約において用いられる定型的な条項，いわゆるボイラープレート条項（boilerplate clauses）のうち，準拠法条項，裁判管轄条項（管轄合意条項），及び仲裁条項をドラフトするに際しての，国際私法，国際民事訴訟法，国際商事仲裁法的観点から留意すべき事項を，各条項の実例を挙げて詳細に解説した実務書である。国際取引における定型的契約条項一般についてのドラフティングに関する類書は数多くあるが，本書は上記の3つの条項のドラフティングに対象を特化して，各条項の礎にある国際私法・国際民事訴訟法・国際商事仲裁法の基本的知識からそれを応用する段階（各条項のドラフティング）まで，各法の体系的構造に即して読者が順を追って学べるよう工夫が凝らされている点に大きな特色がある。

　実務においては，準拠法条項，裁判管轄条項（管轄合意条項），仲裁条項といった条項は，取引の実質的内容と直接に関係しない事項に関するものであることから，契約の交渉においていわば脇役的な扱いを受けることが少なくない。つまり，契約の交渉にあたってこれらの条項については個別的に詳細な検討がなされることなく，他の契約書において用いられている定型的な条項が当該契約についてもそのまま用いられることもしばしばある。しかし，このような準拠法条項，裁判管轄条項（管轄合意条項），仲裁条項についての契約当事者の関心の乏しさは，国際契約をめぐる紛争が現実化した場合に思わぬ深刻な事態を招くおそれがある。契約の相手方が，契約に関する紛争が発生した場合に自分の有利な解決を得る手段として，準拠法条項，裁判管轄条項（管轄合意条項），仲裁条項を積極的に活用しようとの意図の下，契約のドラフティングの際にこれらの条項について何らかの提案をしてきた場合，仮にその提案の真意を見抜けずにそれを受け入れたならば，紛争発生時には不利な立場に立つことを余儀なくされよう。又，国際私法・国際民事訴訟法・国際商事仲裁法についての十分な知識なくしてこれらの条項をドラフトするとすれば，契約全体に影響が及ぶような重大なミスを犯すおそれもある。国際私法・国際民事訴訟法・国際商事仲裁法の知識を基礎から着実に積み上げることにより，そのような事態を回避し，むしろこれらの条項のドラフティングを通じて自らの有利に紛争解決手続が進められるような域にまで読者を到達させることが本書の目

指すところであり，そのような道筋は本書において確かに見事に示されていると云えるだろう。そのような卓越した指南を支えているのは，国際私法・国際民事訴訟法・国際商事仲裁法全体を網羅する筆者の深く幅広い知識と優れて体系的な思考に裏打ちされた著述の技法である。

　本書では，国際私法・国際民事訴訟法・国際商事仲裁法に関する基本的知識の習熟度に関して様々なレベルの読者がいるであろうことを念頭に，実に整然とした多層的構造をもった著述法が採られている。すなわち，国際私法の基礎，国際民事訴訟法の基礎，国際商事仲裁法の基礎を「森」に，契約準拠法決定ルール，国際裁判管轄ルール，仲裁合意ルールを「木」に，準拠法条項，裁判管轄条項（管轄合意条項），仲裁条項それぞれのドラフティングを「枝葉」に例えつつ，「森」，「木」を知ってはじめて「枝葉」を正しく理解し，それを適切に扱うことができ，さらに「枝葉」についての新たな問題に直面した際にも妥当な判断ができるとの認識の下に，準拠法条項・裁判管轄条項（管轄合意条項）・仲裁条項という「枝葉」を持つ「木」が生息している「森」を理解するため，準拠法条項，裁判管轄条項（管轄合意条項），仲裁条項ごとに，各々「森」，「木」，「枝葉」に相当する3つの階層に分けてそれぞれに対応した記述がなされ，最後に，本書全体を通じたポイントのまとめが置かれている。このように，読者がその習熟度に応じて自らに必要な範囲で目を通すことが容易に行える構成がとられていることが，本書の大きな利点である。つまり，国際私法，国際民事訴訟法，国際商事仲裁法について既に十分な知識を備えている読者は，「森」「木」の部分を割愛し，「枝葉」の部分又は最後のポイント部分に絞って目を通すことも可能であり，他方で，国際私法，国際民事訴訟法，国際商事仲裁法の知識が十分でない読者は，「森」，「木」，「枝葉」と丹念に順を追って読み進めていくことも可能である。又，逆に，読者の必要に応じて，「枝葉」の部分に目を通してから，遡ってその条項の基礎にある「木」「森」の部分を確認するという読み方も可能であろう。本書の整然した体系的な著述法は，多様な読者のニーズに応えると同時に，読者が準拠法条項，裁判管轄条項（管轄合意条項），仲裁条項のドラフティングに必要な知識を極めて効率的に習得することを可能としているといえるだろう。

　上記のように，本書は，0.はじめに（本書の目的・構造），1.準拠法条項，2.裁判管轄条項（管轄合意条項），3.仲裁条項，4.ポイントのまとめ，の5部構成となっており，1，2，3はさらに，「森」「木」「枝葉」についての記述に分かれている。まず，「森」として，国際私法，国際民事訴訟法，国際商事仲裁法の基礎一般について簡潔かつ的確な説明がなされ，次に，「木」として，各条項の前提となり，また直接に関連する国際私法，国際民事訴訟法，国際商事仲裁法上のルールが解説される。さらに，「枝葉」として，a（その条項ではコントロールできないこと），b（その条項をめぐる実務上の問題）という2つの部分に分けて説明され，aでは，各条項に内在する限界の理

由と位置付け，各条項により規律することが可能な範囲が明確に提示されている。又，bでは，実務においてみられる各条項の例を挙げ，主として法理論的な観点から，その具体的問題点と機能の詳細が明らかにされている。以下，さらに敷衍する。

 1．準拠法条項では，まず，1．1で，「森」にあたる部分，国際私法の基礎として，国際私法総論の全体像が簡潔に示される。渉外的法律関係を規律する方法としての統一（私）法と国際私法，国際私法の本質や法源について述べられた上で，国際私法による準拠法の決定・適用の4つのプロセスとして，法律関係の性質決定（第1のプロセス），連結点の確定（第2のプロセス），準拠法の特定（第3のプロセス），準拠法の適用（第4のプロセス）が順を追って説明される。次に，1．2では，「木」にあたる部分として，国際私法各論における契約準拠法決定ルールが概説される。すなわち，法の適用に関する通則法（以下，通則法）7条（契約準拠法についての当事者自治），通則法8条（当事者自治が働かない場合の契約準拠法の決定），通則法9条（契約準拠法の事後的変更），分割指定，通則法10条（契約の方式），通則法11条（消費者契約の特例），通則法12条（労働契約の特例）について説明された上で，「国際物品売買契約に関する国際連合条約」（以下，ウィーン売買条約）の適用範囲，信託等その他の法律行為の準拠法についても付言される。さらに，1．3では，「枝葉」にあたる部分として，1．1と1．2で述べられた知識の応用が図られる。1．3．aでは，準拠法条項でコントロールすることができないこととして，(1)公法の適用を左右すること，(2)絶対的強行法規（国際的強行法規）の適用を左右すること，(3)「法律行為」以外の単位法律関係に関する準拠法を指定すること，(4)法選択ではなく，非国家法を指定すること，(5)特定の時点における法を指定すること，(6)純粋国内事案で外国法を準拠法として指定することについて，時に具体的な契約条項の例を挙げながら，解説される。加えて，1．3．bでは，実務上の問題として，分割指定，ウィーン売買条約を排除する条項，国際私法ルールを除く準拠法を指定する条項，複数の法の共通するルールによるとの条項，交差型準拠法条項，準拠法の変更，及び書式の戦い（battle of forms）について，国際私法的観点からみた問題点を指摘し，そのような問題の発生を回避する方法を述べる。

 次に，2．裁判管轄条項（管轄合意条項）では，「森」にあたる部分として，まず，2．1において，主権理論（国家主権行使の一部である裁判権は地域的にまた人的にどこまで及ぶのか）と外国国家行為承認理論（外国国家行為を自国において効力を有するものとして承認するのか否か，承認するとしていかなる要件を課すのか）が国際民事手続法を貫く骨格にあたるとの基本的認識を提示した上で，国際民事手続法及び国際倒産法の基礎が概観される。まず，国際民事手続法については，いわゆる「手続は法廷地法による」との原則について公法の属地的適用という観点から解説した後，裁判管轄条項と直接に関係する裁判権及び国際裁判管轄ルール（これらは2．2で扱われる）を除く国際民事訴訟法の基礎，すなわち，送達，当事者能力・訴訟能力・当事者適格の準拠法，訴

訟費用の担保，証拠調べ，法廷言語・訴訟行為の追完，外国判決の承認・執行，国際訴訟競合，国際保全処分について，裁判管轄条項という「枝葉」を有する「木」（裁判権・国際裁判管轄の問題）が存在する「森」を理解するのに必要な範囲で解説される。さらに，国際倒産法の基礎として，国際複数倒産主義かつ条件付き普及主義，日本における国産倒産事件に関する倒産処理手続，外国倒産処理手続への協力及び日本の管財人の参加，外国倒産処理手続の承認及び援助，国際倒産の実体法上の問題について同様に解説が加えられる。次に，2.2では，裁判管轄条項に直接に関連する「木」の部分として，裁判権及び国際裁判管轄ルールの基礎について概説される。まず，裁判権について，絶対免除主義から制限免除主義への変遷，及び「外国等に対する我が国の民事裁判権に関する法律」の主な規定について解説される。さらに，国際裁判管轄については，民事訴訟法3条の2以下の国際裁判管轄規定について逐条的に説明が加えられ，さらに，緊急管轄，条約上の国際裁判管轄規定についても付言される。以上のような「森」「木」についての記述を踏まえて，2.3では，「枝葉」の部分にあたる裁判管轄条項のドラフティングについて，具体的検討がなされる。まず，2.3.aで，裁判管轄条項でコントロールすることができないこととして，専属管轄ルール及び審級や事物管轄等に関するルール等に反すること，法律の定めや公序に反することを実現しようとすることが確認され，さらに，2.3.bでは，実務上の問題として，非対称型裁判管轄条項，交差型裁判管轄条項，異なる紛争処理方法を並列的に採用するハイブリッド条項，異なる紛争処理方法を直列的に採用するハイブリッド条項，違反に対する制裁を定めること，送達受取代理人の指定をすること，保全命令を他の裁判所に求めてもよいことを定めること，裁判権免除の放棄について，具体的な契約条項の例を挙げ，留意すべき点について詳述されている。

さらに，3.仲裁条項については，まず，3.1で，「森」にあたる国際商事仲裁法の基礎として，仲裁に関する基本的事項と仲裁のメリットとデメリットについて述べられた上で，「木」にあたる部分として，3.2で，仲裁合意（特に仲裁合意の有効要件，仲裁合意の契約本体からの分離可能性，消費者契約における仲裁合意の効力）について，さらに，仲裁手続の準拠法，仲裁判断の準拠法，仲裁判断の承認・執行について解説される。そして，3.3で，「枝葉」にあたる部分として，仲裁条項のドラフティングについて，仲裁条項でコントロールすることができないこととして，仲裁付託適格性が認められない事項を対象とすることその他の点を挙げて整理された上で，さらに実務上の問題として，仲裁機関の規則による仲裁条項，契約時点における仲裁規則によることを定める条項，交差型仲裁条項，外国を相手方とする仲裁等について解説が加えられる。

以上のように，本書では，準拠法条項，裁判管轄条項（管轄合意条項），仲裁条項といった，国際私法，国際民事訴訟法，国際商事仲裁法の知識を要する国際契約条項のドラフティングという最終目標に向けて，各法の体系的構造に沿いながら各条項の基礎に

ある法的知識から解説が加えられることで，初学者にも容易に各法の理論的道筋が俯瞰することができるよう工夫が施されている。そのため，本書の紙幅の多くの部分は，「森」「木」の部分についての記述，すなわち，国際私法，国際民事訴訟法，国際商事仲裁法の基礎についての記述に費やされている。基礎的知識が省かれずに丹念に説明され，基礎から応用まで効率的かつ確実に知識を積み重ねられる点は，初学者にとって非常に有益であり，このことが本書のわかりやすさの秘訣となっている。しかし，その反面，基礎的知識の記述が本書の大半を占めている点について，国際私法，国際民事訴訟法，国際商事仲裁法の基本的知識を十分に備えた読者からは，「森」「木」についての記述を圧縮し，「枝葉」にあたる，本書の核心でありかつ応用部分に相当する各条項のドラフティング上の留意点についての記述により力点が置かれることが望ましかったとの声があるかもしれない。また，本書では割愛されているが，国際契約において準拠法条項，裁判管轄条項（管轄合意条項），仲裁条項が有する意義・機能，また各条項相互の関係等について，より実務的な見地からの解説もあった方が初学者には親切かもしれない。しかし，いずれにせよ，本書の特筆すべき精緻な体系的構造によって，国際私法，国際民事訴訟法，国際商事仲裁法を礎とする準拠法条項，裁判管轄条項（管轄合意条項），仲裁条項の本質が明らかにされていることは，各条項のドラフティングに際してその法的問題点を確実に抽出する能力を涵養するために誠に有益であることは間違いない。この意味で，本書は，国際契約のドラフティングに精通した実務家の育成にとって非常に有効であり，又，研究者や法学部・法科大学院の学生にとっても，理論と実務の架橋の一端が明確に提示されているという意味において誠に興味深い1冊であると云えるであろう。

(近畿大学法学部准教授)

木棚照一（編著）

『知的財産の国際私法原則研究――東アジアからの日韓共同提案――』

(成文堂，2012年，xii＋539頁)

北　坂　尚　洋

1　はじめに

　本書は，日本と韓国の国際私法学会の第一人者の方々によって作成された「知的財産権に関する国際私法原則日韓共同提案（2010年10月14日版）」（以下では，これを日韓共同提案という）とその解説，そして，それに関連する講演録，論文，資料を集めたものである。本書は，早稲田大学21世紀COE・早稲田大学グローバルCOE《企業法制と法

創造》総合研究所の知的財産部門による研究成果の一部である。その内容は，日韓共同提案を中心に，知的財産権の存否，有効性及び効力，知的財産権の侵害，知的財産権契約に関する事件（知的財産権に関する事件）の国際裁判管轄権，準拠法，外国裁判の承認・執行の問題を検討したものである。本書では，国際知的財産権法に固有の問題（例えば，登録知的財産権の登録・有効性等に関する訴えの専属管轄，保護国法の適用範囲および概念，ユビキタスな知的財産権侵害の場合の処理）だけでなく，固有とはいえない国際民事手続法・国際私法の問題（例えば，常居所の概念や，契約・不法行為に関する各論上の問題）も検討されている。従って，国際民事手続法・国際私法に関する論点を研究する上でも，本書は大きな価値がある文献である。しかも，本書には，日韓共同提案が，日本語や韓国語だけでなく，英語・中国語でも掲載されているため（なお，本書272頁では，日本語と韓国語が公式言語であると述べられている），世界各国の多くの読み手に参照されうるものとなっており，今後，本書は国内外で多く引用される文献となろう。

2　先行成果と本書の関係

周知のとおり，知的財産権に関する事件の国際裁判管轄権，準拠法，外国裁判の承認・執行の問題については，本書に先行する成果がある。すなわち，知的財産権に関する事件だけを対象にしたものではないが，1999年10月，ハーグ国際私法会議特別委員会では，「民事及び商事に関する裁判管轄権及び外国裁判に関する条約準備草案」（以下では，これをハーグ条約草案という）が採択されており，これには，知的財産権に関する事件も含めた国際裁判管轄権と外国裁判の承認・執行に関する規定が置かれている。そして，ハーグ条約草案の作成作業やその採択後の審議では，知的財産権に関する事件の国際裁判管轄権や外国裁判の承認・執行の問題が争点の1つとされて，議論がなされている（これについては，道垣内正人編著『ハーグ国際裁判管轄条約』（商事法務，2009年）等を参照）。また，2007年5月にアメリカ法律協会（American Law Institute: ALI）の総会は，「知的財産――国境を越えた紛争に関する裁判管轄権，準拠法，裁判に関する原則――」（以下では，これをALI原則という）を承認しており，また，ヨーロッパ・マックス・プランク・グループ（European Max Planck Group on Conflict of Laws in Intellectual Property）も，2011年12月に，「知的財産に関する国際私法原則」（以下では，これをCLIP原則（Principles on Conflict of Laws in Intellectual Property）という）の最終版を完成させている。わが国では，河野俊行編『知的財産権と渉外民事訴訟』（弘文堂，2010年）が，ALI原則と2009年6月に公表されたCLIP原則の第2次草案までを検討している。本書の日韓共同提案は，これら等の先行成果をもとにして，特に，東アジアの観点から独自にモデル法としての原則を作成したものであり，知的財産権に関する事件の国際裁判管轄権，準拠法，外国裁判の承認・執行の問題についてのわが国の現時点での到達点の1つと評価できるものであろう。

294 文献紹介

3 本書の内容

本書は，序文，および，第1部から第5部によって構成されている。

まず，本書が刊行された経緯や本書の概要を説明した序文の後，第1部には，日韓共同提案の条文と解説が，日本語・韓国語・英語・中国語で掲載されている。この部分が，本書の約4割を占めている。日韓共同提案の第1章は，一般規定を定めるものであり，日韓共同提案の目的や適用範囲（101条）や用語の定義（102条）等が定められている。第2章は，国際裁判管轄権について定めるものであり，被告常居所地管轄（201条），知的財産権侵害事件（ユビキタス侵害の場合も含む）の管轄（203条），知的財産権契約事件の管轄（204条），合意・応訴管轄（205条と206条），併合管轄（207条と208条），登録知的財産権の登録・有効性等に関する訴えの専属管轄（209条），例外的事情による訴えの却下（211条），禁止管轄（212条），国際的訴訟競合を原則として承認予測説により処理すること（213条）等が定められている。第3章は，準拠法について定めるものであり，原則準拠法を保護国法とすること，および，保護国法を「その国の領域について保護が求められる法」と定義し，登録知的財産については，それは登録国法と推定する規定（301条），当事者による準拠法選択を広くを認める規定（302条），知的財産権侵害事件の準拠法に関する規定（304条から306条），当事者による準拠法選択がない場合の知的財産権契約の準拠法に関する規定（307条）等が置かれている。特に，知的財産権侵害事件の準拠法に関しては，原則の準拠法を保護国法とすることを定める規定（304条1項本文），領域外からの教唆等の行為についての侵害の認定に関する規定（305条），ユビキタス侵害の場合に全体からみた最密接関係地法を準拠法とする特則規定（306条）が置かれている。第4章は，外国裁判の承認・執行について定めるものであり，承認・執行拒否事由に関する規定（401条）や懲罰的損害賠償を命じる外国裁判の承認・執行の拒否を定める規定（407条）等が置かれている。

次に，第2部と第3部には，日韓共同提案を広く国内外に公表するために，2011年1月に早稲田大学で開催されたシンポジウムでの報告が集められている。このシンポジウムでは，日韓共同提案の作成に関わった日本と韓国の研究者うちの5人が，①基調報告（木棚照一教授），②一般規定（野村美明教授），③国際裁判管轄権（中野俊一郎教授），④準拠法（石光現教授），⑤外国裁判の承認・執行（李圭鎬教授）という5つのパートに分かれて，日韓共同提案を説明されたが，「シンポジウム　知的財産権に関する国際私法原則——日韓共同提案を中心に——」というタイトルの第2部には，その講演録が日本語で収められている。それは，第1部に掲載されている日韓共同提案の解説のポイントを口語で説明するものであり，日韓共同提案の内容をより一層わかりやすく伝えるものとなっている。さらに，シンポジウムに招聘されたドイツの研究者と中国の研究者がシンポジウムで行った報告をもとにした4つの論文が，「ドイツ及び中国からみた日韓共同提案」というタイトルの第3部に収められている。Kur, *The CLIP Principles-*

Summary of the Project, Matulionyte, *Law Applicable to Copyright Infringements in the ALI and CLIP Proposals*, 郭玉軍「中国国際私法立法の新たな展開」, 李旺「中国国際民事訴訟法からみた日韓共同提案」がそれらである。

そして,「関連論文」というタイトルの第4部には,日韓共同提案を検討した5つの論文が収められている。Kidana, *The Necessity and Possibility for Common Principles on Private International Law on Intellectual Property Rights in East Asia*, Kidana, *Main Characteristics of the Joint Proposal by Japan and Korea under Waseda University Global COE Project*, 野村美明「日本の知的財産権判例における保護国法の意義」, 李圭鎬「『知的財産権に関する国際私法原則(日韓共同提案)』の下でのライセンス・技術移転に関する法的問題」, 中野俊一郎「知的財産権に関する国際私法原則とライセンス・技術移転」という5つの論文がそれらである。これらの執筆者はシンポジウムでの講演者でもあり,その講演録が第2部に収められていることは既に述べたとおりであるが,日韓共同提案を5つのパートに分けて,そのパートの内容だけをできるだけ客観的に説明した講演録とは異なり,第4部の論文は,分担されたパートに限定されないテーマに基づくものであり,しかも,日韓共同提案とは異なる私見が述べられている部分もある。この意味で,これらの論文は,日韓共同提案を一層深化させたものとなっている。

さらに,「関連資料」というタイトルの第5部には,CLIP原則の最終版の原文(英語)が掲載されている。

以上のように,本書は日韓共同提案を中心にした研究成果を集めたものであるが,注意すべきことは,本書が,日韓共同提案の完成に至るまでの研究成果の一部だけを掲載したものであるということである。すなわち,日韓共同提案の完成に至るまでには,日本側からの提案や韓国側からの提案をはじめとして,本書には掲載されてない多くの研究成果がある。本書に掲載されていないものは,紙幅の都合で割愛されただけであり,それらは,「季刊企業と法創造」(これは,http://www.waseda.jp/win-cls/activity/kiyou.html からも入手可能である)を中心に公表されている。このように,本書は,多くの研究が丁寧かつ緻密に積み重ねられた成果である。

 4 私見——特に,国際民事手続法・国際私法の観点から——

国際民事手続法・国際私法の観点からみると,本書で述べられている日韓共同提案には,当然のことながら,日本と韓国の国際民事手続法・国際私法の理論が多く見られ,納得できる点が多かった。ただ,日本側と韓国側の考え方が常に一致していたわけではなく,日韓共同提案に至るまでには度重なる折衝が行われて,妥協として成立したと思われる規定もある。

その1つは,当事者による準拠法選択がない場合の知的財産権契約の準拠法を定めた日韓共同提案307条であろう。ここでは,1項が,最密接関係地法(「最も密接な関連が

ある地の法」)が準拠法になると定めた上で,2項が,同項で挙げられた3つの要素,すなわち,①知的財産の実施等につき明示的若しくは黙示的に負担する義務,②許諾された権利の専用的かどうかに関する性質,③知的財産の主な実施等の地と当事者の常居所との関係を考慮して,「譲受人又は実施等を行う者の常居所地がより密接な関連を有すると判断する場合には,その者の常居所地法による。」と定めている。韓国案(2006年)の305条1項後段には,譲受人又は実施権者の常居所地法を1項前段の最密接関係地法(「最も密接な関連を有する国の法」)と推定する規定が置かれていたが,日本案(2008年)の20条2項には,譲渡人又は実施許諾者の常居所地法を1項の最密接関係地法(「最も密接な関係がある地の法」)と推定する規定が置かれていた(これらの案は,季刊企業と法創造6巻2号(2009年12月)に掲載されている)。日韓共同提案307条では,1項が,日本案と韓国案を折衷した「最も密接な関連がある地の法」という文言になり,また,推定規定については解釈に委ねることにし(本書37頁),2項は両案とも異なる上記の規定ぶりとなっている。

日韓共同提案307条は,特徴的給付を行う者は譲受人又は実施権者であるとの前提をとりつつ,その2項で挙げられている上記①から③までの要素を総合的に勘案して,最密接関係地法をより柔軟に決定する余地を残すものであり,わが国の法の適用に関する通則法の8条と同様に,特徴的給付の理論を用いて最密接関係地法を推定するという手法を採用したものと,その趣旨が説明されている(中野・本書489頁)。そうであるならば,中野教授が同所で指摘されているように(中野・本書490頁),その趣旨をそのまま条文で表現し,法の適用に関する通則法8条2項の規定ぶりと平仄を合わせ,譲受人・実施権者の常居所地法を最密接関係地法と推定すると規定するほうがわかりやすい条文になったと思われる。

また,日韓共同提案には,請求目的物所在地管轄を認める規定はなく,他方で,禁止管轄を定める212条には,これを禁止する文言がなく,シンポジウムに招聘された李旺教授は,本書第3部の論文で,請求目的物所在地管轄に対する日韓共同提案の態度は不明であると指摘されている(李旺・本書386頁)。これも日本側と韓国側の意見が一致しなかったために生じたものではないかと思われる。

わが国の民事訴訟法には,請求目的物所在地管轄を肯定する国際裁判管轄規定が存在する(3条の3第3号)。また,民事訴訟法に,この国際裁判管轄規定が挿入される前の事案ではあるが,問題となった著作物についての日本における著作権を被上告人が日本において有さないことの確認が請求の1つであったウルトラマン事件で,最判平成13年6月8日民集55巻4号727頁は,請求目的物所在地がわが国であることを理由に,日本の裁判所の国際裁判管轄権を肯定している。河野・前掲書に掲載されている「知的財産権の国際裁判管轄,準拠法,及び外国判決の承認執行に関する立法提案(透明化プロジェクト立法提案)」103条も,日本の法令により定められた知的財産権の帰属に関する

訴えについて，日本の裁判所に国際裁判管轄権が認められると定めている。これに対して，上記韓国案201条2項は，「当該国の法に基づいた被告の知的財産権の所在」に基づいて国際裁判管轄権を肯定することを禁止している。他方，ハーグ条約草案，ALI原則やCLIP原則での請求目的物所在地管轄の取り扱いは明らかではない。このように，この問題については見解が分かれており，日韓共同提案作成過程でのこれに関する議論がより明らかであればよかったように感じた。

　ただ，これらの点は，本書の中で指摘されている点でもあり，本書の内容に影響を与えるものではない。本書は，今後の国際知的財産権法，そして，国際民事手続法・国際私法の研究において重要な文献であることは，上記のとおりであり，そのような本書を刊行された編者をはじめとする共同提案作成に尽力された方々に心より敬意を表したい。

（福岡大学法学部教授）

日本国際経済法学会会報

1. 本学会の役員その他

理 事 長	根 岸　　　哲（甲南大学）
庶務担当常務理事	泉 水 文 雄（神戸大学）
会計担当常務理事	山 部 俊 文（一橋大学）
研究運営担当常務理事（研究運営委員会主任）	間 宮　　　勇（明治大学）
編集担当常務理事（編集委員会主任）	平　　　　　覚（大阪市立大学）
常務理事（国際交流委員会主任）	柳　　　赫 秀（横浜国立大学）
庶務副主任	濱 田 太 郎（近畿大学）
会計副主任	佐 藤 智 恵（明治大学）
研究運営副主任	出 口 耕 自（上智大学）
編集副主任	伊 藤 一 頼（静岡県立大学）

学会事務局：〒657-8501 神戸市灘区六甲台町１−１
　　　　　　神戸大学法学部（泉水文雄研究室）
　　　　　　E-mail: secretariat@jaiel.or.jp
　　　　　　Homepage: http://www.jaiel.or.jp/

理事・監事（第8期）名簿（50音順）
（2013年6月現在）

＜理事＞
うち，選挙選出理事
　阿 部 克 則（学習院大学教授）　　荒 木 一 郎（横浜国立大学教授）
　岩 沢 雄 司（東京大学教授）　　　柏 木　　　昇（東京大学名誉教授）
　川 島 富士雄（名古屋大学教授）　　川 瀬 剛 志（上智大学教授）

久保田　　隆（早稲田大学教授）　　米　谷　三　以（経済産業省通商政策局
　　　　　　　　　　　　　　　　　　　　　　　　　国際法務室長・法政大学
　　　　　　　　　　　　　　　　　　　　　　　　　教授）
佐　野　　　寛（岡山大学教授）　　　清　水　章　雄（早稲田大学教授）
須　網　隆　夫（早稲田大学教授）　　泉　水　文　雄（神戸大学教授）
平　　　　　覚（大阪市立大学教授）　髙　杉　　　直（同志社大学教授）
道垣内　正　人（早稲田大学教授）　　東　條　吉　純（立教大学教授）
内　記　香　子（大阪大学准教授）　　中　川　淳　司（東京大学教授）
中　谷　和　弘（東京大学教授）　　　根　岸　　　哲（甲南大学教授）
福　永　有　夏（早稲田大学准教授）　間　宮　　　勇（明治大学教授）
山　根　裕　子（帝京大学教授）　　　山　内　惟　介（中央大学教授）
柳　　　赫　秀（横浜国立大学教授）　（以上，25名）

うち，指名理事

伊　藤　一　頼（静岡県立大学准教授）金　井　貴　嗣（中央大学教授）
片　上　慶　一（外務省経済局局長）　川　浜　　　昇（京都大学教授）
鈴　木　將　文（名古屋大学教授）　　瀬　領　真　悟（同志社大学教授）
茶　園　成　樹（大阪大学教授）　　　出　口　耕　自（上智大学教授）
長　田　真　里（大阪大学教授）　　　濱　田　太　郎（近畿大学准教授）
早　川　吉　尚（立教大学教授）　　　増　田　史　子（京都大学准教授）
宗　像　直　子（経済産業省通商機構部部長）森　下　哲　朗（上智大学教授）
山　部　俊　文（一橋大学教授）　　（以上，15名）

＜監事＞

佐　分　晴　夫（名古屋経済大学教授）野　村　美　明（大阪大学教授）
　　　　　　　　　　　　　　　　　　　　　　　　　　（以上，2名）

研究運営委員会

主任　間宮　勇（明治大学）
副主任　出口　耕自（上智大学）
幹事　小林　友彦（小樽商科大学）
委員　岸井　大太郎（法政大学）　　中谷　和弘（東京大学）
　　　増田　史子（京都大学）　　　阿部　克則（学習院大学）
　　　小島　喜一郎（東京経済大学）

編集委員会

主任　平　　覚（大阪市立大学）
副主任　伊藤　一頼（静岡県立大学）
委員　久保田　隆（早稲田大学）　　髙杉　直（同志社大学）
　　　西海　真樹（中央大学）　　　東條　吉純（立教大学）
　　　泉　克幸（京都女子大学）

国際交流委員会

主任　柳　赫秀（横浜国立大学）
委員　荒木　一郎（横浜国立大学）　中谷　和弘（東京大学）
　　　長田　真理（大阪大学）　　　間宮　勇（明治大学）

2．第22回研究大会

本学会の第22回研究大会は，2012年11月24日（土）に大阪市立大学において開

催され，82名の参加者により活発な討論が行われた。大会プログラムは，次の通りであった。

午前の部（10時30分～12時25分）
・セッション(I)　自由論題（第1会場）　　　　　座長　岡山大学教授　佐野　寛
第1報告「TBT協定における『事実上の差別』の取扱い」
　　　　　　　　　外務省経済局WTO紛争処理室調査員/ベルン大学博士後期課程　石川　義道
第2報告「RCEP協定の紛争解決手続に関する考察」
　　　　　　　　　東アジア・アセアン経済研究センター(ERIA)上級政策調整官　福永　佳史
第3報告「投資仲裁における課税紛争——投資受入国の裁量権の保護を中心に——」
　　　名古屋大学大学院外国人研究員　ウミリデノブ　アリシェル(Umirdinov Alisher)
・セッション(II)　北朝鮮著作物事件（第2会場）　座長　大阪大学准教授　長田　真里
第1報告「北朝鮮著作物事件——国際法の観点から——」
　　　　　　　　　　　　　　　　　　　　　　　　　　東北学院大学講師　松浦　陽子
第2報告「北朝鮮著作物事件——国際私法の観点から——」
　　　　　　　　　　　　　　　名古屋大学特任准教授　金　彦叔（キム・オンスク）
第3報告「北朝鮮著作物事件——知的財産法の観点から——」
　　　　　　　　　　　　　　　　　　　　　　　　　　大阪大学特任講師　青木　大也

午後の部（14時30分～17時45分）（第1会場）
共通論題　資源ナショナリズムと国際経済法
　　　　　　　　　　　　　　　座長　横堀法律事務所・弁護士　横堀　惠一
第1報告「『天然の富と資源に対する恒久主権』の現代的意義」
　　　　　　　　　　　　　　　　　　　　　　　　中央大学教授　西海　真樹
第2報告「パイプライン輸送をめぐる紛争と国際経済法：
　　ロシア・ウクライナ間のガス紛争を中心として」　東京大学教授　中谷　和弘
第3報告「資源ナショナリズムと近時の投資仲裁判断」
　　　　　　　　　　　　長島・大野・常松法律事務所パートナー弁護士　井口　直樹

第4報告「資源ナショナリズムに基づく輸出制限行為に対する競争法適用
　　による解決の可能性」　　　　　　　　　　　甲南大学教授　土佐　和生
討　論（16時45分～17時45分）

3．2012年度役員会・総会報告

(a)　2012年度の理事会は，大阪市立大学において，11月24日（土）9:00から10:30まで開催された。その概要は，以下の通りである。

(1)　定足数の確認

委任状を含め，定足数が満たされていることを確認した（出席者16名，委任状12名）。

(2)　2011年度理事会・総会議事録の承認

2011年度理事会及び総会の議事録案につき，異議なく了承され，確定された。

(3)　職務理事の交代

外務省経済局長（八木毅氏から片上慶一氏）の職務理事の交代が承認され，総会に承認を提案することとなった（交代は片上氏の内諾を経たもの）。

(4)　会員の異動等

11名の入会が承認され，総会に承認を提案することとなった。資格喪失（3年以上の会費滞納）6名が了承され，退会7名が報告された。

(5)　2011年度決算案の承認

監事に監査を受けた2011年度決算案につき会計主任より説明があった。異議なく承認され，総会に提案することとなった。

(6)　2013年度予算案の承認

会計主任より，2013年度予算案につき，①開催校が大会会場費を徴収する場合に備え，1日学会の場合に従来の30万円に追加してさらに10万円を計上し，会場費については10万円を上限として実費分を開催校に補助すること，②日韓国際交流企画関連支出として国際交流援助費を20万円に増額したこと，③執行

部会議費を5万円に削減したこと，④単年度収支改善に向け，年会費を自動引落にしていない会員と自動引落できなかった会員に対し全銀行共通振込依頼書を送付したが未だ67名が複数年度分滞納しており深刻な問題であること，の説明があった。2013年度予算案につき，異議なく承認され，総会に提案することとなった。

(7) 次期理事及び監事候補者の承認

庶務主任より，「理事及び監事選出に関する申合せ」(2002年10月27日理事会承認，2011年10月30日修正承認）に基づき，会員による選挙の得票数に応じた25名を選任理事候補，常務理事会にて15名を指名理事候補に選任した旨説明があり，理事候補40名と監事候補2名を選任理事候補と指名理事候補の別を明らかにして総会に承認を求めたい旨説明があった。異議なく承認され，総会に提案することとなった。

(8) 大会会場費に関する申し合わせ

庶務主任より，学会から開催校への研究大会開催補助は，1日のみの研究大会の場合には30万円，2日間の研究大会の場合には40万円を上限とする現行の補助に加え，開催校が会場費を徴収する場合は，学会は当該会場費の実費相当額を上限を10万円として別途開催校に支払うよう申し合わせを制定する旨説明があった。異議なく承認された。

（報告事項）

(1) 20周年記念出版

編集主任より，①20周年記念出版「国際経済法講座Ⅰ　通商・投資・競争」，「国際経済法講座Ⅱ　取引・財産・手続」を無事出版したこと，②常務理事会で協議した結果，学会名で10セットを関係団体（韓国国際取引法学会，米国国際法学会図書館，オーストラリア国際経済法学会，Peace Palace 図書館，マックスプランク外国私法・国際私法研究所，WTO図書館，マックスプランク国際法研究所，上海WTOセンター，最高裁判所図書館，法務省図書館）

(2) 国際交流企画

研究運営主任より，①国際交流委員会を設置し，柳赫秀（座長，研究運営主任），間宮勇（庶務主任），荒木一郎，中谷和弘，長田真理の5人を委員に任命したこと，②2012年9月1日に第1回日韓共同学術大会を延世大学校にて国際去來法学会と開催したこと，③来年度又は再来年度に日本で同様の学術大会を開催する予定であること，の説明があった。異議なく了承され，執行部から総会に報告することとなった。

(3) 2013年度研究大会

庶務主任より，次期執行部でその日時・場所（慣例によれば関東地方）を決定する旨説明があった。

(4) 日本国際経済法学会年報21号の編集

編集主任より，年報21号につき，①11本の寄稿のうち9本の論説を掲載したこと，②20周年記念号であるためページ数が増加し年報単価が4100円となったこと，の説明があった。

(5) 査読制度及び同レフェリーの引き受け

編集主任より，①透明性を高めるため査読制度に関する内部規則を公表することの検討を次期編集委員会に申し送ること，②編集委員会からレフェリーの依頼があれば引き受け願いたいとの説明があった。

(b) 2012年度の総会は，大阪市立大学において，2012年11月24日（土）12:30から13:00まで開催された。その概要は，以下の通りである。

(1) 定足数の確認

委任状を含め，定足数が満たされていることを確認した（出席者53名，委任状69名）。

(2) 決議事項
　㈦　新入会員の承認
　㈲　2011年度決算案の承認
　㈹　2013年度予算案の承認
　㈱　職務理事の交代
　㈹　20周年記念出版
　㈹　次期理事・監事の選任

　庶務主任から新入会員11名の説明があり，規約6条に基づき異議なくこれを承認した。また，庶務主任から，13名の退会が報告された。

　会計主任より，2011年度決算案の説明があり，規約20条に基づき異議なくこれを承認した。

　会計主任より，2013年度予算案の説明があり，規約19条に基づき異議なくこれを承認した。承認に際し，会計主任より，単年度収支改善のため年会費を自動引落にしていない会員と自動引落できなかった会員に対し全銀行共通振込依頼書を送付したが未だ67名が複数年度分滞納しており深刻な問題である旨説明があった。

　理事長より，外務省経済局長の職務理事の交代が理事会で承認された旨説明があり，異議なく承認された。

　編集主任より，①20周年記念出版「国際経済法講座Ⅰ　通商・投資・競争」,「国際経済法講座Ⅱ　取引・財産・手続」を無事出版した，②常務理事会で10セットの寄贈先を決定した旨説明があり，異議なく了承された。

　庶務主任より，「理事及び監事選出に関する申合せ」(2002年10月27日理事会承認，2011年10月30日修正承認」に基づき，会員による選挙の得票数に応じた25名を選任理事候補，常務理事会にて15名を指名理事候補に選任し，本日先に開催された理事会の承認を経た理事候補40名と監事候補2名について総会に承認を求めたい旨説明があった。異議なく承認された。

(3) 報告事項
　　(ア) 日本国際経済法学会年報21号の編集
　　(イ) 国際交流企画
　　(ウ) 2013年度研究大会

　編集主任より，①透明性を高めるため査読制度・手続の公表の検討を次期編集委員会に申し送る，②編集委員会からレフェリーの依頼があればぜひお引き受け頂きたい，③文献紹介に取り上げる書籍をご推薦願いたい旨説明があった。
　研究運営主任より，①国際交流委員会を設置し，柳赫秀（座長，研究運営主任），間宮勇（庶務主任），荒木一郎，中谷和弘，長田真理の5人を委員に任命した，②2012年9月1日に第1回日韓共同学術大会を延世大学校にて国際去來法学会と開催した，③来年度又は再来年度に日本で同様の学術大会を開催する予定である旨説明があった。
　理事長より，2013年度研究大会の日時・場所（慣例によれば関東地方）は未定で，次期執行部で決定する旨説明があった。
　この総会で選任された新理事・監事による理事会が同日13時より開催され，「理事長互選の方法についての申し合わせ」（1992年1月25日理事会承認，2004年11月7日修正承認）に基づき，議事は小寺前理事長が議長として運営した。定足数が満たされていることを確認した上で（26名出席），2回の投票の結果，根岸哲会員（甲南大学）が新理事長に互選された。

編 集 後 記

　はからずも、また大変光栄にも、第8期編集委員会の編集主任を仰せつかった。第7期の編集主任をなんとか終了したばかりであったが、引き続きお引き受けすることにした。陳腐な言い方ではあるが、私自身としては継続による効率性を最大限確保し、同時にマンネリ化による停滞を最小限にとどめるべく全力で努力していきたいと考えている。そのため、編集委員会のメンバーについては、すべて新任の方々をお迎えし、編集体制を刷新した。今後3年間、どうかよろしくお願いしたい。

　昨年秋の第22回研究大会で新執行部が発足したため、今期の新編集委員会の発足も年明けとなり、第1回編集委員会は本年2月に開催された。前期編集委員会からの引継を受けて、本号も研究大会の報告を中心に編集することにし、また、文献紹介についても可能な限り多くの会員に執筆をお願いすることにした。執筆依頼が例年より1カ月遅くなったが、幸い論説は投稿原稿も含めて計10本と座長コメント2本、さらに文献紹介は11本を掲載することができた。各執筆者にはお忙しいなか短期間にご寄稿いただき、ご協力していただいたことに感謝申し上げたい。

　新編集委員会では、前期編集委員会からの引継事項として、さっそく査読手続の透明性を高めるため査読要領の公表の可否を審議し、学会のウェブ上でこれを公表することを決定した。査読の目的と手続の内容についてはウェブ上でご確認いただきたい。さらに、会員による投稿を促進するため、従来の①論説（自由論題として掲載）に加え、新たに②研究ノート、③実務解説、および④書評論文（文献紹介とは異なる）の各原稿を募集することとした。字数は、①は18000字〜20000字、②〜④は10000字程度である。会員諸氏におかれてはどうかふるって応募していただきたい。

　前期に引き続きお世話になる法律文化社の田靡純子社長と編集部の舟木和久氏には、またしてもきわめて厳しいスケジュールの中でご苦労をおかけすることになってしまった。最後になったが、ここに記して深謝したい。

平　　覚

執筆者紹介 (執筆順)

横堀　惠一	横堀法律事務所・弁護士
西海　真樹	中央大学法学部教授
中谷　和弘	東京大学大学院法学政治学研究科教授
土佐　和生	甲南大学法科大学院教授
長田　真里	大阪大学大学院法学研究科教授
松浦　陽子	東北学院大学法学部講師
金　　彦叔	名古屋大学大学院法学研究科特任准教授
青木　大也	大阪大学大学院法学研究科准教授
石川　義道	外務省経済局WTO紛争処理室 外務事務官
福永　佳史	東アジア・アセアン経済研究センター(ERIA)上級政策調整官
ウミリデノブ アリシェル	名古屋大学大学院法学研究科外国人研究員
京極(田部)智子	一般財団法人キヤノングローバル戦略研究所研究員
柳　　赫秀	横浜国立大学大学院国際社会科学研究院教授
福永　有夏	早稲田大学社会科学部教授
隅田　浩司	東京富士大学経営学部教授
小寺　智史	西南学院大学法学部准教授
濱田　太郎	近畿大学経済学部准教授
猪瀬　貴道	北里大学一般教育部准教授
阿部　博友	一橋大学大学院法学研究科教授
横溝　　大	名古屋大学大学院法学研究科教授
飯田　敬輔	東京大学大学院法学政治学研究科教授
田中　美穂	近畿大学法学部准教授
北坂　尚洋	福岡大学法学部教授

日本国際経済法学会年報 第22号 2013年
資源ナショナリズムと国際経済法

2013年10月20日発行

編集兼発行者 日本国際経済法学会
　　　　　　　代表者　根岸　哲

〒657-8501　神戸市灘区六甲台町1-1
神戸大学法学部（泉水文雄研究室）

発売所　株式会社　法律文化社

〒603-8053　京都市北区上賀茂岩ヶ垣内町71
電話　075(791)7131　FAX　075(721)8400
URL：http://www.hou-bun.com/

©2013 THE JAPAN ASSOCIATION OF INTERNATIONAL ECONOMIC LAW, Printed in Japan
ISBN978-4-589-03544-8

日本国際経済法学会編
日本国際経済法学会年報

第16号（2007年）　国際経済・取引紛争と対抗立法　第1分科会：公法系　第2分科会：
　　私法系　　　　　　　　　　　　　　　　A5判・270頁・定価 本体3500円+税

第17号（2008年）　国境と知的財産権保護をめぐる諸問題　国際投資紛争の解決と仲裁
　　　　　　　　　　　　　　　　　　　　　A5判・248頁・定価 本体3400円+税

第18号（2009年）　グローバル経済下における公益実現と企業活動　第1分科会：私法
　　系　第2分科会：公法系　　　　　　　　A5判・256頁・定価 本体3500円+税

第19号（2010年）　　　　　　　　　　　　A5判・237頁・定価 本体3500円+税

条約法条約に基づく解釈手法　　　「国際法の断片化」について…平覚／WTO紛争解決における解釈手法の展開と問題点…清水章雄／国際司法裁判所における条約解釈手段の展開…山形英郎／国際投資仲裁における解釈手法の展開と問題点…濱本正太郎／WTO協定解釈雑感…松下満雄
権利制限の一般規定　　　著作権の制限…鈴木將文／権利制限の一般規定（日本版フェアユース規定）の導入をめぐる議論…牧山嘉道／著作権法上の権利制限をめぐる法政策と条約上の3 step test…駒田泰土／権利制限規定と知的財産権条約…福永有夏
自由論題　　　GATT第20条における必要性要件の考察…関根豪政

第20号（2011年）　　　　　　　　　　　　A5判・314頁・定価 本体4000円+税

世界金融危機後の国際経済法の課題　　　座長コメント…野村美明／グローバルに活動する金融機関の法的規律…川名剛／リーマン・ブラザーズ・グループの国際倒産処理手続…井出ゆり／金融危機後における国際基準設定過程の変化とわが国の対応…氷見野良三／国際金融危機への通商法の対応とその課題…米谷三以
APEC2010とポスト・ボゴールにおけるアジア国際経済秩序の構築　　　APECと国際経済法…中谷和弘／国際関係の構造変動とAPECの展開…椛島洋美／APEC2010プロセスの回顧…田村暁彦／アジア金融システム改革におけるABACの役割と課題…久保田隆
自由論題　　　新旧グローバル化と国際法のパラダイム転換…豊田哲也／中国独占禁止法における国有企業の取扱い…戴龍／WTO紛争処理におけるクロス・リタリエーション制度…張博一

第21号（2012年）　　　　　　　　　　　　A5判・326頁・定価 本体4100円+税

日本国際経済法学会20周年記念大会　　　理事長挨拶…小寺彰／歴代役員代表者祝辞…宮坂富之助、黒田眞／記念講演…松下満雄、根岸哲、柏木昇／ゲスト講演…Muchlinski, Peter
国際経済法における市場と政府　　　企画趣旨…研究運営委員会／国際経済法における「市場vs.政府」についての歴史・構造的考察…柳赫秀／中国における市場と政府をめぐる国際経済法上の法現象と課題…川島富士雄／EUの経済ガバナンスに関する法制度的考察…庄司克宏／国際経済法秩序の長期変動…飯田敬輔
国際知財法の新しいフレームワーク　　　座長コメント…茶園成樹／技術取引の自由化…泉卓也／遺伝資源・伝統的知識の保護と知的財産制度…山名美加／著作権に関する国際的制度の動向と展望…鈴木將文
自由論題　　　証券取引規制における民事責任規定の適用…不破茂／投資条約仲裁手続における請求主体の権利濫用による制約…猪瀬貴道

上記以外にもバックナンバー（第4号〜第15号）がございます。ご注文は最寄りの書店または法律文化社までお願いします。　　TEL 075-702-5830／FAX 075-721-8400　　URL:http://www.hou-bun.com/